国家社科基金
后期资助项目
GUOJIA SHEKE JIJIN HOUQI ZIZHU XIANGMU

增值税的
收入分配效应研究

田志伟　熊惠君　著

社会科学文献出版社
SOCIAL SCIENCES ACADEMIC PRESS (CHINA)

图书在版编目（CIP）数据

增值税的收入分配效应研究 / 田志伟，熊惠君著 .
北京：社会科学文献出版社，2024.12.--ISBN 978-7-
5228-4578-4

Ⅰ . F812.42；F124.7

中国国家版本馆 CIP 数据核字第 2024MG2029 号

国家社科基金后期资助项目

增值税的收入分配效应研究

著　　者 / 田志伟　熊惠君

出 版 人 / 冀祥德
责任编辑 / 侯曦轩　吴　敏
责任印制 / 王京美

出　　版 / 社会科学文献出版社·皮书分社（010）59367127
　　　　　　地址：北京市北三环中路甲29号院华龙大厦　邮编：100029
　　　　　　网址：www. ssap. com. cn
发　　行 / 社会科学文献出版社（010）59367028
印　　装 / 三河市龙林印务有限公司

规　　格 / 开 本：787mm×1092mm　1/16
　　　　　　印 张：21.75　字 数：343千字
版　　次 / 2024年12月第1版　2024年12月第1次印刷
书　　号 / ISBN 978-7-5228-4578-4
定　　价 / 89.00元

读者服务电话：4008918866

国家社科基金后期资助项目
出版说明

后期资助项目是国家社科基金设立的一类重要项目，旨在鼓励广大社科研究者潜心治学，支持基础研究多出优秀成果。它是经过严格评审，从接近完成的科研成果中遴选立项的。为扩大后期资助项目的影响，更好地推动学术发展，促进成果转化，全国哲学社会科学工作办公室按照"统一设计、统一标识、统一版式、形成系列"的总体要求，组织出版国家社科基金后期资助项目成果。

全国哲学社会科学工作办公室

前　言

　　增值税占税收收入比重高是中国现行税制的重要特点，而这对税制体系调节收入分配的效果具有重要影响。以往研究更多关注增值税在财政收入和税收效率方面的表现，仅少部分研究关注了增值税对收入分配的影响，且采用的研究方法、研究视角、研究数据和研究技术路线等均有所不同。因此，现有增值税与收入分配的研究未能较为完整地呈现增值税与收入分配之间的关系。而随着收入分配差距不断扩大，间接税对收入分配的影响逐渐受到了各界的高度关注，作为中国第一大税种，增值税对中国财政收入、经济秩序、社会稳定都具有重要作用。因此，在当前大环境下，研究增值税与收入分配之间的关系不仅具有重要的理论意义，还具有重要的现实意义。鉴于此，本书从一般理论、国际实践、测算方法、测算数据及流程、政策热点等方面全面探讨了增值税与收入分配之间的深层次关系，让读者尽可能全面了解现行增值税制度对收入分配的影响以及增值税在收入分配领域可发挥的调节功效，具体研究内容如下。

　　首先，为增值税在中国及国际上的税收地位现状及变动趋势。本书第一章对中国和OECD国家历年增值税占税收收入的比重、增值税占GDP的比重进行了梳理，发现不论是国内还是国外，增值税均占据重要的税收地位。其中，中国增值税（包含营业税，本书将营业税视为增值税的一种过渡形式）占税收收入比重平均为45%，增值税占GDP比重平均为7.35%；受到减税降费政策影响，2020年增值税占税收收入比重降为36.8%，占GDP比重降为5.59%。OECD国家增值税占税收收入比重平均为17.22%～

55.33%，占 GDP 比重平均为 4.42%～16.34%；2020 年 OECD 国家增值税占税收收入比重平均为 32.1%，增值税占 GDP 的比重平均为 10.6%。从上述增值税占税收收入比重、增值税占 GDP 比重变化情况来看，增值税在中国及国际上都占据了重要的税收地位。

其次，为增值税对收入分配影响的理论基础、测算方法、测算指标、测算数据及测算流程。与直接税不同，增值税对收入分配的影响较为隐蔽，主要是通过税负前转、后转、混转、消转、税收资本化等税负转嫁形式，将增值税税负转嫁给不同的个人，而税负转嫁程度则又取决于市场的供求弹性，市场供求弹性的高低最终决定了生产者和消费者各自承担的实际税负份额。因此，现实中，增值税的法定纳税人往往并不一定是实际负税人，这使得对增值税收入分配效应的研究要比直接税更为复杂。本书第二章从增值税概念界定、不同时期的收入分配理论、增值税对收入分配正面和负面影响、间接税税负转嫁与税负归宿理论等方面探讨了增值税对收入分配影响的理论基础。本书第四章和第五章则分别从测算方法、测算指标、测算数据及测算流程方面就增值税的收入分配效应测算进行了全面阐述分析。其中，就测算方法而言，增值税的收入分配效应的常用测算方法主要有投入产出法和可计算一般均衡模型（CGE 模型），本书第四章从两类方法的理论基础、数据表的编制、模型的构建及方法应用局限方面进行了全面阐述。而就测算指标、测算数据及测算流程而言，本书第五章对基尼系数（Gini 系数）、Suits 指数、泰尔指数、P 指数及 MT 指数的原理、指标构建和指数含义进行了全面阐述，并就数据筛选、数据处理及具体测算流程进行了全面阐述。

再次，为中国增值税制度改革历程、国际实践比较及现行增值税制度的收入分配效应。不同的经济和社会发展时期，征税的目标和功能定位是不同的，因此，增值税的税收地位也有所不同。了解中国增值税在不同经济和社会发展阶段的发展形态，对全面掌握了解中国增值税税收功能具有重要意义。本书第三章按时间脉络分别从增值税引入前、增值税引入时、我国增值税的三次改革（增值税转型、增值税扩围、增值税税率简并）阐述了不同发展时段我国增值税制度的收入分配思想及增值税制度变迁与收入分配的关系。本书第六章则进一步采用了投入产出模型，结合 2018 年

CFPS居民家庭收入和消费支出微观数据，分别从年收入视角和终生收入视角测算了我国现行增值税制度的收入分配效应。本书第十章对增值税税制要素与收入分配之间的理论关系、OECD国家增值税税制要素、OECD国家增值税收入分配研究理论方法及研究成果进行了梳理归纳和经验总结，并与我国现行增值税制度进行比较分析。

最后，围绕近期政策热点，本书从收入分配视角进一步论证了增值税在实现"共同富裕"、"助力生育"和"改善收入分配"方面的作用。近年来，我国实行了大规模的减税降费，增值税又恰好是减税降费的重点内容。作为我国第一大税种，增值税减税的背后是财政收入的减少，因此，在共同富裕背景下，增值税如何"减"才可以以较小的税收收入损失获得更大的收入分配改善便具有重要的现实意义。本书第八章围绕减税"效率"（每一元减税额获得的收入分配改善程度）测算了不同行业减税的收入分配效应，并进一步测算了基本税率下调1个百分点、中间税率下调1个百分点的减税"效率"，最后对深化增值税制度改革的减税"效率"进行了评估。与此同时，低生育率和高龄化并行的社会背景下，如何提高生育率以及如何寻找合适的社保资金筹资来源具有重要的现实意义。为此，本书第七章从增值税"助力生育"视角，用投入产出法测算了我国现行增值税制度对有孩家庭和无孩家庭的消费支出的税负影响，并借鉴国际经验，提出了改进建议。第九章则首次构建了一个通过增值税为社保筹资的投入产出模型，模拟测算了财政收入总量不变的情况下，一个累退性税种（增值税）替代另一种累退性收费（社会保险缴费）对收入分配的影响，并提出了改进建议，为未来探讨用增值税改善收入分配提供了有益的政策参考。

本书的主要观点和结论：

第一，年收入视角下，我国现行增值税制度具有显著的累退性；终生收入视角下，我国现行增值税制度的累退性有所减弱，呈现出轻微累进性。

第二，现行增值税制度下，有孩家庭偏好商品的有效税率较高，承担的增值税税负较重。具体来看，有孩家庭的平均消费倾向较高，平均要比无孩家庭高出3.17个百分点。有孩家庭文教娱乐、交通通信、衣着鞋帽、家庭设备及日用品支出占总消费支出的比重明显高于无孩家庭。现行增值税制度下，交通通信、家庭设备及日用品的增值税有效税率高于平均有效税率。因此，在消费支出结构和增值税有效税率的共同作用下，有孩家庭消费支出承担的增值税税负（增值税税负/总收入）高于无孩家庭。

第三，增值税减税"效率"取决于减税规模和减税对收入分配的改善效果。行业规模越大，减税规模也越大，行业民生特性越显著，减税带来的收入分配改善效果也越好。总体来看，第三产业税率降低1个百分点的收入分配改善效果和减税规模较大，但第二产业减税对收入分配的改善"效率"更高。进一步从基本税率下调和中间税率下调的减税"效率"来看，基本税率减税"效率"要大于中间税率，原因在于减税收入分配"效率"较高的行业大多适用基本税率。此外，随着经济水平的提高，部分非基本必需品具备了生活必需品的特征，因此，对这些产品减税同样具有"效率"，这些产品包括纺织品、煤炭采选产品、燃气生产和供应等。

第四，我国增值税和社会保险缴费均具有显著的累退性，但用增值税作为社保缴费的补充，为社保支出筹资在一定程度上不仅有利于改善收入分配，还有助于缓解我国现阶段社保资金压力过大的问题。具体来看，我国增值税和社会保险缴费均具有显著的累退性，但增值税的累退性介于个人社保缴费和企业社保缴费之间，且个人社保缴费的累退性最强。调增不同档次增值税法定税率为社保支出筹资的收入分配效果存在差异，其中，财政收入总量不变的条件下，调增增值税、降低社保缴费中个人缴费部分时，同比例调增三档法定税率或分别调增三档法定税率均有利于改善收入分配；而调增增值税、降低社保缴费中企业缴费部分时，分别调增9%的中间税率或6%的低税率，可以改善收入分配。

本书的创新之处：

第一，研究视角的创新。现有研究一般仅从消费端考虑增值税对收入分配的影响，然而增值税的某些改革不仅会从消费端对收入分配产生影响，还会从收入端对收入分配产生影响，如用增值税为社保筹资的研究中，若用增值税为社保缴费中的个人缴费部分筹资，会同时从消费和收入两端对收入分配产生影响。因此，本书采用了一个更加全面的研究视角，研究了我国用增值税为社保支出筹资对收入分配的影响，本书研究视角是对现有研究视角的一种拓展。

第二，研究内容的创新。本书研究了增值税在收入分配领域可发挥的调节功效，如增值税如何"减"可以以较小的税收收入损失获得较大的收入分配改善，现行增值税制度是否有助于我国生育政策的推进，以及增值税为社保筹资对收入分配的影响。这些研究内容对于我国未来的增值税改革均具有重要的政策参考价值，但尚未被学术界重视。

第三，研究方法的创新。测算增值税收入分配效应的常用方法有投入产出法和可计算一般均衡模型（CGE模型），两类方法依据的理论基础、对数据的要求程度以及模型构建及实现的复杂程度均有所不同。本书同时详细介绍了两类方法的理论依据、数据编制、模型构建和应用局限，并对传统的投入产出模型进行了修改，使之更加适合研究增值税的收入分配效应。传统的投入产出模型中，将增值税看作一种要素税，不适合研究中国增值税税率调整问题。这是因为中国的增值税实行抵扣制，即增值税等于销项税额减去进项税额。因此，当一个行业的增值税税率变化时，不仅会对本行业产生影响，还会通过影响其他行业的进项税额进而对其他行业产生影响，而传统的投入产出法无法体现这一特点。为此，本书构建了一个包含增值税抵扣机制的投入产出模型，从而比传统的投入产出法能够更加准确地测算增值税对收入分配的影响。

第四，研究结论的创新。首先，本书首次提出增值税税率的调整应遵循改善收入分配的"效率"原则，即以较小的税收收入损失来换取较大的收入分配改善效果。现阶段欧盟型增值税会对部分生活必需品征收优惠税率，以降低增值税的累退性，而本书的研究结论证实了对部分非生活必需品适用优惠税率可以起到同样的效果。其次，本书的研究发现了一种通过增值税来改善收入分配的方法，即用增值税为社保筹资。我国增值税和社会保险缴费均呈现出显著的累退性，但用增值税为个人社保筹资可以改善收入分配，且在合理的税率设计下，用增值税为企业社保筹资同样可以改善收入分配。

目　　录

第一章

导　论

第一节　研究背景与意义

税收是政府或国家为满足社会公共需要，凭借其政治权力，通过政府征税这一行政手段，无偿取得财政收入的一种规范形式。向谁征税、征多少税、征税标准以及征税依据等均决定了政府征税给纳税主体带来的税痛感会有所不同。关于如何征税，英国经济学家哥尔柏曾说过一句很有名的话："税收这种技术，就是拔最多的鹅毛，听最少的鹅叫。"这句话表明最好的征税手段就是以纳税主体最小的税痛感征收到最多的税赋。而增值税恰恰是最能体现"拔鹅毛"艺术的税种之一，相比以劳动所得或财富所得为税基的所得税带来的强烈税痛感不同，增值税以消费为税基，通过商品或服务的生产、分配、流通和消费等环节征税，征税产生的痛感较不明显，因而也被大多数国家当作筹集财政收入的重要税收政策工具。近年来，随着对收入公平关注度的提高，增值税的收入分配效应也随之受到了关注。因此，对增值税与收入分配进行全面系统的研究在当下十分必要。

一　研究背景

随着我国经济快速发展，居民收入水平普遍提高，财富逐渐增多，但贫富差距问题也逐步显现，既影响社会稳定，又不利于经济可持续发展。为破解收入分配改革难的问题，我国收入分配政策导向也已由效率优先、兼顾公平，向更加关注公平的目标转变。作为调节社会公平的重要手段，税收在调节收入分配方面的职能也备受关注。长期以来，中国以企业所得税、个人所得税为代表的直接税占比较低，而以增值税、营业税、消费税为代表的消费税占比较高。一般认为直接税，如个人所得税，更加有利于调节收入分配；而间接税，如增值税、营业税，具有累退性，很可能会加剧收入不平等。因此，很多学者认为一般消费税占比过高是中国收入分配差距较大的重要原因之一，为此，学界与政府部门中提高直接税比重、降低间接税比重的呼声也越来越高。

在中国由增值税、营业税和消费税构成的消费税体系中，消费税是特别消费税，其选择对部分非必需品和奢侈品征税，因而含有累进性的因素；而增值税是一般消费税，对所有商品和劳务普遍征税，具有累退性特点。以实现公平为目标，降低中国间接税的比重，主要是通过降低增值税比重来实现的。因此，测算中国增值税对居民收入分配的影响，对于要不要降低中国增值税比重，或者在多大程度上降低增值税比重具有重要意义。此外，从国际税收政策的发展趋势来看，不少发达国家的税收正向增值税进行转移，在保证财政收入总量的前提下，降低直接税比重过大对就业等的不利影响（Lejeune，2011），这一发展趋势与中国税制改革政策取向相反。当前，中国的收入差距较大，个人所得税比重过低，其对收入分配调节作用也较为有限。因此，测算增值税对中国居民收入分配的影响意义重大，不仅有利于正确认识增值税的收入分配效应，还可以为中国未来的税制改革提供一定依据。基于此，本书从一个更加完善的视角测算了中国增值税对居民收入分配的影响。

（一）中国收入分配差距较大

基尼系数（Gini Index 或 Gini Coefficient）的雏形起源于1943年美国经济学家阿尔伯特·赫希曼（Albert Otto Hirschman）在其著作《国力与对外贸易结构》（*National Power and the Structure of Foreign Trade*）中提出的贸易集中指数。而传统集中指数又常常与收入分配和洛伦兹曲线联系在一起，并只对分配不均敏感，且有几项此类指标测算又归功于科拉多·基尼（Corrado Gini），因此常被称为基尼系数。[①]基尼系数作为比例数值在0和1之间，是国际上用来综合考察居民内部收入分配差异状况的一个重要分析指标。其具体含义是指在全部居民收入中，用于进行不平均分配的那部分收入所占的比例。基尼系数最大为1，最小为0，前者表示居民之间的收入分配绝对不平均，即100%的收入被一个单位的人全部占有了；而后者则表示居民之间的收入分配绝对平均，即人与人之间收入完全平等，没有任何差异。但这两种情况只是理论上的绝对化形式，在实际生活中一般不会出现。因此，基尼系数的实际数值只能在0到1之间，基尼系数越小收入分配越平均，基尼系数越大收入分配越不平均。国际上通常把0.4作为贫富差距的警戒线。按照联合国有关组织规定：若基尼系数低于0.2表示收入绝对平均；若基尼系数在0.2~0.3之间则表示比较平均；若基尼系数在0.3~0.4之间则表示分配相对合理；若基尼系数在0.4~0.5之间则表示收入差距较大；若基尼系数在0.5以上则表示收入差距悬殊。

通过表1-1可以看出，2002~2021年，中国的基尼系数一直高于0.46，处于贫富差距的警戒线之上。2008~2015年，中国官方公布的基尼系数已经连续降低，2016~2018年基尼系数略有上升，2019年则有所回落，2020年又有所上升，2021年又略有回落，但仍均处于警戒线之上。因此，调节收入分配差距，改善中国居民的收入分配状况迫在眉睫。

表1-1　2002~2021年中国基尼系数

项目	2002年	2003年	2004年	2005年	2006年	2007年	2008年	2009年	2010年	2011年
基尼系数	0.460	0.479	0.473	0.485	0.487	0.484	0.491	0.490	0.481	0.477
项目	2012年	2013年	2014年	2015年	2016年	2017年	2018年	2019年	2020年	2021年
基尼系数	0.474	0.473	0.469	0.462	0.465	0.467	0.468	0.465	0.468	0.466

资料来源：国家统计局，https://data.stats.gov.cn/easyquery.htm? cn=C01。

① Albert O. Hirschman. The Paternity of an Index ［J］. The American Economic Review. 1964, 54（5）：761-762.

（二）中国税制调节作用有限

中国税制对收入分配的调节作用到底有多大，这一点尚没有官方的说明。但岳希明等（2014）使用具有全国代表性的住户调查数据和资金流量表，计算每个家庭承担的税负总额，观察它与收入水平之间的关系，结果显示：中国税制整体是累退的，个人所得税等累进性税收，在一定程度上减弱了一般消费税的累退性，但因其规模小，不足以完全抵消一般消费税的累退性。田志伟（2015b）使用与岳希明等（2014）不同的方法测算了中国个人所得税、企业所得税、增值税、营业税与特别消费税的收入分配效应，证明这五大税种虽然改善了中国居民的收入分配状况，但对基尼系数的改善程度不足1%，改善程度相当有限。熊惠君（2020）利用北京师范大学中国收入分配研究院发布的中国家庭收入调查（CHIP）2013年数据测算我国增值税的收入分配效应，发现在年度收入视角和终生收入视角下，我国增值税均具有明显的累退性，且增值税对农村居民家庭的影响更大。徐建炜等（2013）的研究也说明与发达国家相比，中国个人所得税累进性较高，但平均税率偏低，导致个人所得税调节收入分配的作用有限。

事实上，世界各国政府均通过各种不同的途径调节各自国家的收入分配状况，政策工具主要为税收与转移支付。在21世纪第一个十年后期，用基尼系数测量的所有OECD国家税收及转移支付后的收入不均程度，较税收及转移支付之前都有25%的下降。[1]这说明OECD国家的税收与转移支付在很大程度上缓解了收入分配的不公状况。转移支付（例如养老金、失业保险和育儿津贴）占OECD国家整体再分配影响的3/4以上，[2]而税收虽然只占剩余的部分，但仍显著高于学者测算的中国税制对居民收入分配的调节作用。

---

[1] Hoeller, P. et al. "Less Income Inequality and More Growth – Are They Compatible? Part 1. Mapping Income Inequality Across the OECD", OECD Economics Department Working Papers, 2012（924）, OECD Publishing. http：//dx.doi.org/10.1787/5k9h297wxbnr-en.

[2] Hoeller, P. et al. "Less Income Inequality and More Growth – Are They Compatible? Part 1. Mapping Income Inequality Across the OECD", OECD Economics Department Working Papers, 2012（924）, OECD Publishing. http：//dx.doi.org/10.1787/5k9h297wxbnr-en.

（三）提高直接税收入的呼声高涨

鉴于对中国收入分配现状与中国税制现状的认知，很多学者认为一般消费税比重过高是中国收入分配差距较大的重要原因之一。如岳希明等（2014）认为中国税制整体的累退性，来源于增值税等普遍课征的一般消费税的累退性，及其在中国税收收入总额中占比较高的事实。个人所得税和选择性课征的消费税为累进性税收，它们在一定程度上减弱了增值税的累退性，缓和了一般消费税对居民收入分配的逆向调节效应，但因其规模小，占税收收入总额比重低，不足以完全抵消一般消费税的累退性，因此，中国税制整体最终是累退的。基于这样的原因，很多学者提出要降低中国以一般消费税为主体的间接税的比重，提高以所得税为主体的直接税的比重，如徐建炜等（2013）、陈建东等（2015）等。

中国政府部门已经表现出明显的提高直接税比重的意图，党的十八届三中全会审议通过了《中共中央关于全面深化改革若干重大问题的决定》，《决定》指出："深化税收制度改革，完善地方税体系，逐步提高直接税比重。"政府出台一项政策往往是出于多种原因的考虑，本书认为这其中就有中国现行税制调节收入分配效果不足，需要加强税收调节的考虑。

（四）中国一般消费税的地位

不同税种各司其职，一般认为以一般消费税为主体的间接税更加重视效率，强调中性前提下的收入功能，而以所得税为主体的直接税则更加关注公平，强调改善收入分配功能。长期以来，中国以增值税与营业税为主要税种的一般消费税占国家税收收入的比重较高，而个人所得税与企业所得税两大所得税税种占国家税收收入的比重相对较低，被认为是税收调节收入分配功能缺失的重要原因之一。近年来，中国以个人所得税和企业所得税为代表的直接税占税收收入的比重虽然逐年提高，但以增值税、营业税以及消费税为代表的消费税，尤其是以增值税与营业税为代表的一般消费税仍然占据中国税制的主体地位。

通过表1-2可以看出，虽然从2004年开始，中国增值税与营业税税收收入占税收收入的比重呈总体下降的趋势，从2004年的52.14%下降到

2021年的36.77%，但中国一般消费税占中国税收收入的比重仍然很高，在税制体系中的地位仍然特别重要。

表1-2　2000~2021年中国主要税种收入占税收收入的比重

单位：%

年份	国内增值税、营业税			国内消费税	企业所得税	个人所得税	关税
	增值税	营业税	合计				
2000	36.19	14.85	51.04	6.82	7.95	5.24	5.96
2001	35.01	13.49	48.50	6.08	17.19	6.50	5.49
2002	35.03	13.89	48.93	5.93	17.48	6.87	3.99
2003	36.15	14.21	50.36	5.91	14.58	7.08	4.61
2004	37.32	14.82	52.14	6.22	16.38	7.19	4.32
2005	37.50	14.71	52.21	5.68	18.57	7.28	3.70
2006	36.73	14.74	51.47	5.42	20.23	7.05	3.28
2007	33.91	14.43	48.34	4.84	19.24	6.98	3.14
2008	33.19	14.06	47.25	4.74	20.61	6.86	3.26
2009	31.05	15.14	46.19	8.00	19.38	6.64	2.49
2010	28.81	15.24	44.05	8.29	17.54	6.61	2.77
2011	27.04	15.24	42.28	7.73	18.69	6.75	2.85
2012	26.25	15.65	41.91	7.83	19.53	5.78	2.77
2013	26.07	15.59	41.66	7.45	20.29	5.91	2.38
2014	25.89	14.92	40.81	7.47	20.68	6.19	2.39
2015	24.90	15.46	40.36	8.44	21.72	6.90	2.05
2016	31.23	8.82	40.05	7.84	22.13	7.74	2.00
2017	39.05	0.00	39.05	7.08	22.25	8.29	2.08
2018	39.34	0.00	39.34	6.80	22.59	8.87	1.82
2019	39.46	0.00	39.46	7.95	23.61	6.57	1.83
2020	36.80	0.00	36.80	7.79	23.61	7.50	1.66
2021	36.77	0.00	36.77	8.04	24.34	8.10	1.62

注：2016年5月1日，"营改增"在全国范围内推广开来，增值税全面取代营业税，因此，2017年数据中，营业税占总税收收入比重为0%，下同。

资料来源：根据历年《中国统计年鉴》表7-4测算得出。

表1-2给出了中国主要税种在中国税收收入中的地位，而表1-3则可以衡量中国主要税种在中国国民经济中的地位。通过比较可以看出，虽然2000年以后，中国增值税与营业税在税收收入中的地位有所下降，但是增值税与营业税占GDP的比重在2000~2007年呈上升趋势，在2007年之后呈下降趋势，2021年两税合计占GDP比重为5.55%，即中国增值税与营业税在中国国民经济体系中的地位虽略有下降，但仍位居重要地位。

表1-3 2000~2021年中国主要税种收入占GDP的比重

单位：%

年份	税收收入	国内增值税、营业税			国内消费税	企业所得税	个人所得税	关税
		增值税	营业税	合计				
2000	12.55	4.54	1.86	6.40	0.86	1.00	0.66	0.75
2001	13.80	4.83	1.86	6.69	0.84	2.37	0.90	0.76
2002	14.49	5.08	2.01	7.09	0.86	2.53	1.00	0.58
2003	14.57	5.27	2.07	7.34	0.86	2.12	1.03	0.67
2004	14.93	5.57	2.21	7.79	0.93	2.45	1.07	0.64
2005	15.36	5.76	2.26	8.02	0.87	2.85	1.12	0.57
2006	15.86	5.83	2.34	8.16	0.86	3.21	1.12	0.52
2007	16.89	5.73	2.44	8.16	0.82	3.25	1.18	0.53
2008	16.99	5.64	2.39	8.03	0.80	3.50	1.17	0.55
2009	17.08	5.30	2.59	7.89	1.37	3.31	1.13	0.43
2010	17.76	5.12	2.71	7.83	1.47	3.12	1.17	0.49
2011	18.39	4.97	2.80	7.78	1.42	3.44	1.24	0.52
2012	18.68	4.90	2.92	7.83	1.46	3.65	1.08	0.52
2013	18.64	4.86	2.91	7.76	1.39	3.78	1.10	0.44
2014	18.58	4.81	2.77	7.58	1.39	3.84	1.15	0.44
2015	18.21	4.53	2.82	7.35	1.54	3.96	1.26	0.37
2016	17.61	5.50	1.55	7.06	1.38	3.90	1.36	0.35
2017	17.59	6.87	0.00	6.87	1.25	3.91	1.46	0.37

续表

年份	税收收入	国内增值税、营业税			国内消费税	企业所得税	个人所得税	关税
		增值税	营业税	合计				
2018	17.37	6.83	0.00	6.83	1.18	3.92	1.54	0.32
2019	16.02	6.32	0.00	6.32	1.27	3.78	1.05	0.29
2020	15.19	5.59	0.00	5.59	1.18	3.59	1.14	0.25
2021	15.10	5.55	0.00	5.55	1.21	3.68	1.22	0.25

资料来源：根据历年《中国统计年鉴》表3-1和表7-4测算得出。

但必须注意的是，我国增值税和营业税前后经历了几次重大变革，分别为2004年7月1日起在东北三省和大连市开始进行的增值税转型试点，并于2009年1月1日在全国范围内完成了增值税转型改革；2012年1月1日起在上海部分现代服务业开始进行的营业税改征增值税试点，并于2016年5月1日在全国范围内完成了增值税代替营业税。这意味着营业税正式退出历史舞台，我国一般消费税仅存增值税这一个税种。2017年7月1日起，开始进行增值税税率简并改革，拟在不久的将来实现增值税税率三档并两档，以进一步简化增值税税率档次。我国每一次增值税改革均朝着减税降费、释放税收红利、兼顾效率并促进社会公平前行。

（五）OECD国家增值税的地位

对于大部分OECD国家来说，一般消费税指的就是增值税，而增值税在绝大多数情况下也足以代表该国一般消费税的全部或者绝大部分。因此，本书使用增值税来说明一般消费税在OECD国家税制体系中的地位具有合理性。此外，营业税是中国增值税改革进程中的过渡税种，将其与增值税合并为中国一般消费税（增值税与营业税）与OECD国家的增值税做比较更具有可比性。

增值税以其中性、透明、保障财政收入的优势和特点，吸引了除美国之外的所有OECD国家，增值税已经成为过去半个世纪中发展最快的税种，已有170多个国家开征增值税。增值税组织的财政收入占全世界税收收入比重已接近20%，受影响的人口约有40亿人。

后经济危机时代，世界各国政府越来越关注财政收入问题，但是由于工资增长缓慢以及失业等问题，个人所得税与社会保障税收入增长受阻；同时由于在经济危机期间的亏损可以向后结转，公司税收入增长较慢。因此，在未来一段时间里，个人所得税、企业所得税以及社会保障税收入会相对较低。而增值税虽然会因为消费减少受一定影响，但是影响较小，因此越来越多的国家开始关注增值税。

表1-4给出了2020年OECD国家的税收收入结构，可以看出，2020年增值税收入占到全部OECD国家税收收入的32.1%，除美国不征收增值税外，瑞士增值税收入占税收收入的比重最低为20.0%；智利最高为54.8%，其次分别为匈牙利（45.1%）、拉脱维亚（44.0%）以及土耳其（42.9%）。

表1-4 2020年OECD国家税收收入结构

单位：%

国家	所得与利润税	社保税	工薪税	财产税	增值税	其他
澳大利亚	59.0	0.0	4.5	10.1	26.5	0.0
奥地利	27.8	36.8	6.5	1.4	27.1	0.4
比利时	35.6	32.0	0.0	8.0	24.4	0.0
加拿大	49.8	14.3	2.3	12.0	21.5	0.1
智利	32.3	8.0	0.0	5.3	54.8	-0.5
哥伦比亚	32.9	9.9	2.0	9.7	41.4	4.1
哥斯达黎加	20.1	36.1	6.5	2.0	33.3	2.0
捷克	22.9	45.5	0.0	0.6	31.1	0.0
丹麦	64.7	0.1	0.4	4.2	30.6	0.0
爱沙尼亚	23.0	36.5	0.0	0.6	39.9	0.0
芬兰	35.1	27.4	0.0	3.6	33.8	0.1
法国	26.2	32.7	4.1	8.7	27.1	1.2
德国	31.3	39.7	0.0	3.3	25.7	0.0
希腊	20.4	33.2	0.0	7.8	38.5	0.0
匈牙利	18.2	30.8	2.9	2.9	45.1	0.1
冰岛	51.1	8.3	0.9	6.2	31.7	1.8

续表

国家	所得与利润税	社保税	工薪税	财产税	增值税	其他
爱尔兰	49.1	16.6	1.0	5.0	28.4	0.0
以色列	33.1	17.4	3.9	10.3	35.3	0.0
意大利	32.8	31.8	0.0	5.7	26.9	2.7
日本	30.4	40.4	0.0	8.1	20.9	0.3
韩国	30.9	28.0	0.3	14.2	24.4	2.1
拉脱维亚	21.6	31.4	0.0	3.0	44.0	0.0
立陶宛	28.2	33.2	0.0	1.0	37.7	0.0
卢森堡	38.01	29.2	0.0	10.0	22.8	0.1
墨西哥	42.6	13.9	2.5	1.9	37.2	1.8
荷兰	30.7	34.1	0.0	4.3	30.5	0.5
新西兰	56.5	0.0		5.5	38.0	
挪威	35.6	28.9	0.2	3.4	32.0	0.0
波兰	21.2	37.9	0.9	3.6	36.2	0.1
葡萄牙	27.7	29.6	0.0	4.2	37.5	1.0
斯洛伐克	20.2	43.9	0.0	1.4	34.6	0.0
斯洛文尼亚	19.4	45.2	0.1	1.7	33.6	0.0
西班牙	29.1	37.4	0.0	6.7	26.7	0.0
瑞典	35.8	21.4	12.0	2.2	28.5	0.1
瑞士	46.2	25.2	0.0	8.1	20.0	0.5
土耳其	21.9	29.7	0.0	4.4	42.9	1.0
英国	35.8	21.0	0.4	11.6	31.2	0.0
美国	45.5	24.8	0.1	12.4	17.2	0.0
OECD 平均	33.7	26.6	1.4	5.7	32.1	0.5

注：美国不征收增值税，但美国征收销售税，销售税和增值税性质相同，因此表中美国采用销售税占比进行比较。

资料来源：OECD 数据库，https：//stats.oecd.org/Index.aspx。

表 1-5 给出了 OECD 国家增值税收入占税收收入的比重，从 OECD 国家的平均值来看，增值税收入占税收收入的比重呈先上升后下降，而后重新上升再下降的变动趋势。2020年 OECD 国家增值税税收收入占税收收入

比重的平均值为32.1%，低于1990年（33.7%）至2019年（32.6%），但可以发现增值税收入占税收收入的比重较为稳定，均在30%以上。

表1-5　OECD国家增值税收入占税收收入比重

单位：%

国家	1990年	2000年	2005年	2011年	2012年	2013年	2014年	2015年	2016年	2017年	2018年	2019年	2020年
澳大利亚	27.8	28.8	27.9	27.2	28.1	28.3	26.8	27.5	27.0	26.4	25.5	26.3	26.5
奥地利	31.5	29.3	29.3	28.9	28.7	28.0	27.9	27.7	28.5	28.5	27.7	27.5	27.1
比利时	26.1	25.9	25.9	25.6	25.8	24.9	24.6	24.6	25.3	25.0	25.2	25.6	24.4
加拿大	25.8	24.2	25.2	23.7	23.4	23.0	23.0	23.0	23.0	23.6	23.4	22.8	21.5
智利	62.9	63.8	51.5	49.3	50.1	54.0	55.3	54.1	54.6	54.8	53.3	53.0	54.8
哥伦比亚	53.8	46.3	44.8	44.1	40.5	38.7	40.9	41.0	40.6	43.1	42.8	43.0	41.4
哥斯达黎加	45.5	46.7	45.3	40.2	40.1	39.4	39.0	38.4	37.1	36.4	35.0	34.8	33.3
捷克	—	31.5	31.7	34.3	34.3	34.7	33.4	34.0	33.5	33.4	32.3	31.9	31.1
丹麦	33.9	33.5	33.5	33.7	33.3	32.4	30.0	31.6	32.3	31.9	33.0	30.3	30.6
爱沙尼亚	—	38.8	41.9	42.3	42.9	41.7	42.2	42.3	43.3	43.0	41.8	42.4	39.9
芬兰	32.5	29.2	31.7	33.1	33.3	33.4	33.0	32.5	33.0	33.1	33.8	33.7	33.8
法国	28.4	26.4	25.9	26.5	26.2	25.7	25.9	26.1	26.4	26.4	26.9	27.6	27.1
德国	26.7	28.5	30.1	30.2	29.4	28.9	28.6	28.4	27.6	26.8	26.7	26.6	25.7
希腊	44.5	35.2	35.0	39.4	38.2	39.5	39.5	39.8	40.4	39.8	39.5	39.9	38.5
匈牙利	—	40.6	40.0	43.8	43.8	43.9	43.8	43.9	42.3	43.0	44.8	44.7	45.1
冰岛	51.3	44.1	42.0	34.5	34.9	33.5	31.0	32.4	23.2	33.5	33.2	32.3	31.7
爱尔兰	41.9	38.8	37.8	34.2	34.0	33.7	33.9	32.9	33.0	32.9	31.0	30.8	28.4
以色列	—	33.1	35.5	38.8	38.7	38.4	39.1	37.9	37.8	34.7	36.2	35.9	35.3
意大利	28.0	28.2	26.7	27.2	26.8	26.5	27.4	27.6	28.6	28.8	28.7	28.3	26.9
日本	13.7	19.3	19.4	18.4	17.9	17.6	19.8	21.0	20.4	21.0	19.5	19.7	20.9
韩国	44.3	38.4	34.3	31.2	31.2	30.7	30.0	28.0	28.1	27.7	26.3	25.8	24.4
拉脱维亚	—	38.6	41.8	41.2	41.6	42.5	43.2	43.9	44.3	43.6	45.1	45.0	44.0
立陶宛	—	39.4	38.1	42.4	41.3	40.2	40.5	39.7	39.3	39.1	38.1	38.2	37.7
卢森堡	23.6	26.6	28.9	28.2	28.6	28.4	29.3	24.0	24.3	24.0	23.2	23.3	22.8

国家	1990年	2000年	2005年	2011年	2012年	2013年	2014年	2015年	2016年	2017年	2018年	2019年	2020年
墨西哥	44.0	41.7	38.6	36.4	36.8	33.1	36.8	38.6	38.8	36.4	36.4	37.6	37.2
荷兰	26.4	29.7	32.2	30.9	30.6	30.5	30.4	30.5	30.4	30.0	30.1	30.7	30.5
新西兰	33.6	34.7	32.1	40.3	38.8	39.0	39.2	38.9	38.4	38.4	37.9	38.7	38.0
挪威	35.5	31.4	27.7	26.5	26.3	27.6	28.8	30.2	31.4	30.9	29.4	29.4	32.0
波兰	—	35.3	38.3	40.1	37.2	36.7	37.0	36.7	37.1	37.4	37.2	36.5	36.2
葡萄牙	44.2	40.7	43.7	39.9	41.0	37.2	38.3	38.8	39.7	40.1	39.7	39.8	37.5
斯洛伐克	—	36.3	39.9	38.9	37.2	36.6	36.2	35.6	34.9	35.3	34.9	35.0	34.6
斯洛文尼亚	—	36.6	34.5	37.1	37.8	39.7	39.7	39.4	38.7	38.0	37.2	36.6	33.6
西班牙	28.4	30.6	28.7	27.1	27.6	29.3	29.6	30.5	30.3	30.0	29.5	28.9	26.7
瑞典	25.0	24.2	25.9	29.4	29.2	28.7	28.6	28.3	28.3	28.0	28.2	28.2	28.5
瑞士	20.9	22.2	22.9	22.2	22.5	22.2	22.0	21.3	21.1	20.8	20.5	19.9	20.0
土耳其	27.9	42.0	49.3	45.2	45.0	46.1	44.1	44.3	43.6	43.5	40.5	39.0	42.9
英国	31.0	32.2	30.6	33.5	33.9	33.9	34.1	34.0	33.3	32.6	32.7	32.8	31.2
美国	17.5	16.0	17.2	18.2	18.1	17.3	17.0	16.6	16.7	16.0	17.7	17.5	17.2
OECD平均	33.7	33.9	33.8	33.8	33.5	33.3	33.4	33.3	33.1	33.1	32.8	32.6	32.1

注：美国不征收增值税，但美国征收销售税，销售税和增值税性质相同，因此表中美国采用销售税占比进行比较。

资料来源：OECD官方数据库，https：//stats.oecd.org/Index.aspx。

表1-6给出了OECD国家增值税收入占GDP的比重，从OECD国家的平均值来看，该比重的变化趋势与OECD国家增值税收入占税收收入的比重变化趋势相似，均呈先上升后下降，而后又重新上升再下降的趋势。2020年OECD国家增值税收入占GDP比重的平均值为10.6%，高于1990年（9.9%），低于2000年（10.8%）、2005年（10.8%）、2012年（10.7%）至2019年（10.8%），与2011年（10.6%）持平。2020年，除美国不征收增值税以外，增值税收入占GDP最小的OECD国家是瑞士，为5.5%；而占比最大的国家为匈牙利（16.3%），其次为希腊（15.0%），第三为丹麦（14.4%）。

表1-6　OECD国家增值税收入占GDP比重

单位：%

国家	1990年	2000年	2005年	2011年	2012年	2013年	2014年	2015年	2016年	2017年	2018年	2019年	2020年
澳大利亚	7.8	8.8	8.3	7.0	7.5	7.6	7.3	7.6	7.4	7.5	7.3	7.3	7.6
奥地利	12.4	12.4	12.0	11.9	12.0	11.9	11.9	11.9	11.9	11.9	11.7	11.7	11.5
比利时	10.8	11.3	11.2	11.1	11.4	11.2	11.0	10.9	11.0	11.0	11.1	11.0	10.4
加拿大	9.1	8.4	8.2	7.3	7.3	7.2	7.2	7.5	7.6	7.8	7.8	7.7	7.4
智利	10.6	12.0	10.7	10.4	10.7	10.7	10.9	11.0	11.0	11.1	11.3	11.1	10.6
哥伦比亚	6.1	7.3	8.2	8.3	8.0	7.7	8.0	8.2	7.8	8.2	8.2	8.5	7.8
哥斯达黎加	10.2	9.9	9.9	9.1	9.1	9.0	8.8	8.8	8.7	8.4	8.1	8.2	7.6
捷克	—	10.2	10.9	11.3	11.5	11.7	11.0	11.3	11.4	11.5	11.3	11.1	10.8
丹麦	15.0	15.7	16.1	15.1	15.1	14.9	14.6	14.6	14.7	14.5	14.6	14.1	14.4
爱沙尼亚	—	12.1	12.5	13.3	13.6	13.2	13.6	14.1	14.5	14.0	13.8	14.2	13.3
芬兰	14.0	13.4	13.3	13.9	14.4	14.5	14.4	14.4	14.2	14.3	14.2	14.1	14.1
法国	11.7	11.5	11.1	11.5	11.6	11.7	11.8	11.8	12.0	12.2	12.3	12.4	12.3
德国	9.3	10.4	10.4	10.9	10.8	10.7	10.5	10.6	10.4	10.1	10.3	10.3	9.7
希腊	11.2	11.8	11.2	13.5	13.9	14.2	14.4	14.6	15.7	15.6	15.8	15.7	15.0
匈牙利	—	15.6	14.6	15.9	17.1	16.9	16.8	17.0	16.5	16.3	16.5	16.3	16.3
冰岛	15.6	15.8	16.5	11.5	11.8	11.5	11.5	11.4	11.7	12.5	12.1	11.3	11.4
爱尔兰	13.6	11.9	11.4	9.5	9.6	9.7	9.7	7.6	7.8	7.4	6.9	6.8	5.6
以色列	—	11.5	12.0	12.0	11.6	11.8	12.1	11.8	11.8	11.2	11.1	10.8	10.4
意大利	10.2	11.4	10.4	11.3	11.7	11.6	11.9	11.9	12.1	12.1	12.0	12.0	11.5
日本	3.8	4.9	5.0	5.0	5.0	5.4	5.9	6.3	6.2	6.5	6.2	6.2	6.9
韩国	8.2	8.0	7.4	7.2	7.4	7.1	7.0	6.7	7.0	7.0	7.0	7.0	6.8
拉脱维亚	—	11.2	11.7	11.6	12.0	12.4	12.9	13.1	13.7	13.6	14.0	14.1	14.0
立陶宛	—	12.1	11.1	11.5	11.1	10.7	11.1	11.4	11.7	11.6	11.5	11.6	11.6
卢森堡	7.9	9.8	10.9	10.5	11.0	10.9	11.0	8.7	8.8	9.0	9.1	9.1	8.7
墨西哥	5.3	4.8	4.4	4.6	4.7	4.4	5.0	6.1	6.4	5.8	5.9	6.2	6.6
荷兰	10.5	10.9	11.3	11.0	10.9	11.0	11.3	11.3	11.7	11.6	11.7	12.1	12.2
新西兰	12.1	11.3	11.6	12.1	12.3	11.9	12.2	12.3	12.0	12.0	12.2	12.2	12.8

国家	1990年	2000年	2005年	2011年	2012年	2013年	2014年	2015年	2016年	2017年	2018年	2019年	2020年
挪威	14.3	13.1	11.8	11.1	10.9	11.0	11.2	11.6	12.2	12.0	11.6	11.7	12.4
波兰	—	11.6	12.6	12.7	12.0	11.8	11.9	11.9	12.4	12.8	13.1	12.8	12.9
葡萄牙	11.7	12.6	13.5	12.9	13.0	12.6	13.1	13.3	13.5	13.7	13.8	13.7	13.2
斯洛伐克	—	12.2	12.5	11.3	10.7	11.3	11.6	11.6	11.6	11.9	11.9	12.1	12.2
斯洛文尼亚	—	13.8	13.5	13.9	14.2	14.8	14.8	14.7	14.5	14.1	13.9	13.6	12.5
西班牙	9.0	10.1	10.1	8.4	8.9	9.7	10.0	10.3	10.2	10.2	10.2	10.0	9.8
瑞典	12.2	12.1	12.3	12.4	12.3	12.2	12.1	12.1	12.5	12.3	12.4	12.1	12.1
瑞士	4.8	6.0	5.9	5.8	5.8	5.8	5.7	5.7	5.6	5.7	5.5	5.4	5.5
土耳其	4.1	9.9	11.4	11.6	11.1	11.6	10.8	11.1	11.0	10.7	9.7	9.0	10.2
英国	10.2	10.6	10.0	11.0	10.9	10.8	10.8	10.8	10.8	10.7	10.7	10.7	10.0
美国	4.5	4.5	4.5	4.3	4.3	4.4	4.4	4.4	4.4	4.3	4.4	4.4	4.4
OECD平均	9.9	10.8	10.8	10.6	10.7	10.7	10.8	10.8	10.9	10.9	10.8	10.8	10.6

注：美国不征收增值税，但美国征收销售税，销售税和增值税性质相同，因此表中美国采用销售税占比进行比较。

资料来源：OECD官方数据库，https：//stats.oecd.org/Index.aspx。

虽然世界各国的增值税体系都是按照同一核心原则建立的，但是各国在实践中却存在很多不同之处。一个很明显的例子就是各国在增值税税率、免税条款以及特别安排等方面有所不同。造成这个现状的原因是多方面的，包括公平目标（基础的生活必需品、健康、教育等）、操作上的困难（如金融服务）以及历史原因（邮政服务、不动产租赁等）等。因此，并不存在一个统一的理想化税制，一个国家税制的设计应该考虑到这个国家的经济、政治、社会、历史条件以及公共服务的需要等。但是一般都赞同一个理想的增值税制度应该具有尽量宽泛的税基以及尽量简化的增值税税率档次。而且从OECD的税收实践来看，增值税无论是在税收体系中的地位，还是在国民经济体系中的地位都没有减弱，甚至在近几年还有上升的趋势。

根据OECD国家数据，OECD国家增值税标准税率非加权平均值在2005年为17.8%，而在2022年升为19.2%。2022年，OECD国家中有37个成员国征收增值税，其中，有24个成员国标准税率上升，2个成员国标准税率下降；其中上升幅度最大的为希腊，增值税标准税率由18%上升为24%，增加了6个百分点；其次为日本和西班牙，增值税标准税率分别由5%和16%上升为10%和21%，均增加了5个百分点。这些增值税标准税率的升高往往伴随着所得税税率的降低。因此，从OECD的实践来看，增值税的地位正在得到不断增强（见表1-7）。

表1-7 2005年、2022年OECD国家增值税标准税率变化

单位：%，个百分点

国家	2005年标准税率	2022年标准税率	变化
澳大利亚	10	10	0
奥地利	20	20	0
比利时	21	21	0
加拿大	7	5	−2
智利	19	19	0
哥伦比亚	16	19	3
哥斯达黎加	—	13	—
捷克	19	21	2
丹麦	25	25	0
爱沙尼亚	18	20	2
芬兰	22	24	2
法国	19.6	20	0.4
德国	16	19	3
希腊	18	24	6
匈牙利	25	27	2
冰岛	24.5	24	−0.5
爱尔兰	21	23	2
以色列	17	17	0
意大利	20	22	2
日本	5	10	5
韩国	10	10	0
拉脱维亚	18	21	3

国家	2005年标准税率	2022年标准税率	变化
立陶宛	18	21	3
卢森堡	15	17	2
墨西哥	15	16	1
荷兰	19	21	2
新西兰	12.5	15	2.5
挪威	25	25	0
波兰	22	23	1
葡萄牙	19	23	4
斯洛伐克	19	20	1
斯洛文尼亚	20	22	2
西班牙	16	21	5
瑞典	25	25	0
瑞士	7.6	7.7	0.1
土耳其	18	18	0
英国	17.5	20	2.5
非加权平均值	17.8	19.2	1.4

注：哥斯达黎加于2019年征收增值税，标准税率设定为13%。

资料来源：OECD. Consumption Tax Trends 2022：VAT/GST and Excise Rates，Trends and Policy Issues［M］.Paris： OECD Publishing， 2022：74-75.https：//doi.org/10.1787/6525a942-en。

二 研究意义

增值税是一种公认的中性税种，筹集财政资金是增值税的第一大职能，收入分配属于增值税的辅助职能。而关于增值税的现有研究大多围绕增值税资源配置效应展开，较少有文献关注增值税的收入分配效应。近年来，凭借中性税种优势，增值税被越来越多的国家所引入，并且增值税占税收收入及GDP的比重也逐渐上升。因此，越来越多的学者和研究机构渐渐关注增值税的收入分配效应，并力图通过优化和完善增值税制度使收入分配尽可能更加公平。基于此，本书研究意义可以归纳为以下两个方面。

理论意义：区别于以往对增值税资源配置效应的研究，本书尝试从公平视角进一步探讨现行增值税制度及可能的增值税改革的收入分配效应，并从我国近期政策改革热点出发，围绕"共同富裕""助力生育""改善收入分配"等主题，深入探讨我国增值税制度及增值税改革的收入分配效应，有助于进一步完善增值税与收入分配公平的现有研究。

实践意义：从中共十八届三中全会审议通过的《中共中央关于全面深化改革若干重大问题的决定》中提出的"深化税收制度改革，完善地方税体系"至党的十九大报告提出的"深化税收制度改革，完善地方税体系"，深化税收制度改革是我国过去、现在和未来税制改革的重要指导方针，而关于深化税制改革的目标的实现，中国社科院财经战略研究院院长助理、研究员张斌则认为当前税制改革是要形成税法统一、税负公平、调节有度的税收制度体系。[①]而要实现上述税负公平、调节有度的税收制度体系，不仅要求整体税收制度体系实现税负公平并调节有度，还要求具体税种实现税负公平并调节有度。这意味着，作为我国第一大税种，增值税改革也要兼顾税负公平、调节有度。因此，本书关于增值税收入分配效应的研究对实现我国深化税制改革具有重要实践意义。

第二节 国内外研究综述

国外对增值税的收入分配效应一直高度重视，很多国家的政府部门或研究机构都花费大量精力研究增值税与收入分配之间的关系。由于增值税一直是中国的主体税种，因此，增值税对收入分配的影响早期受到了一些国内学者的关注，近年来，随着政府税收政策以"更加公平""共同富裕"为导向，增值税的收入分配效应备受关注。

一 国外研究综述

国外学者关于增值税收入分配效应的研究主要集中在增值税的本质特

---

① 曾金华.深化税收制度改革 健全地方税体系［N］.经济日报.2017-12-18（005）.

征和增值税制度改革两个方面。

（一）增值税本质特征的研究

对于增值税在收入分配方面的本质呈累退还是累进，国外文献研究主要从年收入、终生收入或消费支出等视角进行研究。

1.年收入视角

关于增值税在收入分配方面本质特征的研究，较早文献大多从年收入视角出发，指出由于存在边际消费递减规律，低收入者的消费支出占其收入比重通常要远远高于高收入者的消费支出占其收入比重，因此，增值税天然具有累退性。Cnossen（1981）基于1974~1975年荷兰工薪家庭预算调查数据，研究发现增值税占收入的比重下滑，因此，增值税是累退的。Cnossen（1998，1999）还指出尽管增值税对穷人消费的产品实施免税或征收低税率或零税负，但难以消除税收本身的累退性，原因在于富人和穷人消费形式大部分趋同。Messere 和 Norregard（1989）采用局部均衡估计增值税税负归宿，发现增值税平均税负随收入上升而下降，因而提出增值税累退结论。Burman（2009）指出针对增值税有两项主要抱怨：其一，它是一个印钞机，推动政府规模增长；其二，它具有累退性，因为收入较低的家庭支出占其收入的比重要比收入较高的家庭高得多。Go 等（2005）也表达了相似观点，其认为增值税具有轻微的累退性，但在财权储备中却是一种有效的税收工具。Gale（1995）指出增值税是对每一环节的增值额征税，销售税是对最终消费环节的总增值额征税。增值税相对于销售税的优势在于增值税具有环环抵扣的特征，但本质上却和销售税一样具有相同的经济效应，因此，无论是单一增值税还是综合性增值税都具有累退性。

2.终生收入或消费支出视角

以终生收入进行定量分析，结论存在较大差异，原因在于年度收入具有较强的波动性，终生收入则相对更为平稳。人们通常倾向于依据其终生收入，通过借贷行为平滑各期消费。因此，若从终生收入视角出发进行增值税收入分配效应研究，增值税实际上为比例的或略微累进。Pechman（1985）指出假设消费税前转并且由消费者依据支出比例负担，消费税累退。但消费税累退性是否会超过一年仍不清楚。基于最低收入组年收入数据，消费税的累退性在长期来看可能会有所缓解。Poterba（1989）指出随机选择的个体中约41%的概率在两年内会保持在相同收入组别，然而即使是轻度流动性也足以改变基本税负归宿结果，尤其是涉及消费税。Hanna（1948）分析了1929~1935年威斯康星州收入数据，发现这段时期内总收入分配的不平等明显小于年收入分配的不平等。Lillard（1977）使用国家经济研究局—桑代克/哈根数据集（该数据集以1943年4600名年龄在18~26岁的男性为样本，并报告了样本1955年和1969年的收入）的数据对基尼系数进行估计，发现年收入下基尼系数为0.28，显著大于用终生收入现值估计的基尼系数0.19。Caspersen和Metcalf（1993）采用收入动态追踪调查（Panel Study of Income Dynamics，PSID）的收入数据和消费者支出调查（Consumer Expenditure Survey，CEX）的消费数据测算增值税终生税负归宿，发现以年度收入作为测算经济福利手段，增值税看起来相对累退。当采用终生收入数据时，结果发生显著变化。从终生视角来看，美国实行增值税将为比例税负或轻微累进，因此，其提出了在整个生命周期，增值税不一定累退，事实上是可以轻度累进的。当食物、住房和医疗支出征税率为零时，税收似乎明显累进。

另外，有部分学者指出收入并不一定完全用于消费，而增值税等间接税以消费为税基，只有消费发生时才要承担相应税负。有些人收入高消费低，有些人收入低消费高，或者高收入者高消费、低收入者低消费，不同收入消费组合所承担的间接税的比例相差很大。单纯从收入视角来判断增值税的累进性或累退性，未必能将所有不同收入消费组合人群囊括在内，收入分配结果的准确性也有待考究。因此，从消费支出视角研究增值税的收入分配效应具有一定的重要意义。Poterba（1989，1991）提出采用消费作为终生收入近似，认为由于家庭消费相较收入更平滑，相较于总年度收入，总年度消费可能是更好的衡量家庭福利方法。其采用消费者支出调查的总支出数据，发现酒精、烟草和汽油消费税在终生收入框架下比年度收入框架下的累退性低。Metcalf（1995）指出在没有遗赠的情况下，终生收入等于消费的现值，从这一点来看，一个广税基的比例消费税对每一个人来说均占终生收入相同比例，增值税似乎为比例的而非累退的。Feenberg（1997）研究发现家户按总消费支出排序，零售销售税或者是比例的或者随支出增加而增加。Jones（2008）认为等价性可支配收入（the Equivalised Income）是衡量生活水平的指标，其将家庭按等价性可支配收入排序并计算基尼系数。发现从总收入和可支配收入视角来看，增值税累退。从支出视角来看，增值税累退性降低，倾向于平均分布。Decoster 等（2010）指出许多发达国家通过降低社会保障缴款，提高标准增值税税率，以保持政府收入的中立性，从而将税收负担从劳动转移到消费上来，使税收制度更加具有激励性。其采用欧洲模式（Euromod）对这种政策变化进行模拟。发现可支配收入视角下，间接税呈累退，总支出视角下，则呈比例或累进。Carrera（2010）认为人一生收入不断变化，而支出更倾向于维持在较为固定的水平上，支出是衡量物质生活水平合理的测算指标。低收入群体通过借贷或动用储蓄来维持固定的支出水平，这些家庭只是暂时在收入分配底层。很多收入数据并不包括资产转让或者诸如遗产之类的意外财产，这些恰恰可以从支出中得到反映。因此，Carrera 分别按支出和可支配收入对家庭进行排序并测算各组别负担的间接税，发现支出下间接税是累进的，可支配收入下间接税则明显累退。Davies 等（1984）、Fullerton 和 Rogers（1991ab，1993，1994，1997）、Caspersen 和 Mercalf（1993）研究结果也与前述结论基本一致，即在一生框架下，以消费为税基的税收累退性似乎有所降低。

此外，还有学者在终生收入或消费支出视角下，进一步研究了具体消费项目的累进或累退性。Lyon 和 Schwab（1991）采用动态收入追踪调查数据进行研究，发现烟草消费税年收入税负归宿与一年以上的税负归宿无较大差别，酒精消费税年收入下呈累退，生命周期下则接近比例负担。The Cogressional Budget Office（1990）研究发现年收入视角下，对酒精、烟草和汽油征税呈累退。总支出视角下，对酒精征税呈轻微累进，对汽油征税呈比例负担，对烟草征税累退性有所降低。

3.社会福利视角

Creedy 和 Sleeman（2006）指出税收累进和福利累进是两个不同的概念。对某一商品征收间接税时，只需要征税商品为奢侈品时即可保证税收累进。福利累进则相反，福利累进需要保证等价变换占总支出的比率随总支出上升而上升。依据线性支出系统（Linear Expenditure System，LES）

和近似完美需求系统（Almost Ideal Demand System，AIDS）推导出间接效用函数，在效用函数各参数值不变且消费偏好同质性条件下，福利累进的充分条件与税收累进的充分条件一致，即对奢侈品征税，税收累进即福利累进。然而现实情况是，效用函数各参数值会随着总支出变化而变化，居民家庭消费偏好也呈现异质性，在这一情况下，对于任何模型而言，福利累进独立于税收累进，此时，福利累进和税收累进会出现较大的冲突。这是因为在税收累进下，一定总支出水平范围内，税收累进程度的变动仅取决于征税商品预算份额变动，即总支出上升，分配给奢侈品的预算份额上升，平均税率上升。而福利累进下，福利损失程度并不仅仅取决于征税商品预算份额变动，还取决于商品需求的补偿价格弹性。因此，税收累进并不必然反映福利累进。

（二）增值税改革的收入分配效应研究

增值税征税范围、增值税税率以及减免税等税收优惠是增值税制度的核心内容，本节主要从这三个方面对国外文献进行归纳梳理。

1.扩大增值税征税范围的收入分配效应

国外关于增值税征收范围调整的收入分配效应研究主要聚焦于引入增值税、用增值税取代现行税制或取代部分税种、将服务业纳入征税范围等方面。有国外文献表明当引入增值税或用增值税取代现行税制部分税种后，会扭曲相对要素价格，整体税制反而呈现消极的收入分配效应。Whalley（1975）在一般均衡框架下对1973年英国税制改革进行研究。此次改革内容为废除购买税（Purchase Tax）和选择性就业税（Selective Employment Tax），引入增值税（包括对新汽车实行附加税）、改变企业所得税制度和税率、实行统一所得税。研究发现选择性就业税下征税行业大多为资本密集型行业，将选择性就业税替换为增值税后扭曲了行业间相对要素价格。因此，用增值税取代购买税（Purchase Tax）和选择性就业税（Selective Employment Tax）具有负福利效应。Pechman（1987）采用一般均衡模型，估算引入增值税来部分替代个人所得税会对低收入群体造成福利损失，且改善高收入群体福利，税收这一形式的变动是累退的。Roy等（2010）研究了2005年4月1日印度古吉拉特邦、卡纳塔克邦、中央邦、马哈拉施特拉邦和西孟加拉邦5个主要邦一级引入增值税后的政策效应，发现增值税改革并没有在很大程度上减少贫困。Ruggeri 和 Bluck（1990）利用相对份额调整（Relative Share Adjustment，RSA，即税后所得与税前所得占比。RSA>1，表示累进税；RSA<1，表示累退税；RSA=1，表示比例税）研究了 1989 年 4 月加拿大政府用商品和服务税（GST）取代制造商销售税（MST）的分配效应，发现在 1986 年的收入和消费模式下，商品和服务税在一定程度上比制造商销售税具有更强的累退性。原因在于新采纳的商品和服务税采用差别税率，并对商品实施大量零税负、免税以及更丰富的税收抵免，在一定程度上明显背离了税收中性目标。这一改革相当于用一系列不同的扭曲替代制造商销售税本身扭曲，增加了税制的管理成本，同时影响经济决定。Smart 和 Bird（2009）研究了加拿大几个省用增值税取代零售营业税对居民消费价格的影响，发现这种税收替代对含税消费价格的影响很小，并具有一定的累退性。Nakamba（2010）考察了赞比亚增值税的改革。这项研究涉及两个方面，一个是将税基扩大到所有部门，另一个是将税基扩大到农业部门，玉米部门除外（玉米是该国的主要粮食）。研究发现，增值税具有温和的累退性，但它给城镇家庭带来的负担要高于农村家庭，尤其是在食品方面。此外，若将增值税税基扩大到所有部门会带来额外收入，但在短期内会对经济（福利方面）产生一些负面影响。Refaqat 和 Mohsin（2005）利用巴基斯坦 1990/1991 年、2001/2002 年家庭综合经济调查数据，采用传统税负归宿测算方法（有效税率），研究 2001/2002 GST 税制（对国内制造环节、零售环节及进口环节商品征税，服务不征税，取消大部分商品免税）和 1990/1991 GST 税制（对国内制造环节和进口环节商品征税，服务不征税，同时对糖、家庭手工业、医药、皮革和运动品、机器设备和基本服务免税）的收入分配效应。发现 2001/2002 GST 税制比 1990/1991 GST 税制更具累退性，意味着 GST 改革放大了之前的税收不平等，改革使 1990~2001 年福利略有减少。进一步研究发现，对蔬菜酥油、糖和基本燃料等项目征税正在损害穷人的利益。

然而，也有学者研究发现若在扩大增值税征收范围时配合使用累进税率、改变增值税抵扣，或者用增值税替代更为不公平的税制，可以降低资源配置扭曲。增值税制度改革对整体税制具有积极的收入分配效应和福利效应。Ballard等（1987）采用CGE模型估算美国经济中引入增值税的税负归宿问题。假设增值税部分替代个人所得税，分析结果显示若合并企业所得税和个人所得税，损失的税收由单一增值税、多档增值税或累进支出税来替代，这项改革可以减少部门间资本及资本积累的扭曲。在相同的税收收入条件下，无论采用何种增值税形式，这项改革均能产生较大的福利。Jokisch和Kotlikoff（2005）构建三阶段生命周期一般均衡模型，将生命周期划分为23岁以前的无收入阶段、23~65岁的工作阶段，65~91岁的退休至死亡三阶段，并在模型中引入生育率和死亡率，研究用具有累进性的广税基消费税（公平税）替换所有联邦税的动态宏观和微观效应，发现这项改革为包括现在退休和尚未出生的人在内的社会上最贫穷的成员带来了重大的福利收益。Huizinga等（2002）指出出于技术原因，欧洲大多数金融服务免征增值税。然而金融服务部门庞大，占欧洲总产出的3.5%，增值税税率较高，为15%~25%，因此，金融服务免税会产生一些重大扭曲。例如，免税意味着欧洲银行大多数购进品的增值税不能抵扣，这使得银行处于不利竞争地位，并且增加了管理成本。如若对银行提供给家庭的服务按正常税率征税，提供给企业的服务不征税，并允许金融服务所有购进商品如实抵扣进项税。一来有助于验证客户的增值税身份，二来是在整体福利无影响的情况下，增加增值税收入，减少税收流失。Nunns和Rosenberg（2016）认为相比所得税，消费税不会扭曲投资、企业组织形式和融资形式的决定，用消费税替代所得税可以降低征税成本和遵从成本，提高经济效率。其具体测算了在美国引入诸如零售税、增值税等形式消费税的政策效应。其中，由于商品和服务税（GST）和雇主支付的工薪税的税基和税制设计高度相关，用商品和服务税（GST）替代雇主支付的工薪税，所有收入组的平均有效税率均随着收入上升而上升，低收入组上升幅度最小。因此，用消费税替代所得税有利于减少横向不平等，提高经济效率。

此外，Kaisa等（2018）基于世界收入不平等数据库（World Income Inequality Database）和政府收入数据库（Government Revenue Dataset）最新公布的宏观数据，采用工具变量法，研究全世界范围内引入增值税对政府收入和不平等的影响。发现平均而言，引入增值税不一定会加剧不平等。基于可支配收入衡量不平等时，征收增值税的国家不平等程度上升；基于消费衡量不平等时，增值税的引入并未促使不平等程度上升。

2.增值税税率调整的收入分配效应

增值税税率档次和税率水平是影响增值税收入分配效应的重要因素。部分国外学者指出简化税率档次、降低税率水平，可以有效发挥增值税积极的收入分配效应，提升社会福利。Liberati（2001）采用两个相关且互补的方法评估了意大利1995年和1997年增值税调整的收入分配效应和福利效应。其中，1995年为增值税税率结构保持四档不变，中间产品的两档税率由9%和13%分别上调至10%和16%；1997年将增值税税率结构简化为三档，低税率保持不变，中间产品税率合并为10%，基本税率由19%上调至20%。研究发现，上述增值税调整没有重新分配家庭购买力，但若依据欧洲增值税协调指令制定更简单的两级增值税结构，取代目前税率结构，可以产生相同税收收入并增加福利。Bye等（2003）开发一个跨期CGE模型来估计挪威单一增值税税率结构和多档增值税税率结构的福利效应。研究发现，与前者相比，后者的增值税税率结构导致了福利损失。Enrı'quez和Echevarrı'a（2018）利用2011年西班牙家庭预算调查数据，构建了一个两阶段的二次近乎理想需求系统（Quadratic Almost Ideal Demand System，QUAIDS）模型，分析2012年西班牙增值税税率上调对家庭文化用品和服务需求的影响。发现个人福利损失和增值税税额随着收入的增加而增加，但增值税税额增幅小于收入增幅，因此，此项改革是累退的。

但也有国外学者表明增值税税率结构和税率水平对收入分配效应的影响不大。Bedau（1996）研究德国增值税标准税率上调对不同收入类别家庭的影响情况，发现增值税的增加将对不同收入类别的家庭产生几乎相同的影响。Bedau将家庭样本分为三类：低收入家庭（二人一户收入较低的领取退休金者和社会福利受助人）、中等收入家庭（四口之家收入中等的蓝领和白领工人）、高收入家庭（四口之家收入较高的白领和公务员）。假定增值税低税率不变，将标准税率上调2%，测算标准税率上调对上述各类家庭增值税负担的影响，发现各类家庭的增值税负担在很大程度上"平行"转移。因此提出增值税的增加将对不同收入类别的家庭产生几乎相同的影响。Crawford 和 Smith（2010）从增值税税率差异化的收益和成本考量，指出增值税税率差异化的潜在福利收益在范围上是有限的，这些收益需要与管理和遵从性成本进行权衡。他们认为，增值税税率差异化带来的福利收益太小，不足以补偿这些成本，因此不可取。Erero（2015）采用动态 CGE 模型模拟测算了南非增值税税率从 1% 增加到 5% 的效应。研究发现，如果增值税增加的税收用于向低收入家庭提供社会服务，上调税率不会使低收入家庭更加贫穷，中等收入家庭和高收入家庭的生活水平都随着国内生产总值（GDP）的边际增长而提高。Kearney 和 Heerden（2003）早期对南非研究的结果和 Erero（2015）一致。

3.增值税减免税等税收优惠的收入分配效应

对增值税的累退性抱怨最大的原因在于低收入群体消费支出占其收入比重高于高收入群体，相应地，低收入群体承担的增值税税负水平要重于高收入群体。因此，通过对低收入群体消费支出较大的项目，诸如食品、医疗、教育等各生活必需品实施增值税减免税优惠政策，可以在一定程度上降低增值税的累退性。Leyaro 等（2010）发现坦桑尼亚的贫困人口，尤其是来自农村地区的贫困人口，最能感受到食品税收改革带来的福利。Levin 和 Sayeed（2014）研究孟加拉国允许免税的增值税制度以及不允许免税的增值税制度对收入分配的影响。发现在没有免征增值税的情况下，贫困家庭的税负率较高，而对地方市场食品行业免税，则提高了城乡低收入群体的福利水平，因此建议对地方食品行业免税。Metcalf（1994）指出对增值税的各种修改（对必需品实施零税负或对家庭实施一次性退税）将大大提高税收的累进性。Gaarder（2019）基于消费支出数据，采用断点回归研究了 2001 年挪威食品增值税改革的政策效应。该改革主要内容为其他非食品项目税率保持在 24% 不变，仅将所有食品项目适用的增值税税率由 24% 下调至 12%。其发现，这一改革减轻消费者福利的不平等，原因在于挪威的食品零售业高度集中以及家庭会根据价格变化调整消费模式。

然而，也有学者指出增值税减免税无法避免高收入群体同样享受税收减免福利，因此，减免政策难以消除税收本身累退性，建议减少减免税。Cnossen（1999）指出增值税通过对穷人消费的产品实施免税或征收低税率或零税负，难以消除税收本身累退性，原因在于富人和穷人消费形式大部分趋同。Gale（1995）认为欧洲增值税允许对诸如食品医疗等必需品免税，高收入家庭同样享受免税。此外，免税会使税制复杂化，增加管理成本，降低经济效率。因此，税制仍呈累退。Emini（2004）在一般均衡框架下研究了喀麦隆实施增值税政策的短期效果和长期效果之间可能存在的差异。短期内只有劳动力在经济部门之间流动，而长期劳动力和资本均在经济部门之间流动。其研究的重点是分析增值税政策选择对福利和资源配置的影响，发现不完美的增值税政策（有免税和差别税率）可以在短期内改善福利，但长期将恶化福利。纯增值税政策（单一税率、无豁免）则有所不同，任何短期的福利收益在长期都会被放大，而任何短期的福利损失在长期都会转化为福利收益。OECD（2014）对成员国增值税减免税政策进行研究分析。指出大多数成员国对基本食品适用低税率，而基于社会、实际操作、历史等因素，对医疗、教育、慈善、金融服务、邮政服务、不动产租赁、文化服务、法律救济、贵金属、公共交通和水供应实施免税。上述这一减免税政策造成了两种有意思的现象：第一，这些国家低支出家庭并未从增值税低税率中明显获益；第二，高支出家庭中不征税或免税项目支出占总支出比例较高。因此，增值税低税率实际上具有累退性，总体上高收入群体获益更多。

此外，有学者指出税率结构的选择还取决于国家的经济发展水平。Cnossen（1998）对增值税全球发展趋势进行研究，提出高收入国家宜采取单一的增值税税率，低收入国家宜采取双增值税税率的结论。理由是高收入国家中高低收入群体的消费模式存在趋同，基本产品的增值税税率设定低于标准税率，在财政上无法有效地帮助穷人，单一税率是最好的选择。低收入国家中，不仅不同收入群体消费模式具有一定差异，低收入国家的行政能力还受到较大限制，因此，对某些未经加工的食品实行低于标准税率的低税率或免税对减轻增值税的累退性是有意义的。

4.增值税综合改革的收入分配效应

Fullerton 和 Rogers（1997）从增值税征税范围、税率结构和税率水平、税收优惠等视角出发，对增值税制度进行改进。其构建了一个包括19个行业、5类资本组合、17种商品消费组合的 CGE 模型，设计了3种税改方案：第一，将现行企业和个人所得税都废除，每人每年10000美元的免税额，单一税率，综合性税基；第二，对所有商品实施统一税率的消费税或增值税；第三，对所有资本类型和所有劳动所得以单一税率征收综合所得税。模拟测算各年龄段和各收入组等价变换占终生收入的变化。得出以下结论：第一，按年龄分组，老年人福利降低，年轻人和子孙后代福利增加；第二，按终生收入分组，所有组别都增加了福利，并且最低收入者受益最大，其次为最高收入组。Fullerton 和 Rogers 认为这一结果的得出有两个方面的原因：第一，增值税全面取代现行税制，可消除企业部门双重征税，降低汽车、食品和汽油的价格，降低资本税，进一步降低农业、汽油和公共设施的价格（这些商品占低收入者预算较大部分）；第二，改革仅在免征额后征收单一税率，就无法像现行累进所得税那样对高收入者收取更多的税收，因此，最高收入组也会获得较高比例的福利。

二　国内研究综述

国内学者对增值税政策效应研究主要侧重于其税收收入效应和经济效应，对收入分配效应研究不多且主要围绕我国增值税改革进行。

（一）增值税的收入分配效应

国内对增值税收入分配特征研究最早的学者为刘怡和聂海峰，他们基于投入产出表数据、中国住户收入调查数据、全国城乡家庭消费和收入微观数据，采用基尼系数、Suits 指数、投入产出模型、税收转嫁模型等测算增值税、营业税和消费税等间接税在城镇居民间的分布特征，发现我国增值税具有累退特性、不利于收入分配改善。刘怡和聂海峰（2004）基于2002年广东住户调查资料，利用 Suits 指数测算了广东省增值税、消费税和营业税这三项主要间接税在不同城市居民收入群体的负担情况，研究发现低收入家庭收入中负担增值税和消费税的比例大于高收入家庭，但高收入家庭收入中负担营业税的比例大于低收入家庭，整个间接税是接近比例负担的，总体上间接税加剧了收入分配不公。刘怡和聂海峰（2009）基于1995~2006年中国各城市不同收入组人均各类消费项目的详细数据，采用微观模拟法，研究城镇居民不同收入分组人均负担的增值税和营业税占收入比例的演变和对收入分配的影响。发现：第一，对所有家庭来说，增值税占收入的比例呈下降趋势，而营业税占收入的比例在各收入组略有增加；第二，在所有年份，增值税的负担比例都是随着收入的增加而下降，而营业税的趋势却是相反，随着收入的增加而略有增加；第三，两个税合并起来，从全国平均来看，流转税占收入的比例在7%~10%，呈现下降趋势。聂海峰和刘怡（2010b）利用投入产出模型、最低收入户负担比例和最高收入户负担比例之间的差距、Suits指数和基尼系数变化，研究增值税、营业税、消费税三项间接税在城镇家庭之间的负担情况，均发现低收入家庭负担的增值税占收入比例高于高收入家庭，增值税具有累退性。聂海峰和岳希明（2013）基于全国城乡家庭消费和收入微观数据，利用2007年投入产出表建立Scutella税收转嫁模型，研究间接税对于城乡收入差距和收入分配的影响。发现间接税在全体居民中的负担分布是累退的，低收入者的负担率高于高收入者，不论是在全国范围来看，还是分别在城乡内部来看，间接税负担都呈现累退性。此外，聂海峰和刘怡（2010c）从年收入和终生收入视角出发，以中国住户收入调查数据为基础，利用投入产出模型，估算增值税、消费税、营业税和资源税等间接税在城镇居民不同收入群体的负担情况，发现增值税在年收入视角下显著累退，终生收入视角下增值税累退性减弱。同样，不少学者从微观数据出发，分析流转税具体构成项目及流转税整体的收入分配效应，发现中国现行增值税具有消极的收入分配效应。岳树民和王怡璞（2013）探讨了商品税对市场经济运行的直接调节作用，发现商品税对收入分配发挥了一定的调节作用，但增值税调节收入分配效应弱化。平新乔等（2009）研究了现行增值税和营业税的整体税制对福利的影响，发现无论是从补偿变化还是从等价变化的角度考察，收入越高的阶层的福利水平受到税收的影响程度越大。现行的增值税和营业税的税制都具有一定的公平性，即让富人承担更多的税负。然而中国营业税对消费品（服务品）的价格效应大于增值税的价格效应，因此，营业税对每一个消费群体产生的福利伤害程度都高于增值税带来的福利伤害程度。何辉（2015）基于森福利函数，构建福利效应理论模型，利用城镇居民调查数据，实证分析了我国增值税的收入分配效应和福利效应，发现1995~2011年，中国增值税不但具有负收入分配效应，而且具有负福利效应，其负福利效应呈逐年递增态势，不利于社会福利公平分配。樊勇和王蔚（2012）基于微观模拟还原法，利用1995~2010年全国城乡居民面板数据，考察增值税对城乡居民收入分配的影响。通过计算Suits指数，发现增值税具有累退性，进一步比较MT指数，发现增值税加剧了城镇居民收入分配差距的扩大。王剑锋（2004）提出了流转税影响个人收入分配调节的理论模型，并在此基础上以城镇居民为目标群体，加工整理了我国各收入阶层城镇居民的消费支出数据，对我国流转税影响个人收入分配调节的作用进行了实证分析，发现在中国城镇居民中，低收入阶层居民的流转税负水平，明显高于高收入阶层居民，因此，现行流转税具有累退性。

由于中国税制结构中，流转税占比较大，有学者指出应该将流转税公平纳入考虑范畴，以构建一个更为公平的税制结构。唐婧妮（2010）指出面对中国社会贫富差距的现实，发挥间接税调节收入分配的作用既可弥补直接税调控不足的缺陷，也完善了间接税自身的功能。胡天瑞等（2009）指出流转税调节收入分配具有两点优越性：第一，个人所得税并不能有效地调节灰色收入，而流转税可以通过对一些商品课税部分弥补个人所得税对高收入阶层灰色收入、公款转移等调节失灵的不足；第二，流转税在再分配方面也具有相对优势，一是流转税较为隐蔽，可以避免累进所得税"露骨"的再分配性质，易为纳税人接受，二是流转税由于具有管理上的优势，其再分配功能容易充分发挥。俞杰（2019）从税制累进设计与收入分配调节关系视角出发，结合现实情况，提出相同观点，认为间接税（尤其是增值税）对累进性同样有贡献。由于一般纳税人的税率在整体设计上呈现差异化，抵扣链条并不完美，依然存在"重复征税"、"低征高扣"与"高征低扣"现象。而重复征税则意味着重复转嫁，高收入群体消费大量奢侈品，被转嫁的增值税自然就多，而且被重复转嫁的可能性大，反而助推了税制累进性。而低收入者消费能力不足，购买廉价商品，这些商品部分涉及低税率，或所购买的商品享有免征增值税优惠，或低价商品来源于生产经营未达到增值税起征点的商户，从而不涉及缴纳增值税，因而低收入群体被转嫁的税负较少，甚至没有税负转嫁。而且商品买卖存在讨价还价，究竟有多少税负被转嫁出去悬而未决。一般而言，低收入者有更多的讨价还价的时间与精力，增值税税负更有可能向后转嫁给销售者，而不是向前转嫁给消费者。与之相对应，大多数富人往往不愿意在讨价还价上花费太多精力和时间，选择接受价格，从而承担一定的税负转嫁。因此，中国以增值税为代表的间接税具备产生累进性的可能。

（二）增值税转型的收入分配效应

中国主要经历了"东北地区增值税转型试点"和"2009年增值税转型"。国内关于"东北地区增值税转型试点"的研究主要侧重于定性分析，研究内容聚焦此次改革试点对企业税负、经济增长、财政收入等方面的影响（杨斌等，2005；赵恒，2005；李嘉明和董来公，2005；杨抚生和蔡军，2006；杨志安，2005、2006；程瑶和陆新葵，2006；杨震和刘丽敏，2006；刘晓光和刘克勇，2006；杨体军和马辉，2007；戴海先和江时益，2007；孙玉栋和马勋，2008）。

而国内关于"2009年增值税转型"的研究，研究内容仍聚焦此次改革的税收收入效应和经济效应。例如，陈烨等（2010）利用CGE模型研究增值税转型对就业负面影响时，发现增值税转型对于实际GDP的刺激非常有限，却可能造成多至444万人的新增失业。在同样的减税成本下，如果采取无歧视减税政策，即将原生产型增值税税率向下普减2%，会增加就业，更大程度地刺激整体经济和提高居民福利。杨莎莉和张平竺（2014）采用双重差分（DID）模型从企业微观层面考察中国2009年增值税全面转型改革对企业税负、固定资产投资和企业经营效益的长期影响。申广军等（2016）利用2009年增值税改革的政策冲击，基于微观数据考察增值税税率变化对企业的影响。许伟和陈斌开（2016）利用固定效应模型加工具变量（FE+IV）的方法，分析了2004~2009年增值税转型对企业投资行为的影响。骆阳和肖侠（2010）、汪冲（2011）、王珮等（2013）、于谦和蒋屏（2014）、傅传锐（2015）、王跃堂和倪婷婷（2015）、倪婷婷和王跃堂（2016ab）、张亦然和苑德宇（2018）也分别从公司税负、税收效率、制造业固定资产投资、企业自主创新与生产效率、企业智力资本价值创造效率、产权特征与企业劳动力需求、投资者认可度、企业固定资产投资角度研究此次增值税转型造成的影响。国内关于2009年增值税转型的收入分配效应研究，主要见于聂海峰和刘怡（2009）的研究。聂海峰和刘怡（2009）利用投入产出表和城镇家庭消费支出数据，研究了增值税从生产型转为消费型，因税收转嫁对城镇不同收入家庭收入分配的影响。发现增值税从生产型转为消费型之后，不同收入家庭的增值税负担都降低了，平均下降了1个百分点。从税后收入分布的基尼系数来看，转型对收入分配的影响变化不显著，增值税是累退的，低收入家庭负担的比例高于高收入家庭，转型使得累退的程度略有增加。

（三）增值税扩围的收入分配效应

2011~2016年，增值税扩围试点并正式推广全国，这一时期，中国发展中心由追求"经济增长"转向"经济增长和社会公平"，增值税的收入分配效应也逐渐纳入增值税扩围改革的政策效应研究中。这一阶段，国内增值税的收入分配效应文献梳理如下。葛玉御等（2015）基于收入和消费的双重视角，利用CGE模型研究营改增的收入分配效应，发现全面推进营改增可以实现促进经济增长和改善收入分配的双重红利。汪昊（2016）构建可计算一般均衡（CGE）模型，对基尼系数、MT指数、累进性指数等重要指标进行测算与分解。研究显示，营改增后，居民平均税收负担下降1.63%、居民平均收入上升1.57%、消费品平均价格下降1.33%，但不同居民从中受益不同。营改增后，全国、城镇和农村的基尼系数均下降，收入分配得到改善。胡怡建和田志伟（2016）将投入产出法与CGE模型结合，测算建筑业、房地产业、金融业以及生活性服务业营改增对我国主要宏观经济指标、产业结构以及居民收入分配状况的影响，发现四大行业营改增将使我国国内生产总值增长1.26%、投资需求增长5.29%、居民名义收入增长1.67%，但会使就业水平降低1.70%。从产业结构看，四大行业营改增对工业的促进作用要大于服务业。从居民收入分配状况看，四大行业营改增将会扩大城镇居民收入分配差距，但会改善农村居民收入分配差距。杨玉萍和郭小东（2017）构建考虑实际征收因素的增值税抵扣模型，利用城镇住户调查的分组数据，探讨全面推开营改增试点对居民间接税负担和收入再分配的影响和作用机制，并考虑了营改增改变消费产生的间接影响。发现营改增后，城镇各收入组的间接税平均税负都降低了，虽然间接税仍然是累退的，但低收入家庭的税负下降幅度大于高收入家庭，收入再分配得到改善。这表明营改增不仅降低了企业税负、提高了效率，还兼顾了公平。程子建（2011）利用住户调查数据、投入产出方法和实际税收数据测算了增值税扩围改革的福利效应。发现将增值税扩大到生产性服务业将改善居民福利，但具有累退性。全面扩围的福利改善作用小于生产性扩围，但具有累进性，原因在于较高收入居民消费中生活性服务的比重相对较高。

（四）增值税税率简并在收入分配方面的探讨

继增值税扩围之后，我国进一步实施增值税税率简并优化，党的十九大报告和2018年"两会"政府工作报告均强调中国特色社会主义进入了新时代，社会主要矛盾发生了变化，新时代以收入分配改革为主基调，要以税负公平为基点，通过税制改革，更科学地设置税种、税率，进而构建一个更加高效、公平的收入分配制度。因此，在当前这一时段，国内学者在研究增值税税率简并最优方案时，也更注重增值税的收入分配效应。李青和方建潮（2014）利用2007年投入产出表数据进行了模拟测算，得出增值税全面"扩围"的标准税率取值应当在9%~13%。梁季（2014）从增值税税率简化是保证其"中性"思路出发，建议我国采用1档基本税率+1档优惠税率、辅以零税负（免税）和1档征收率的税率模式，基本税率调整为11%~13%，优惠税率调整为5%~6%。朱为群和陆施予（2016）通过对营改增后税率简并研究文献的梳理和评述，提出统一比例税率应成为我国增值税税率简并的终极改革目标，在充分考虑现实税负水平和财政收入影响的基础上，12%左右的统一税率最优。史明霞和王宁（2016）设计了四种增值税税率简并方案，运用投入产出表法模拟测算不同的方案对全国各行业税负的影响。通过对四种模拟方案的财政收入效应、企业分工效应和产业结构优化效应的综合分析与比较，发现工业17%+服务业6%的增值税税率结构组合，可最大限度地有利于产业分工细化和现代服务业的快速发展，促进产业结构优化。万莹（2018）设计了两档税率模式和单一税率模式，共四种增值税税率简并方案，并利用投入产出税收价格模型，测算、比较了不同税率简并方案下的收入分配效应。发现若考虑税率简并带来的税负变化和收入分配效应，那么保留低税率、实行15%+6%两档税率为我国增值税税率简并改革的最优选择。若要实现全行业单一税率，并配合减税降负的国际大环境和我国税收政策调整的大方向，单一税率的设定不宜超过10%。为降低税制的累退性，还应对生活必需品给予必要的减免税优惠。刘成龙和牛晓艳（2018）运用投入产出价格模型和MT指数，对我国营改增后增值税税率简并的价格效应和收入分配效应进行了分析。发现增值税税率简并能够降低所有行业的价格水平和城乡居民的税收负担，增值税税率简并能够起到缩小居民收入分配差距的作用，但不能改变增值税累退性的特征。并结合我国实际，参考国际经验，权衡税收公平与效率的目标，15%+6% 的税率组合是我国增值税税率简并的最佳选择。田志伟等（2018）从财政收入视角出发，提出若我国增值税税率改革的短期目标是两档税率，则可以考虑将 10% 税率与 6% 税率合并成为 7%，形成 16% 和 7% 两档增值税税率结构。而在长期中可以考虑将三档增值税税率合并为 10%，形成单一的增值税税率结构。万莹和熊惠君（2020）利用 CGE 模型模拟测算了单一税率简并方案和两档税率简并方案的政策效应，发现将现行中间税率项目全部并入低税率的税率简并方案（9%+6%）的经济效应、收入分配效应和社会福利效应最优。

三　研究述评

通过对国内外增值税收入分配效应的相关文献进行梳理，可以发现国外对增值税收入分配效应研究起步早、研究内容更丰富、研究视角更全面、研究方法更科学，这为国内增值税收入分配效应提供了丰富翔实的理论和实证借鉴。

（一）研究内容

国外对增值税收入分配领域的研究既包括增值税的收入分配效应，又包括增值税的福利效应。国内对增值税的研究主要聚焦增值税税收收入效应和经济效应，较少涉及增值税收入分配效应。此外，国外对增值税具体消费项目减免税的收入分配效应进行了研究，研究内容包括食品、酒精、汽油等，而国内这一块研究基本空白。

（二）研究视角

年收入的波动性和税负转嫁程度对增值税收入分配效应具有重要影响。国外通常基于税负不完全转嫁的假设，从年收入视角、终生收入或消费支出视角，研究增值税的收入分配效应，研究视角较为全面。国内对增值税的收入分配效应研究大多基于税负完全前转假设下的年收入视角，较少从终生收入或消费支出视角展开。

（三）研究方法

投入产出法和一般均衡模型是模拟测算增值税收入分配效应常用的两种方法。两种方法各有千秋，其中，一般均衡模型建模过程更复杂，对数据要求也更高，常用于测算增值税的效率和公平；而投入产出法对数据要求不如一般均衡模型对数据要求高，建模过程也相对简单。若仅模拟测算增值税的收入分配效应，投入产出法比一般均衡模型更具优势。

第三节　研究内容与方法

本书以我国增值税为研究对象，基于投入产出模型，围绕"共同富裕""助力生育""改善收入分配"等主题，结合居民家庭收入和消费支出微观数据，深入探讨我国增值税如何"改"可以促进收入分配公平，增进共同富裕，助力生育政策的落实。具体内容和研究方法如下。

一　研究内容及研究思路

除导论外，总体研究内容及研究框架分为七个部分。

第一部分，增值税共识性标准理论界定及中国增值税改革。

与直接税不同，增值税属于间接税，其税负归宿不如直接税那么简单明了。为了研究简便，以往在研究增值税的收入分配效应时，基本上假定增值税由最终消费者承担，而这一情况通常仅发生在供给完全无弹性、需求完全弹性的极端假设中，往往测算出的结果与现实情况相差较大，造成对增值税收入分配效果认知偏差。基于此，本部分将从增值税概念、增值税税负转嫁与税负归宿、横向公平与纵向公平等共识性标准理论出发对增值税共识性标准进行理论界定。此外，国际上，由于各国增值税名称并不统一，我国增值税前后也经历了几次重大改革，而这几次重大改革对收入分配效应的影响是各界较为关心的话题，鉴于此，本部分还将进一步介绍我国增值税从引入至今的改革脉络，以方便读者全面掌握我国增值税的大致发展历程。

第二部分，增值税收入分配效应模型构建及测算指标和测算流程。

相比直接税收入分配效应测算而言，增值税收入分配效应的测算难度在于税负转嫁情况比较复杂、税负的法定名义承担者与实际税负归宿对象不一致，以及商品与商品之间存在各种复杂的勾稽关系，致使对一种商品征收增值税或提高一单位商品增值税会引起该种商品的替代品、互补品的价格变化，同时商品相对价格发生改变会造成消费者改变商品购买决策，这使得增值税的税负归宿研究难度加大。尤其是当同时对多种商品进行增值税改革时，增值税的税负归宿研究的难度就更大了。当前，对增值税收入分配效应研究的方法主要有两种：投入产出模型和一般均衡模型（CGE模型）。其中，投入产出模型是一种局部均衡分析方法，不能刻画商品之间复杂的勾稽关系，主要适用于税负完全前转的情景假设。而CGE模型是一种一般均衡分析方法，通过替代弹性刻画商品直接复杂的勾稽关系，适用于模拟税负不完全假设的情景。两种方法相互配合使用，可以更为全面地让读者掌握中国增值税真实的收入分配效应。本书对上述两类模型构建进行阐述，并对收入分配测算指标和流程进行介绍。

第三部分，现行增值税制度是否有利于我国生育政策的推进？

由于持续的低生育率和高老龄化，我国进入了一个少子化的社会阶段，人口结构失衡，不利于我国经济发展的可持续性。为此，2021年8月20日，全国人大常委会会议表决通过了关于修改人口与计划生育法的决定，规定一对夫妻可以生育三个子女，并从财税、育儿、就业、住房等方面给予配套支持，以促进我国生育政策有效落实。对于大多数家庭而言，抚育成本高是影响其生育孩子的首要因素，而增值税作为中国的第一大税种，是居民税收负担的重要组成部分。本书从税收负担视角出发，聚焦于增值税，利用CFPS数据和投入产出模型，分析了中国现行增值税制度下有孩家庭的消费特征与税收负担，发现有孩家庭偏好商品的有效税率更高、承担的增值税税负更重，不利于助推中国生育政策的落实。基于此，本书从国际经验出发，进一步提出了可行的改进建议。

第四部分，增值税如何更为有效地改善收入分配。

增值税规模较大且具有累退性是中国税制整体收入再分配效应有限的重要原因。但在我国持续减税降费，财政压力越来越大的背景下，不能单纯依靠增值税的大规模减税来助力实现共同富裕。为此，本书构建了一个能够反映中国增值税一般特征的投入产出模型，分析了不同行业增值税税率下调在改善收入分配方面的效率差异。发现对部分行业减税可以以较小的税收收入损失来换取较大的收入分配改善。更进一步的研究结果还表明，与现阶段仅对生活必需品适用优惠税率的建议不同，对某些非生活必需品减税在改善收入分配方面同样有效。该部分研究对我国未来增值税改革具有重要的政策参考意义。

第五部分，增值税替代社会保险缴费为社保支出筹资的收入分配效应。

社会保障是"社会通过一系列的公共措施对其成员提供的保护，以防止他们由于疾病、妊娠、工伤、失业、残疾、老年及死亡而导致的收入中断或大大降低而遭受经济和社会困窘，对社会成员提供的医疗照顾以及对有儿童的家庭提供的补贴"。[1]社会保障制度是一项重要的再分配政策工具，在许多国家发挥着比税收制度还强的收入再分配作用。部分发达国家开始用增值税为社保支出筹资，并取得了可观的效果。为此，本书构建了中国增值税为社保筹资的投入产出模型，考察用增值税为社会保险缴费筹资的收入分配效应，发现在保证财政收入总量不变的情况下，用增值税为社会保险缴费筹资，不仅可以改善收入分配，还有助于缓解中国现阶段社保资金压力过大的难题。

第六部分，增值税与收入分配国际经验及税制要素与收入分配。

关于增值税的收入分配效应，OECD发布了一系列的研究报告，报告内容是关于OECD成员国诸如征收范围、减免税等增值税税制要素的收入分配效应，可以通过梳理这些研究成果，总结经验，为中国增值税制度优化提供经验借鉴。此外，国外部分专家长期跟踪并对增值税的收入分配效应进行研究，这些研究成果都可以为我们全面掌握增值税收入分配效应、为中国增值税公平构建提供经验借鉴。另外，税制要素是增值税税收制度设计的核心领域，征收范围、减免税、起征点、征税环节、小规模纳税人等问题与增值税收入分配效应也息息相关，因此，有必要从税制要素进一

---

① 贺清龙.中国农村社会保障制度的现状与再思考［J］.社会主义研究，2008（1）：108-112.

步探析其与收入分配之间的关系。

第七部分，结论、建议及进一步拓展。

对上述各部分的研究进行总结并进一步提出未来深化我国增值税制度改革的对策建议。

具体研究思路如图1-1所示。

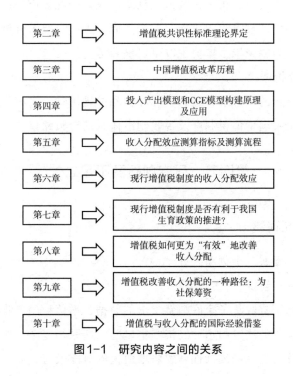

第二章	⇒	增值税共识性标准理论界定
第三章	⇒	中国增值税改革历程
第四章	⇒	投入产出模型和CGE模型构建原理及应用
第五章	⇒	收入分配效应测算指标及测算流程
第六章	⇒	现行增值税制度的收入分配效应
第七章	⇒	现行增值税制度是否有利于我国生育政策的推进？
第八章	⇒	增值税如何更为"有效"地改善收入分配
第九章	⇒	增值税改善收入分配的一种路径：为社保筹资
第十章	⇒	增值税与收入分配的国际经验借鉴

图1-1 研究内容之间的关系

二 研究方法

本书主要采取以下四种研究方法。

1.文献研究法

通过对各种文献资料、网络数据库资料的收集、梳理、归纳，全面了解我国增值税几次重大改革的来龙去脉和具体内容，详尽掌握国际上增值税改革的发展趋势、各国增值税收入分配效应研究成果，以及增值税共识性标准。

2.比较分析法

通过对比各国在改善收入分配方面的增值税制度设计，进一步分析增值税各税制要素与收入分配之间的关系，进而为中国增值税制度优化提供理论依据。

3.实证分析法

采用投入产出法分析现行增值税制度的收入分配效应，并从"共同富裕""助力生育""改善收入分配"三个方面，进一步定量分析增值税的收入分配效应，为中国未来增值税改革提供参考。

4.规范分析法

在实证分析的基础上，结合国际经验和中国国情，进一步从侧重公平视角提出优化中国增值税制度及税收制度体系的对策建议。

第四节　研究创新及不足之处

一　研究创新

本研究主要有三个创新之处。

1.研究内容创新

即使家庭调查收集了家庭消费支出的数据，增值税的税收负担也并不明显，因为税收的法定归宿和经济归宿之间的联系很复杂。然而，并不能仅仅因为涉及的建模的复杂性就忽略增值税的分配效应，需要对增值税的分配效应进行实证估计。挑战在于要确保相关的估计是恰当合理的、得到完整的解释并经过了敏感性检验，使用最佳的理论知识和数据来源。要进行增值税收入分配效应的研究，必须解决如下关键问题。

·税是怎样分配给个人的？如果所有增值税最终都转移到个人身上，是怎样发生的，是否假设增值税完全向前转嫁？这个过程会怎样影响最终结果？

·怎样评估税收负担的值？税收负担只包括缴纳的税款，还是也包括其他成本（比如遵从和管理成本、税收超额负担）？

·使用什么方法来评估税收归宿？目标是估计一种税收的绝对负担，

还是税收结构中收入中性变化的负担?

·研究周期是什么? 是关注于年,还是其他某些会计周期?

对这些关键问题的回答,事实上就可以揭示国内外对增值税收入分配效应研究的现状,以及本书的主要研究内容。

从表1-8可以看出,现有的关于一般消费税收入分配效应的研究尚有不足,本书以中国增值税为研究对象,试图弥补现有研究的一些不足之处,探究中国增值税对收入分配的真实影响。

表1-8　本书研究内容与现有文献研究内容

项目	现有研究	本书
研究的范围	现有研究基本囊括了所有的一般消费税税种	重点研究中国增值税
一般消费税怎么分配给个人	一般使用完全向前转嫁的假设	采用完全向前转嫁的假设
税收负担的值	一般不包括遵从与管理成本、税收超额负担等	包含税收负担,但不包含遵从与管理成本、税收超额负担
评估税负归宿的方法	一般使用绝对税负归宿	使用绝对税负归宿
研究周期	既包括年度收入也包括终生收入分配	既包括年度收入也包括终生收入分配

2.研究视角创新

现有研究测算一般消费税对居民收入分配的影响时,一般使用完全向前转嫁的假设,即只考虑了一般消费税对居民消费支出的影响,本书拟突破现有研究测算增值税对居民收入分配影响的这一分析框架,用一个更加全面的视角从居民的消费支出与收入来源两个角度来研究中国用增值税为社保筹资对居民收入分配的影响。

3.研究方法创新

首先,本书使用现有的比较通用的研究方法来测算中国增值税对居民收入分配的影响。假设增值税税负完全向前转嫁给消费者,在这一部分中,本书使用的投入产出模型是在Warren(2008)总结的基础上,构建了中国增值税税负转嫁的投入产出模型，在该模型中，本书假设增值税完全向前转嫁给了消费者，并结合 2018 年中国家庭追踪调查（China Family Panel Studies，CFPS）居民家庭收入和消费支出微观数据，从年收入视角和终生收入视角测算了我国现行增值税制度的收入分配效应。

其次，围绕"助力生育""共同富裕""改善收入分配"等主题，结合 2018 年 CFPS 居民家庭收入和消费支出微观数据，从不同视角探讨了增值税改革的收入分配效应。其中，关于增值税"助力生育"，将样本分为有孩家庭和无孩家庭两类，测算两类家庭消费支出中的增值税税负，进而判别我国现行增值税制度是否有利于降低有孩家庭的增值税税负。关于增值税与"共同富裕"，从成本效益视角，测算了增值税如何更为有效地减税，才可以以较小的税收收入损失获得较大的收入分配改善。关于增值税"改善收入分配"，则在保证财政收入不变的前提下，测算了用增值税为社保筹资对收入分配的影响，为中国社保资金缺口寻找筹资渠道提供了有益的经验借鉴。

最后，需要特别指出的是，对增值税收入分配效应的研究周期主要有两大类，一大类是对居民年度收入分配的影响，研究的是增值税对居民某一年度收入水平的影响。另一大类是对居民终生收入分配的影响，研究的是增值税对居民一生收入水平的影响。这两者具有本质区别，其测算方法也不一致。但事实上，社会群体、学术界以及政府机构关注更多的还是增值税对居民年度收入分配的影响，在谈及增值税对居民收入分配的影响时默认的也是指对居民年度收入分配的影响，而增值税对居民终生收入分配的影响更多停留在理论层面。因此，本书研究的侧重点也放在了增值税对居民年度收入分配的影响方面。虽然本书也会涉及中国增值税对居民终生收入分配影响的分析，但在无特别说明的情况下，本书所指的对居民收入分配的影响指的即是对居民年度收入分配的影响。

二　不足之处

虽然本书从一个更加严谨的角度测算了中国增值税对居民收入分配的影响，但仍存在不足之处。首先，增值税不仅会从消费端影响收入分配，还会从收入端影响收入分配。目前增值税对收入端影响没有准确的定量研究，本书也仅从消费端考虑了增值税的收入分配效应，并没有将收入端的影响也考虑在内，测算结果的准确性仍有待提高。其次，本书研究仍然没有考虑税收遵从成本的问题。最后，本书还提到使用增值税为社会保险筹资可以增进社会公平，但这只是一种初步的探讨。事实上，使用增值税为社会保险筹资会引起制度方面的一系列重大变革，需要更加详细与严谨的讨论，这也是进一步研究需要深入探讨的地方。

第二章

增值税与收入分配关系的理论基础

消费税是以商品或服务的消费支出为征收对象而开征的一种税收。依据课税范围的大小，消费税（Consumption Tax）分为一般消费税（General Consumption Tax）和特别消费税（Special Consumption Tax）。其中，一般消费税对所有商品和所有服务征税，征税范围具有普遍性；而特别消费税则仅针对部分商品或服务征税，征税范围具有选择性和目的性。大多数情况下，一个国家通常会同时开征一般消费税和特别消费税，即在普遍征收一般消费税的基础上，出于收入分配调节或遏制不良消费行为（如吸烟）等目的再对部分商品或服务有选择性地征收特别消费税。

第一节　一般消费税概念界定

依据一个国家是征收一种税还是征收多种税，税收制度可以分为单一税制和复合税制两种类型。其中，复合税制是指一个国家在税收管辖权范围内，征收两种及以上税种的税收制度，且只有在复合税制下，才有所谓的税收分类问题。[①]大多数国家实行的是复合税制。依据不同的分类标准，可以将税收分为以下几类：按课税对象性质分，可分为商品税和所得税；按税负是否转嫁分，可分为直接税和间接税；按税收与价格关系分，可分为价内税和价外税；按税收归属权分，可分为中央税、地方税和中央

---

① 匡小平.财政学（第2版）[M].北京：清华大学出版社/北京交通大学出版社，2012：221.

地方共享税。通常情况下，一般消费税是一种商品税、间接税、价外税或价内税、中央税或中央地方共享税。不同国家，对一般消费税的称谓存在差异，此外，随着税收历史变革，一般消费税也存在新旧交替。总体上来看，一般消费税包括周转税、销售税、增值税（货物与劳务税）、营业税和消费支出税。

一 周转税

周转税（Turnover Tax）是一般消费税发展的早期形态，是对从事商品生产、经营和劳务服务的企业和个人，在生产、批发、零售和劳务每一个周转环节，以商品销售收入或营业服务收入全额，从量或从价，差别比例税率课征的流转税。①周转税在税制设计上具有以下特点：以收入全额为课税对象；征收范围包括全部商品和劳务；计税依据包括从价征收和从量征收，以从价征收为主；纳税环节包括生产、批发和零售多个环节；税率形式根据行业和商品设计差别税率。

作为早期的一般消费税，周转税具有税基宽、纳税环节多、普遍征收、税收征管简便等特点，因此，具有较好的筹集财政资金的功能。然而，在具体实践过程中，周转税也存在较为明显的弊端和局限性。例如，多环节、全额征税造成严重的重复征税，使同种商品由于生产企业的组织形式不同而税负不同；经历的交易环节越多，商品所承担的税负越重，价格随之上升，进而制约了经济的正常调节；此外，纳税人会通过减少周转环节减少纳税，从而诞生一批大而全的企业，不仅不利于专业化分工，还影响政府税收收入的稳定性。最终，在实践过程中，周转税由于上述这些无法克服的局限性，逐渐被销售税和增值税所取代。

二 销售税

销售税（Sales Tax）是继周转税之后诞生的一种一般消费税，是对从事商品生产、经营和劳务服务的企业和个人，在生产、批发、零售的某一环节，以商品销售收入或营业服务收入全额，按比例税率课征的流转

---

① 胡怡建.税收学［M］.上海：上海财经大学出版社，2018：93.

税。①因此，按征税环节分，销售税分为生产销售税、批发销售税和零售销售税三类。其中，生产销售税是在应税商品出厂环节，以销售收入全额，按单一比例税率课征；批发销售税是在应税商品批发环节，以销售收入全额，按单一比例税率课征；零售销售税则是在应税商品零售环节，以销售收入全额，按单一比例税率课征。

销售税在税制设计上的最大特点为将多环节征税改为单环节征税，因此，在保留了全额征税的情况下，将多环节征税改为单环节征税，可以有效避免重复征税，并克服同一商品因企业组织形式不同而税负不同的矛盾，有利于促进专业化分工，同时也减少了税收对价格的扭曲和对经济的不当干预。然而，销售税仍然存在一定的弊端和局限性。例如，纳税环节减少后，必须通过提高税率来筹集足够的财政资金；销售税仅对生产、批发、零售的某一环节征税，企业可以通过缩减环节而避免纳税，致使商品价值集中在某一流转环节，并容易引发税收流失。最终，在实践过程中，销售税由于上述这些无法克服的局限性，逐渐被增值税所取代。

三　增值税

增值税（Value-added Tax，VAT），又名货物与劳务税（Goods and Services Tax，GST），是继周转税和销售税之后诞生的另一种一般消费税，是一般消费税发展较为成熟的形态，是对从事商品生产、经营和劳务服务的企业和个人，在生产、批发、零售的每一个周转环节，以商品销售或营业服务所取得的增值额，按单一税率课征的流转税。②基于对增值税理解的差异，增值税可以分为生产型增值税、收入型增值税和消费型增值税三类，三类增值税的区别体现在法定扣除项目不同。其中，生产型增值税中，法定扣除项目为中间产品价值，增值额=工资+利息+租金+利润+折旧；收入型增值税中，法定扣除项目为中间产品价值和折旧，增值额=工资+利息+租金+利润（或者增值额=消费+净投资）；消费型增值税中，法定扣除项目为中间产品价值和固定资产投资额，增值额=消费。

---

① 胡怡建.税收学［M］.上海：上海财经大学出版社，2018：94.
② 胡怡建.税收学［M］.上海：上海财经大学出版社，2018：95.

相比周转税和销售税，增值税在税制设计上的最大特点为将全额征税改为按增值额征税。在保留多环节征税的情况下，按增值额征税，可以避免重复征税，克服同一商品因企业组织形式不同而税负不同的矛盾，有利于促进专业化分工及协作。同时，依据增值税扣税方法不同又可以分为发票扣税法（Invoice Credit Method）和账面扣减法（Subtraction Method），OECD国家均采用发票扣税法。[1]发票扣税法，指企业在计算应缴纳的增值税时，必须凭发票进行抵扣，使购销企业之间在纳税上相互牵制，这有利于税务机关查核，防止或减少偷漏税，稳定税收收入。作为一般消费税成熟形态的税收，增值税仍然存在一定的局限性，这体现在使用发票扣税法的情况下，增值税对税收征管有着较高的要求，因此，这会提高税收征管的成本。

四　营业税

营业税（Business Tax），是极具中国特色的一种一般消费税，其征收范围与增值税具有平行关系，本质上与增值税互为平行税种。营业税是对在中国境内提供应税劳务、转让无形资产或销售不动产的单位和个人，就其所取得的营业额征收的一种税。从中国税收制度发展来看，营业税诞生于1984年10月1日中国第二步利改税及工商税制全面改革时期，这一时期，不仅逐步完成了"以税代利"过渡，还将工商税按课税对象划分为产品税、增值税、盐税、营业税。[2]1994年，进行了全面的结构性税制改革，把产品税、增值税、营业税的"三税并存，互补交叉"的做法，改为了增值税和消费税相配合的双层次流转税税制结构，具体为对商品的生产、批发、零售和进口普遍征收增值税，并选择部分消费品交叉征收消费税，对不征增值税的其他劳务和第三产业征收营业税，形成新的流转税制。[3]

---

① OECD/Korea Institute of Public Finance.The Distributional Effects of Consumption Taxes in OECD Countries ［M］.Paris：OECD Publishing，2014：20.

② 匡小平.财政学（第2版）［M］.北京：清华大学出版社/北京交通大学出版社，2012：225.

③ 匡小平.财政学（第2版）［M］.北京：清华大学出版社/北京交通大学出版社，2012：226.

与周转税相似，中国营业税在税制设计上的最大特点为按照营业收入征税，只不过仅针对在中国境内提供应税劳务（主要为第三产业服务业）、转让无形资产或销售不动产三种情况征税，存在一定的重复征税的现象，不利于专业化分工。同时，由于对第三产业征收营业税，相应地，第三产业所承担的增值税进项税额无法抵扣，加重了第三产业的税负，不利于第三产业的发展。但营业税的存在具有其历史必然性，这主要体现在无形资产、不动产增值税核算和征管成本较高，当时的征管水平有限以及第三产业占比较小，因而，从征税的成本收益出发，对应税劳务（主要为第三产业服务业）、转让无形资产或销售不动产征收营业税，在一定程度上有利于保证财政收入、降低征税成本、减少税收流失。然而，随着经济发展、第三产业占比上升以及税收征管水平提高，营业税弊端和局限性越发明显，全行业范围内打通增值税的抵扣链条越发具有紧迫性。鉴于此，2011年11月17日，财政部、国家税务总局正式公布营业税改征增值税试点方案。2012年1月1日起至2016年5月1日止，从上海市部分现代服务业开展营业税改征增值税试点，到逐步扩大试点城市、试点行业至最终在全国范围内完成营业税改征增值税。

五　消费支出税

消费支出税（Expenditure Tax），又被称为直接消费税（Direct Consumption Tax）、现金流税（Cash-flow Tax）或消费所得税（Consumed-income Tax），是直接对个人消费支出征收的一般消费税，即对扣除储蓄和投资后的所得征收的税种，具体适用于个人所得和储蓄增减量之间的差额，征税形式可以是单一税或累进税，例如，霍尔—拉布什卡单一税（Hall‐Rabushka Flat Tax）。正如所得税随着个人收入的增加而增加，消费税随着个人消费的增加而增加，消费税具有一定的累退特性。而消费支出税则有所不同，由于它是依据个人收入与储蓄增减之间的差额征税，因此，它可以像累进个人所得税一样进行累进，即它改变了简单个人消费税相对于收入累退的境况。从米尔顿·弗里德曼（Milton Friedman）到爱德华·格拉姆利克（Edward Gramlich）和罗伯特·H·弗兰克（Robert H·Frank）等经济学家都支持累进消费税。印度和斯里兰卡过去曾短暂实施过消费支出税。①②③

综上，虽然一般消费税包括周转税、销售税、增值税、营业税和消费支出税，但各国采用也不尽相同。对于中国而言，一般消费税仅包括增值税和营业税两类。其中，2016年5月1日，营改增结束后，营业税退出历史舞台。鉴于此，本书所提及的一般消费税仅指增值税。

第二节　增值税与收入分配

收入分配是否公平是现代社会最为关注的内容之一。不同时期，收入分配公平的思想也有所不同。本节首先对收入分配理论发展进行简要概述，其次就增值税对收入分配的影响进行辨析。

一　收入分配理论

收入分配分为两种，第一种为功能收入分配（Functional Distribution of Income），第二种为规模收入分配（Size Distribution of Income）。④功能收入分配又名要素收入分配，研究的是各生产要素与收入的关系，即劳动和资本等生产要素所得收入份额占比大小。规模收入分配又名个人收入分配或家庭收入分配，研究的是不同收入阶层个人或家庭收入在国民收入分配中的收入份额占比大小。本书研究内容属于规模收入分配。

依据政府是否需要对经济进行干预以及干预程度的大小，大致可以分为自由竞争时期、政府干预时期以及现代市场经济时期。不同时期，收入分配的思想理念不同。

（一）自由竞争时期

自由竞争时期，更多地强调政府"无为而治"，即政府只需要扮演"守夜人"角色，然后由市场发挥"看不见的手"使资源自动实现帕累托

---

① Andrews, Edmund L.（2005-03-04）.Fed's Chief Gives Consumption Tax Cautious Backing. The New York Times. Retrieved 2008-02-05.

② Auerbach, Alan J（2005-08-25）. A Consumption Tax. The Wall Street Journal.Retrieved 2008-02-05.

③ Frank, Robert H.Progressive Consumption Tax ［J］.Democracy Journal. Retrieved 2017-12-18.

④ 哈维·罗森.财政学（第八版）［M］.北京：清华大学出版社，2008：305.

最优。此时，收入分配更多地强调按要素分配。这一时期，大多数经济学家认为市场经济能够自动实现内在和谐，主张政府财政无须介入，例如，弗雷德里克·巴斯夏（Frédéric Bastiat）和享利·凯里（Henry Carey）。1872年，德国社会政策学派对亚当·斯密（Adam Smith）的"看不见的手"理论提出反对观点，其主张国家应当通过立法或政策去解决社会财富的公平分配问题，以消除社会阶级对抗。这一时期的收入分配主要围绕所得税政策展开，主要内容包括对低收入群体规定免征额、对高收入群体实行累进税，通过对高收入者多征税，实现社会财富的"平等"分配。因此，19世纪末和20世纪初，累进所得税在大多数资本主义国家广泛流行。

（二）政府干预时期

20世纪30年代经济大萧条，凯恩斯主义盛行，其从保持市场供求平衡和充分就业出发，主张政府运用"看得见的手"，通过实行所得税、资本利润税、遗产税等对经济进行干预，消除社会收入分配不公。[①]整体上来讲，凯恩斯主张的收入分配理念仍然是累进税制，只不过出发点不同，其政策目标在于解决经济大萧条时期的失业问题，而不是社会财富公平的收入分配。同一时期，另一学派瑞典学派，以大卫·达维逊（David Davidson）、古斯塔夫·卡塞尔（Gustav Cassel）和纳特·魏克赛尔（Knut Wicksell）为理论奠基人，且以魏克赛尔的影响最大。他基于边际效用理论，提出对收入分配加以调节，可以缩小贫富之间的收入差距，提高社会整体效用。他指出"如果假设一个富人把他的消费进行到边际效用很小甚至为零时，而另一方面，一个穷人却在一切商品消费还在他边际效用很高时就必须停止，那么，便可想而知——若在富人和穷人之间实行交换，就可以使得双方合计起来的总效用，甚至是全社会的总效用，比一切任由自由竞争下所获得的总效用更大"。[②]因此，这一时期，通过不断提高边际所得税率来实现收入分配公平。

20世纪50年代，伦德堡（E. Lundburg）发现过高边际所得税率存在消极影响，当边际所得税率超过一定程度之后会抑制工作、促进闲暇。[③]

---

① 凯恩斯.就业、利息和货币通论［M］.北京：商务印书馆，1981：321.
② 魏克赛尔.讲演集（第1卷）［M］.北京：商务印书馆，1934：77.
③ 伦德堡.商业循环与经济政策［M］.北京：商务印书馆，1957：328.

公平与效率的矛盾已处于萌芽状态。20世纪五六十年代，作为凯恩斯主义的一个重要支派，英国新剑桥学派建立，主要代表人物有琼·罗宾逊（Joan Robinson）、尼古拉·卡尔多（Nicholas Kaldor）、皮罗·斯拉法（Piero Sraffa）等，以罗宾逊为学派领袖。收入分配理论是新剑桥学派理论的核心，其认为资本主义社会的一切弊病根源在于国民收入分配不合理，主张通过合理的税收制度以及一切福利措施来改变现存的收入分配不合理的状况，主张依据收入水平高低分别征税，高收入者高税负、低收入者低税负，然后再进行国民收入再分配。[①]该学派意识到了市场经济中的收入不均等，并提出了政府干预经济的一系列措施，但对策过于激进，因而未能在现实中应用，并被后凯恩斯主义学派取代。

美国新古典综合学派是后凯恩斯主义重要学派，20世纪70年代更名为后凯恩斯主义学派，主要代表人物有保罗·安东尼·萨缪尔森（P. A. Samuelson）、詹姆斯·托宾（James Tobin）、罗伯特·默顿·索洛（Robert Merton Solow）、阿瑟·奥肯（Arthur M. Okun）等，以萨缪尔森为学派领袖。该学派秉承了凯恩斯主义的国家干预论，主张政府通过财政政策和货币政策，加强对经济的干预，主要原因在于这一时期，"市场经济中的收入分配对选民来说是难以接受的，因此，为了对付看不见的手机制中的缺陷，有必要借助于政府税收、支出调节这只看得见的手"。[②]该学派在制定收入分配政策时，同时考虑了公平和效率之间的关系，因此，其接纳度和影响度远远超过新剑桥学派。

此后，以弗里德里希·奥古斯特·冯·哈耶克（Friedrich August von Hayek）为代表的奥地利经济学派、以米尔顿·弗里德曼为代表的货币学派等均提出了收入分配的思想理念，但其思想理念与前人不同。哈耶克批评了许多国家将累进税作为一种主要工具，把税收制度变为整体累进程度较高的税制的做法，原因在于累进税会限制最有成就者本能赚取的收入，抑制工作、投资和储蓄，因此，其建议采用比例税，通过转移支付来实现收入分配。[③]弗里德曼与哈耶克思想大体相同，均认为政府运用累进税和

①　傅殷才.凯恩斯主义经济学［M］.北京：中国经济出版社，1995：233.
②　保罗·A·萨缪尔森，威廉·D·诺德豪斯.经济学［M］.北京：中国发展出版社，1992：78.
③　弗里德里希·奥古斯特·冯·哈耶克.自由宪章［M］.北京：中国社会科学出版社，1999：473-484.

遗产税并没有实现收入分配的目的，反而由于高税负的阻挠加大了经济活动的收益（高风险高收益），使税前分配更不均等，并且利用税法中的"漏洞"进行避税。因此，其主张减少最高税率并采用更加全面的纳税标准，即在给予一定免税额的基础上抽取固定比例的税。①

（三）现代市场经济时期

现代市场经济时期，收入分配公平更多强调的是税负公平或量能负税。税负公平要求高收入者高税负、低收入者低税负，具体包括横向公平和纵向公平。

横向公平，又称水平公平，是指对社会经济条件相同的纳税人同等课税，即对支付能力相同的人同等课税。②纵向公平，又称垂直公平，即对社会经济条件不同的纳税人区别课税，通常指对支付能力不同者不等量课税，支付能力强的多课税、支付能力弱的少课税、无支付能力者不课税。③现代社会对税收公平的基本原则并无异议，但对应该以什么标准衡量哪些纳税人是具有相同纳税条件或相等纳税能力却存在不同看法。测定纳税人支付能力的强弱，通常有三种标准：收入、财产和消费支出。

收入通常被认为是测定纳税人支付能力的最好尺度，原因在于收入最能决定一个人在特定时期内的消费或增添其财富的能力。收入是指一定时期内从社会中取得的各种形式的财富，反映的是这一时期购买力水平，具体包括货币形式收入和实物形式收入。收入多，反映纳税人的支付能力强，反之则弱。财产也被认为是衡量纳税人纳税能力的合适尺度。财产代表着纳税人的独立支付能力。一方面，纳税人可以利用财产赚取收入，仅仅拥有财产本身也可使其产生某种满足。另一方面，纳税人通过遗产继承或接受捐赠而增加财产拥有量，的确会给其带来好处，增加其纳税能力。消费支出可作为测定纳税人纳税能力的又一尺度。消费支出多的，其纳税能力强；消费支出少的，其纳税能力弱。

确定以什么标准来衡量税收公平与否，西方税收学界对此问题的解释除上述负担能力原则（亦称"能力说"）外，还有一种解释为受益原则

① 米尔顿·弗里德曼.资本主义与自由［M］.北京：商务印书馆，2006：190.
② 杜莉，徐晔.中国税制（第四版）［M］.上海：复旦大学出版社，2011：18.
③ 杜莉，徐晔.中国税制（第四版）［M］.上海：复旦大学出版社，2011：18.

（亦称"利益说"），即根据纳税人从政府所提供的公共服务中享受利益的多少，确定其应纳多少税或其税负应为多少。①

　　综上，通过对不同时期收入分配理论的梳理，可以归纳出以下几点。第一，税负公平是收入分配公平的核心理念和最低标准。高收入者高税负、低收入者低税负是收入分配公平的最低要求。而规模收入分配一般以收入分配差距大小作为收入分配公平的衡量尺度，强调的是缩小贫富差距。因此，缩小贫富差距是收入分配公平的更高标准。第二，累进税制是收入分配公平的主要工具。各时期的收入分配理论大多强调通过构建累进税制，使高收入者多征税、低收入少征税，再通过向低收入群体的转移支付，改善社会财富分配不均的状况。第三，累进税制中尤其强调累进所得税的重要贡献。

二　增值税对收入分配的影响

　　只有自然人可以承担税负，②增值税通过商品或服务从企业向自然人流转而发生收入分配效应。因此，增值税对企业税负公平的影响最终在一定程度上会传递至自然人。税负公平是收入分配公平的核心理念和最低标准，影响增值税收入分配公平的因素分为内部因素和外部因素。内部因素是指增值税税制设计本身的因素，包括增值税征收范围、税率结构、税收优惠、起征点和纳税人身份设置等税制因素。外部因素是指增值税税制以外的因素，包括边际消费倾向递减、供求弹性和税收征管等。本部分重点从增值税的内部因素，探讨增值税对税负公平、收入分配的影响。

（一）增值税对收入分配的正面影响

1.环环抵扣消除重复征税

　　增值税最大的特点是环环抵扣，其以各流转环节的增值额为税基进行征税，无论经历多少流转环节，只要增加值不变，产品或服务的增值税税负不变。增值税这一特点彻底消除了重复征税问题，有利于促进税收横向公平和纵向公平，有利于收入分配公平，具体如下。

　　第一，有利于不同组织形式的企业公平竞争。当生产流程均在企业内

---

① 匡小平.财政学［M］.北京：清华大学出版社/北京交通大学出版社，2012：234.
② 哈维·S·罗森，特德·盖亚.财政学（第八版）［M］.北京：中国人民大学出版社，2008：305.

部完成，企业只需要缴纳一次流转税。如果生产环节市场化，那么各环节均要缴纳一次流转税。后续每次缴纳的税款的税基中均包含前一系列流转环节已缴纳税款，最终结果将是大而全的制造企业在流转税税负上打败小而专的制造企业，而不是通过提高生产效率或产品服务质量等市场方式。因而，实施增值税可以促进不同组织形式的企业自由公平竞争。

第二，有利于不同区域消费者税负公平。市场经济发展过程中，不可避免会出现产业集中现象，这既有历史原因，又有政策导向因素。在全国范围内，不同产品会有不同的生产或批发中心网点，越偏离中心网点，产品从生产者到消费者手中所经历的流转环节就越多。因此，在以销售收入额为税基的情况下，需要经历更多流转环节的区域，消费者承担的流转税更多。因而，实施增值税可以促进不同区域消费者的税负公平。

2.多档税率调节收入分配

大多数国家在具体实践过程中，往往对生活必需品实施低税率或者免税，以降低低收入者承担的增值税税负，降低增值税的累退性。究其原因，在于增值税的累退特性，即在单一税率下，低收入者的增值税税负占其收入比重要大于高收入者。从这一点出发，多档税率（1档基本税率+1~2档低税率）相比单一税率更能发挥收入分配的正面影响。对于低收入者而言，生活必需品的消费支出通常占其收入比重较大，而对于高收入者，生活必需品的消费支出往往占其收入比重较小，且高收入者更热衷于购买奢侈品和高档商品以享受更高品质的生活。若对生活必需品开征高税、对奢侈品征低税，那么生活必需品支出较大的低收入者承担的增值税税负占其收入的比重显然要高于高收入者，不利于社会公平和收入分配。

3.消费地征税原则提升区域税负公平

在增值税实际征收管理过程中，有生产地和消费地两项征收原则。其中，生产地原则是指增值税由产品生产地的政府征收（税源归属于产品生产地），消费地原则则是指增值税由消费地的政府征收（税源归属于消费地）。国内外学者对增值税应采纳生产地原则还是消费地原则进行比较分析，并达成了消费地原则为最佳的增值税征收管理原则的一致共识。由于产品的生产地较为集中，而消费地却分散至全国，在生产地原则下，纳税群体是遍布全国的消费者，而增值税税源归属于生产地政府（中国增值税是一种共享税，增值税收入越多，地方政府分得的增值税收入也越多）。非生产地的消费者已承担税负却未能享受到生产地所提供的公共品或公共服务，生产地征收原则不利于税负在不同区域的税负公平。此外，生产地原则还会引发地方政府恶性税收竞争，使得区域间资源进一步分布不均，伤及税本并加剧社会不公。反之，采用消费地原则，则不论产品产地在哪，消费多的地区的增值税收入多、消费少的地区的增值税收入少，税源分布更加公平均衡，不仅有利于保证各地方政府税收收入，还有利于消除地方政府间的恶性税收竞争。因此，消费地征税原则相比生产地征税原则更加有利于促进区域税收公平。

4.对消费征税助力税负公平

市场经济越发达，所得来源渠道则越多，政府部门难以对个人的所有收入来源渠道进行一一监控，俞杰（2019）指出所得来源多，可以隐藏，而消费无法隐藏，可以真实反映居民实际可支配收入。因此，对消费征税要更加公平，所以不能武断地认为间接税累退，间接税中的一些税种，如果能够进行合理设计，比如差异化的税率设计、税收优惠的合理安排，同样可以产生较强的累进性与较好的调节收入分配效果。因此，从消费可以真实反映居民实际可支配收入（包括隐藏收入在内）这一视角出发，增值税的征收有利于促进收入分配公平。

（二）增值税对收入分配的负面影响

1.边际消费倾向递减造成增值税税负呈累退性

增值税属于间接税种，具备间接税税负转嫁的特征，即无论是低收入消费者，还是高收入消费者，只要消费相同商品，其所缴纳的增值税相同。增值税的特征有效地促进了市场经济效率，但从增值税税负占不同消费群体的收入情况来看，却造成了极大的税负不公。

例如，依据微观经济学的消费者理论，消费者的消费由两部分组成，一部分为生活必要支出，另一部分则取决于消费者的边际消费倾向和个人可支配收入。因此，消费者的消费可以表达为 $c=a+b\times y$，其中，c 为消费，a 为生活必要支出（$a>0$，生活必要支出为必须要发生的刚性消费支出），b 为边际消费倾向（$b>0$），y 为消费者的个人可支配收入。由于增值税是以消费为税基的比例税，因此，消费者消费越多，承担的增值税税负则越重。假设 t 为统一的增值税税率，此时，消费者承担的增值税税负 T=t×c= t×（a+b×y），相应地，可以得出平均税率 $\bar{t}$ = T/y = t ×（a+b×y）/ y=b×t + a×t/y。从平均税率公式中可以发现，随着收入 y 的增加，平均税率显著下降，并接近于 b×t。对于增值税（其他间接税也通用）而言，收入越高，平均税率越低，高收入者承担的增值税税负占收入的比重要低于低收入者承担的增值税税负占收入的比重，增值税具有累退性。

2.小规模纳税人的存在阻断了抵扣链条

小规模纳税人和一般规模纳税人最大的不同之处在于小规模纳税人适用简易征税办法，即将小规模纳税人的销售额乘以一个较低的征收率，计算得出其应缴增值税销项税额，而其所购入的产品中包含的增值税进项税额均不可抵扣。这一管理办法，导致小规模纳税人如果从一般规模纳税人处购买商品，则购进商品中所含增值税额得不到抵扣，增加了小规模纳税人的成本。同时，一般规模纳税人从小规模纳税人处购进商品，也无法得到充分抵扣。在实践中，这不仅进一步扭曲不同规模纳税人的购买决策，还造成不同规模纳税人税负不公。此外，小规模纳税人适用的征收率要低于一般规模纳税人，当购买者为最终消费者时，从小规模纳税人处购置商品的价格通常要低于一般规模纳税人处，从而可以降低购买商品时所承担的增值税税负。这一情况使得消费者从一般规模纳税人和小规模纳税人处购置同种商品时所负担的增值税税负不同，不符合税负公平原则。因此，也有国家并不对纳税人身份进行区分，例如南非、新西兰等。

3.减免税阻断抵扣链条

出于政治因素考虑，不少国家除了对生活必需品实施减税、免税等税收优惠措施，还对一些非生活必需品采取相同的减税、免税等税收优惠措施，以鼓励或引导某类产业或企业发展。这在某种程度上引发产业间的税负不公，不利于收入分配公平。首先，减税降低税负公平。增值税减税是指对部分行业实行优惠税率，对另一部分行业实行标准税率。这使得不同行业生产的产品承担的税负不平等，在一定程度上会扭曲企业生产决策和消费者消费决策，不利于各行业公平竞争。其次，免税阻断抵扣链条。增值税免税是指对该环节的增值税销项税额免征增值税，同时不允许抵扣增值税进项税额，免税环节不同，对最终产品价格影响不同。如果在最终消费环节进行免税，则不会对最终增值税税负产生影响。如果在生产环节实施免税，由于进项税额不可抵扣，这一部分税款则以成本的形式进入产品的生产成本，并且在流转的下一环节缴税。增值税免税政策不仅打破增值税抵扣链条，同时还不利于企业公平竞争和产品竞争，不符合税收公平，不利于收入分配公平。

4.起征点附近税负突变

为了减轻小企业的税收负担，大多数国家对小企业设置了起征点，即当小企业的应征增值税的销售额不超过某一临界值时，不需要缴纳增值税。如果超过这一临界值，则需要全额缴纳增值税。不同国家依据自身国情设置不同的临界值。增值税制度中起征点这一设置会带来较为严重的税负不公问题，即年应税销售额在起征点附近的小企业，其所承担的增值税税负就会存在较大的差异。当小企业年应税销售额仅仅略低于起征点时，则无须缴纳增值税；而当小企业年应税销售额仅仅略高于起征点时，则需全额纳税。例如，假设某国起征点为年应税销售额30000欧元，适用增值税税率为3%。其中，小企业A当年应税销售额为29999欧元，其当年所需要缴纳的增值税为0欧元；小企业B当年应税销售额为30001欧元，其当年所需要缴纳的增值税为900.03欧元（30001×3%，且进项税额不可扣除）。由此可见，年应税销售额在起征点附近的小企业的税负存在极大的变动，起征点的设置可能对年应税销售额在起征点附近的小企业造成严重的税负不公，不利于税负公平。

第三节　增值税与税负转嫁

税收负担可简称为"税负"，是纳税人履行纳税义务所承受的经济负担，通常用税收收入与可供征税的税基之间的比例关系表示。[①]只要某种税收的纳税人与负税人不是同一人，便可认为发生了税负转嫁。[②]只要存在市

---

① 匡小平.财政学（第2版）[M].北京：清华大学出版社/北京交通大学出版社，2012：208.
② 匡小平.财政学（第2版）[M].北京：清华大学出版社/北京交通大学出版社，2012：209.

场交易的自由价格机制，就可能发生税负转嫁现象，税负转嫁意味着法定纳税人与实际负税人之间的收入再分配，使实际税收归宿变得扑朔迷离。①

一　税负转嫁理论

对于税负转嫁理论的研究始于西方自由资本主义时期。经过几个世纪的研究和发展，逐渐形成了较为完善的、系统化的税负转嫁理论体系，主要代表有重农学派的"纯产品"理论、古典学派的"纯所得"理论以及以英国曼斯菲尔德（Mansfield）和意大利沃里（Verri）为代表的均等分布说。从税负转嫁理论的历史演变来看，基于税能否实现转嫁，可以将税负转嫁理论分为税负转嫁绝对说和相对说。②

（一）税负转嫁的绝对说

税负转嫁的绝对说的主要观点包括两类：一类是一切税收均可以转嫁；另一类是某些税种可以转嫁，其他税种在任何情况下均不能转嫁。重农学派、古典学派是税负转嫁的绝对说的主要代表学派。其中，重农学派的税负转嫁理论观点为除了对土地的课税外，所有税收都可以转嫁，并提倡"纯产品"理论，即各种税负的最终归宿都是土地的纯产品，该学派的代表人物是魁奈（Quesnay）。而古典学派是随着税收理论与税收实践发展而兴起的另一个税负转嫁绝对说的主要学派，该学派提倡"纯所得"理论，即所有税收都来源于纯所得，只有部分税收可以转嫁，其他税收均不能转嫁，该学派的代表人物有亚当·斯密、大卫·李嘉图（David Ricardo）和西斯蒙第（Sismondi）。古典学派中关于一般消费税的理论观点为，亚当·斯密认为对必需品课税必然使商品价格上涨，乃至工资按课税程度上涨，最终由消费者或地主负担，而对奢侈品课税则最终由消费者负担。大卫·李嘉图认为对垄断产品课税，则由生产者承担税负；对奢侈品课税，则由富人承担税负；对必需品课税，则会使工资上涨，最终由雇主承担税负。前两个学派均赞同某些税种可以转嫁，其他税种则均不能转嫁。均等分布说属于第三个税负转嫁的绝对说的学派，其税负转嫁的理论

---

① 万莹.税收经济学［M］.上海：复旦大学出版社，2016：96.
② 万莹.税收经济学［M］.上海：复旦大学出版社，2016：97-98.

观点为所有税收负担都可以转嫁，该学派又可进一步分为乐观派和悲观派，乐观派认为税收负担会分散转嫁给各方公平负担，悲观派则认为税收负担最终不平等地转嫁给消费者（贫民阶层）负担。

（二）税负转嫁的相对说

与税负转嫁的绝对说不同，税负转嫁的相对说认为税负转嫁并不是绝对的，税负能否转嫁以及税负转嫁程度会受到税种、课税对象性质、供求关系以及供求弹性等多种因素的影响。税负转嫁相对说的代表人有法国萨伊（Say）、德国经济学家劳（Rau）、美国经济学家库诺（Cournot）、美国经济学家赛里格曼（Seligman）和日本财税学者小川乡太郎（Gōtarō Ogawa）等。[①]通过对税负转嫁的相对说主要代表人物的税负转嫁观点进行梳理，税负转嫁相对说的主要理论观点可以归纳如下。①税收能否转嫁受到价格和供求弹性的影响。②课征于所有阶级的所得税不容易发生税负转嫁。③相比垄断市场，竞争的市场下，税负更容易发生转嫁。④征税对象越普遍，生产者承担税负的可能性越大。⑤资本流动越难，税收转嫁的可能性就越低。⑥对产品征税，是由生产者还是消费者承担税负，这受到供求弹性的影响。若产品供给弹性更大，税负转嫁给消费者的可能性更大；若产品需求弹性更大，则税负转嫁给生产者的可能性更大。⑦若课税产品属于最终产品，则税负由消费者承担；若课税产品属于中间产品，则税负会发生多次转嫁。⑧税率累进性和税负转嫁之间存在正向关系，税率累进性越高，税负转嫁程度也越高。⑨税收负担越轻，税负越不容易发生转嫁。⑩税负转嫁均以产品流通为媒介，与流通无关的税收无从转嫁。此外，税负转嫁还可以分为预期税负转嫁和非预期税负转嫁，预期税负转嫁有利于税负公平，而非预期税负转嫁则往往导致税负不公。

二　增值税与税负转嫁

增值税是一种流转税，以商品流通为媒介，对处于各环节的商品增值额征收的税种，因此，增值税极易发生税负转嫁。本书从增值税税负转嫁方式、税负转嫁影响因素两个方面对增值税与税负转嫁进行分析。

---

① 万莹.税收经济学［M］.上海：复旦大学出版社，2016：98-99.

（一）税负转嫁形式

经济运行或经济活动总是按照一定的顺序进行，以产品生产为例，产品生产是按原材料采购→产品生产→商业批发→商业零售的顺序进行的。①增值税是对所有环节产品增值额征收的一般流转税，因此，按照增值税税负转嫁是顺着经济运行或经济活动的方向，还是逆经济运行或经济活动的方向，可以将增值税税负转嫁的形式分为前转（Forward Shifting）、后转（Backward Shifting）、混转（Diffused Shifting）、税收资本化（Capitalization of Taxation）和消转（Tax Transformation）。

1.前转

前转，又名"税负前转"或"顺转"，是指税负顺着经济运行或经济活动的顺序进行税负转嫁，即纳税人通过提高商品或生产要素的销售价格，将其所应缴纳的税款向前转嫁给商品或生产要素的购买者。例如，政府对生产者征收增值税，生产者通过提高产品的销售价格，将政府征收的增值税税款向前转嫁给批发者，批发者又通过提高批发产品的销售价格，将政府征收的增值税税款向前转嫁给零售者，零售者又通过提高零售商品的销售价格，将政府征收的增值税税款向前转嫁给消费者，经过税负转嫁，消费者最终为增值税税负实际承担者（见图2-1）。税负前转是增值税税负转嫁的最主要形式，也是最为普遍且最为典型的增值税税负转嫁形式。

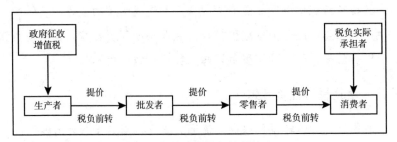

图2-1　增值税税负前转示意

---

① 胡怡建.税收学［M］.上海：上海财经大学出版社，2018：60.

2.后转

后转，又名"税负后转"或"逆转"，是指税负转嫁的运动方向与经济运行或经济活动的顺序相反，即纳税人通过压低商品或生产要素的购进价格，将其所应缴纳的税款向后转嫁给商品或生产要素的提供者。例如，政府对商品销售者征收增值税，商品销售者通过压低产成品的购进价格，将政府征收的增值税税款向后转嫁给产成品生产者，产成品生产者又通过压低中间产品的购进价格，将政府征收的增值税税款向后转嫁给中间产品生产者，中间产品生产者又通过压低原材料的购进价格，将政府征收的增值税税款向后转嫁给原材料供应者，经过税负转嫁，原材料供应者最终为增值税税负实际承担者（见图2-2）。税负后转是增值税税负转嫁的重要形式。

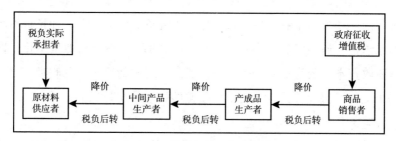

图2-2　增值税税负后转示意

3.混转

混转，又名"散转"，是税负前转和后转的混合，是指同时采取前转和后转两种方式实现税负转嫁。这是由于现实生活中，受到各种经济因素的制约，税负的流动方向并不总是沿着同一方向进行，即税负不可能完全前转或完全后转，而是部分税负前转、部分税负后转。例如，政府对中间产品生产者征收增值税，中间产品生产者通过压低原材料的购进价格，将政府征收的增值税税款部分向后转嫁给原材料供应者，同时提高中间产品的销售价格，将政府征收的增值税税款部分向前转嫁给最终产品生产者，从而实现增值税税负的混转，经过税负转嫁，原材料供应者和最终产品生产者最终为增值税税负实际承担者（见图2-3）。

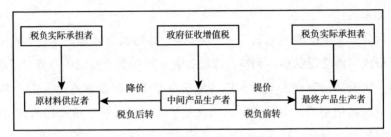

图2-3 增值税税负混转示意

4.税收资本化[①]

税收资本化，又称为"税负资本化"，是指应税商品的购买者将所购买的商品以后年度所必须要支付的税额，以一定的贴现率计算成现值并在购入商品时从购买价格中预先一次性扣除，从而将税负转嫁给卖家承担的形式。在这一过程中，税收构成了商品价格的一部分，即税收的资本化。从税收的流动方向来看，税收资本化属于税负后转的一种，即税负均转嫁给卖家承担，而不同的是，并不是所有商品都可以进行税收资本化，即适用于税收资本化的商品不会是一般消费品，通常情况下，税收资本化主要适用于土地、房屋等具有长期稳定收益的资本品交易。

5.消转[②]

消转，又称为"税收转化"，是指纳税人通过改善经营管理或改进生产技术等方法，进入补偿纳税损失，使其支付税款后的利润不低于纳税前的利润水平，自行消化税收负担。与前述税负转嫁方式不同，消转并没有将税负转嫁给他人，因而没有特定的负税人，是一种较为特殊的税负转嫁方式。

虽然税负转嫁的方式很多，而在实际经济活动中，各种税负转嫁方式往往同时存在，即前转与后转并存、完全转嫁和不完全转嫁并存、税收资本化和税负不能转化为资本并存，以及还可能存在税负过度转嫁的情况，因此，实际经济活动中的税负转嫁难以完全分开。

① 万莹.税收经济学［M］.上海：复旦大学出版社，2016：98-99.
② 匡小平.财政学（第2版）［M］.北京：清华大学出版社/北京交通大学出版社，2012：210.

(二)增值税税负转嫁影响因素

税负转嫁的影响因素包括税种、课税对象性质、供求关系以及供求弹性等。增值税属于间接税、流转税、一般消费税,因此,增值税从本质上极易发生税负转嫁,而作为一种对于所有商品所有环节均征收的中性税种,增值税税负转嫁主要受到供求弹性、征税范围和反应期限的影响。

1. 税负转嫁和供求弹性

供求弹性是影响增值税税负转嫁方向和税负转嫁程度的外在影响因素和主要影响因素。当商品的需求富有弹性时,即商品的需求弹性大于1时,商品需求量对商品价格变动极为敏感。此时,若政府对商品征收1单位的增值税,生产者提高1单位价格(税负完全前转给消费者),会造成商品销售量下降超过1单位,因此,商品销售量下降带来的生产者利润损失会超过提高价格所带来的生产者收益,显然,生产者不会将税负完全前转给消费者,而是由自身承担更多的税负。反之,当商品的需求缺乏弹性时,即商品的需求弹性小于1时,商品需求量对商品价格变动不太敏感。此时,若政府对商品征收1单位的增值税,生产者提高1单位价格(税负完全前转给消费者),会造成商品销售量下降低于1单位,因此,商品销售量下降带来的生产者利润损失则小于提高价格所带来的生产者收益,显然,生产者会将税负尽可能前转给消费者(见图2-4)。同理,当商品的供给富有弹性时,即商品的供给弹性大于1时,消费者会承担更多的税负;反之,则由生产者承担更多的税负。

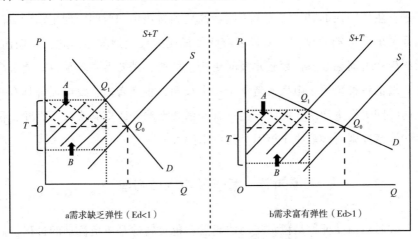

图2-4 增值税税负转嫁与需求弹性

2.税负转嫁和征税范围

增值税征税范围的宽窄与增值税税负转嫁呈反比例关系。从消费者视角来看，增值税征税范围越窄，消费者选择替代商品的空间越大，增值税税负就不容易向前转嫁给消费者，而是更多由生产者承担；反之，当增值税征税范围越宽，消费者选择替代商品的空间越小，增值税税负则更容易向前转嫁给消费者，最终由消费者承担。从生产者视角来看，增值税征税范围越窄，生产者选择转换生产的空间越大，增值税税负更容易向前转嫁给消费者，最终由消费者承担；反之，当增值税征税范围越宽，生产者选择转换生产的空间越小，增值税税负就不容易向前转嫁给消费者，而是更多由生产者承担。单方面从消费者视角和生产者视角对增值税税负转嫁和征税范围分别进行分析，增值税征税范围较窄时，消费者会改变消费决策，生产者会改变生产决策，税负转嫁情况取决于两者改变决策方便程度的对比；而当增值税征税范围较宽时，消费者和生产者改变决策的空间不大，税负转嫁情况则更多取决于该商品的供求弹性。

3.税负转嫁和反应期限

政府对一种商品征收增值税，而对其替代品或互补品不征收增值税时，必然会引发替代效应，此时，消费者会改变消费决策，倾向于购买价格相对低廉的替代品，同时会减少对互补品的购买。而对于生产者而言，由于生产线等固定资产短期内进行置换更新的难度较大，生产者对商品征税进行生产转换的时间要长于消费者改变消费决策的时间，即生产者对商品征税的反应期限要长于消费者对商品征税的反应期限。因此，短期内，由于生产者面临政府征税较难及时更换生产线，消费者较容易更改消费决策，增值税税负更多由生产者负担；中长期，生产者面临政府征税具有充足的时间更换生产线，此时，生产者和消费者均会改变其决策，因此，税负转嫁情况则更多取决于该商品的供求弹性。

第四节　增值税与税负归宿

政府对商品征税是税负流动的起点，税负转嫁是税负流动的过程，而税负归宿则是税负流动的终点，即最终落脚点。从税负归宿来看，可以清晰地知道由谁最终承担了税负以及承担了多少税负。

一　税负归宿理论

税负归宿（Tax Incidence）是指税收负担的最终落脚点，是税负转嫁的最终结果，明确谁最终为这笔税款"买单"。[①]在现实生活中，经常可以看到政府对企业销售的商品征收增值税，而最终消费者购买该商品的价格中包含了这笔税款，即企业为该笔增值税的法定纳税人，最终消费者为该笔增值税的实际纳税人；前者（企业），我们称之为法定税负归宿（Statutory Tax Incidence）对象，后者（最终消费者），我们称之为经济税负归宿（Economic Tax Incidence）对象。而依据不同的划分标准，可以将税负归宿划分为不同类别，具体如下。

1.法定税负归宿与经济税负归宿

依据税负的实际负担情况，税负归宿可以分为法定税负归宿和经济税负归宿。其中，法定税负归宿是税收立法机关在税收法律规范中规定的税收负担人，是最初的税收义务分配。法定税负归宿的确定大多是出于税收征管的便利性考虑，例如前文提及的企业。经济税负归宿则是税收负担随着经济运行或经济运动而不断转嫁以后的税负归着点，是政府课税后经过各种调整或各种转嫁后税负实际最终归宿，例如前文提及的最终消费者。法定税负归宿与经济税负归宿之间的差异就是税负转嫁的程度。[②]

2.绝对税负归宿、差别税负归宿、平衡预算税负归宿

上述分类并未考虑政府税收收入的用途，因此，依据是否与税收收入用途相结合，税负归宿可以分为绝对税负归宿（Absolute Tax Incidence）、差别税负归宿（Differential Tax Incidence）、平衡预算税负归宿（Balanced Tax Incidence）。其中，绝对税负归宿和差别税负归宿并未与税收收入用途相结合，即绝对税负归宿考虑的是在其他税种和政府支出不变时，某一税种的经济效应，是最基本的税负归宿分析方法。差别税负归宿是计算在

---

① 万莹.税收经济学［M］.上海：复旦大学出版社，2016：97.

② 匡小平.财政学（第2版）［M］.北京：清华大学出版社/北京交通大学出版社，2012：209.

政府预算不变的情况下，以一种中性税收取代另一税种税收的税负差异及对收入分配的影响，大多数情况下，这个中性税收会选取一次总付税（Lump Sum Tax）作为参照方案。平衡预算税负归宿考虑的是政府税收收入和政府财政支出对收入分配的综合效应，即在指定税收用途的情况下，一方面分析税收归宿给纳税人带来的实际负担，另一方面分析该税收所支撑的政府财政支出给纳税人带来的收益，将两个方面进行综合考量并判断税收的最终分配效果。而实际情况中，政府税收收入并没有指定具体用途，因此，也很难将政府财政支出在微观个体中进行量化分析。此外，基于差别税负归宿在选择参照方案上随意性较大，大多数研究主要采用绝对税负归宿进行计算，本书也沿用这一计算方法。

二　增值税与税负归宿

税负归宿可分为法定税负归宿与经济税负归宿，法定税负归宿说明的是谁在法律上负责纳税，而经济税负归宿是指税收引起的私人实际收入分配的变化。因此，这两者具有本质区别。要研究税负的经济归宿，必须认清楚一个基本的事实，即只有人才能负担税收。有些研究会声称厂商承担了多少税收，这种说法其实是错误的，本质上来说是由厂商利润的所有者承担了税收。认识到这一点很重要，这对增值税收入分配效应的研究非常关键。

举一个简单的例子可以分别对税负转嫁、法定税负归宿与经济税负归宿作出清晰的说明。假设市场上仅存在一个厂商、厂商的拥有者 A 以及消费者 B，厂商生产商品 X 并卖给消费者。征税之前商品的价格为 100 元，消费者 B 购买 10 单位的 X，政府对 X 的生产商征收 10 元每单位的从量税。假设征税之后商品 X 的价格升为 110 元，而消费者并没有因为商品价格上升而减少对商品 X 的购买，仍然购买 10 单位的 X，则此时虽然仍为厂商来缴纳商品税，但税负发生了完全的转嫁，法定税负归宿虽然为厂商，但经济税负归宿却变为了消费者 B，即税负由厂商的所有者 A 完全转嫁给了消费者 B。如图 2-5 所示，Demand 是消费者的需求曲线，Supply 是征税前厂商的供给曲线，S+T 是征税后厂商的供给曲线。

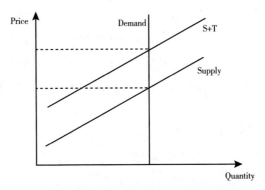

图2-5　税负完全由消费者承担的示意

假设征税之后商品 X 的价格并没有发生变化，仍为 100 元，而消费者仍然购买 10 单位的 X，则此时税收完全由厂商的所有者 A 承担，并没有发生税负转嫁，而且法定税负归宿与经济税负归宿一致，均为厂商的所有者 A。如图 2-6 所示，Demand 是消费者的需求曲线，Supply 是征税前厂商的供给曲线，S-T 是征税后厂商的供给曲线。

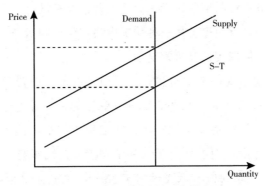

图2-6　税负完全由厂商承担的示意

假设征税之后商品 X 的价格仅上升到 106 元，消费者没有因为商品价格上升而减少对商品 X 的购买，仍然购买 10 单位的 X，则此时虽然仍为厂商来缴纳商品税，但税负发生了转嫁，法定税负归宿虽然为厂商，但经济税负归宿却变为由厂商的所有者 A 和消费者 B 共同承担，其中政府征得税收 100 元，而厂商的所有者 A 承担了 40 元、消费者 B 承担了 60 元，即税负由厂商的所有者 A 部分转嫁给了消费者 B。如图 2-7 所示，Demand 是消费者的需求曲线，S 是征税前厂商的供给曲线，S′+T 是征税后厂商的供给曲线。其中，长方形 ACFD 是政府征得的税收，长方形 ABED 是由消费者承担的部分，而长方形 BCFE 是由厂商的所有者承担的部分。

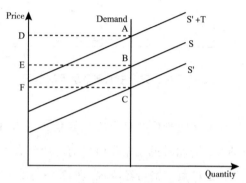

图2-7　消费者与厂商共同承担税负的示意

　　上述例子的三种情况在一定程度上解释了税负归宿与税收转嫁，法定税负归宿与经济税负归宿的区别，但这三种情况都没有考虑税收对经济主体行为的扭曲，这就使得上述三种情况中法定税负归宿与经济税负归宿在量上是相等的，但现实情况更为复杂。

　　假设征税之后商品 X 的价格仅上升到 106 元，消费者因为商品价格上升而减少了对商品 X 的购买，购买 9 单位的 X，则此时虽然仍为厂商来缴纳商品税，但税负发生了转嫁，法定税负归宿虽然为厂商，但经济税负归宿却变为由厂商的所有者 A 和消费者 B 共同承担，其中政府征得税收 90 元，而厂商的所有者 A 承担了 36 元，消费者 B 承担了 54 元，即税负由厂商的所有者 A 部分转嫁给了消费者 B，并且经济税负归宿在量上要小于法定税负归宿，两者之间的差异被认为是征税所带来的额外经济损失，被称为超额税收负担。如图 2-8 所示，Demand 是消费者的需求曲线，S 是征税前厂商的供给曲线，S+T 是征税后厂商的供给曲线。长方形 ABFE 是政府征得的税收，其中，长方形 ABGC 是由消费者承担的部分，长方形 CGFE 是由厂商的所有者承担的部分。而三角形 BDF 是超额税收负担，其中BDG部分是消费者剩余的损失，DGF是生产者剩余的损失。

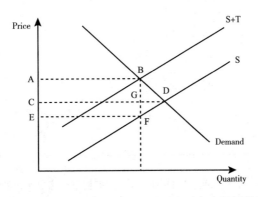

图2-8　消费者与厂商共同承担税负的示意（考虑超额税收负担）

上述例子只是分析了市场上只有一种商品时的情景，实际上市场上有很多种商品，且商品不仅供给给消费者，往往还会作为生产其他商品的原材料，这就使得研究商品税的税负归宿问题更加复杂。以两种商品的市场为例，市场上存在X与Y两种商品，其中X商品不仅可供消费者消费，还是生产Y商品的原材料，在这种情况下，对商品X征税不仅可能会影响X的价格与产量，还会影响Y商品的价格与产量。而且，即使X商品与Y商品都仅仅是消费品，而不会作为原材料投入另一种商品的生产之中，对一种商品的征税仍然会通过收入效应与替代效应来影响消费者对另一种商品的需求。因此，商品之间的联系会加大商品税税负归宿问题研究的难度。

为了将两种商品情境下商品税的税负归宿问题研究清楚，先假设两种商品不互为原材料，即两种商品的生产之间不存在直接的相互联系，并假设征税不会影响消费者的名义收入水平，在这种情景下，对商品Y征税的效果如图2-9所示。可以看到，即使两种商品的生产之间不存在直接的相互关系，对Y商品征税仍然会影响到X商品的消费量，从而影响X生产者的收入水平，即一种商品征税的税负归宿不仅由该商品的生产者与消费者承担，其他商品的生产者与消费者也可能会承担一部分税负。

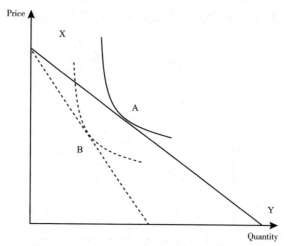

图2-9　不考虑商品之间相互关系的前提下对商品Y征税的效果

　　当两种商品的生产之间存在一定关系，比如互为原材料、共同使用同一种生产要素或者原材料时，对一种商品征税的影响会更容易传导至另一种商品，如图2-10所示。由图2-10可以看出，即使只对一种商品征税，仍然会影响消费者对其他商品的消费量及其价格，从而通过其他商品影响居民的收入水平。单个商品的市场中，在不考虑消费者名义收入变化的前提下，消费者的价格需求弹性至关重要，这一弹性在很大程度上决定了厂商可以在多大程度上将自己的税负转嫁给消费者。而在多个商品的市场中，在不考虑消费者名义收入变化的前提下，对某一商品征税的收入分配效应主要通过三个途径来实现：第一，征税商品的价格与需求量的变化；第二，征税商品价格变化通过收入效应与替代效应对其他商品需求量甚至价格的影响；第三，征税商品如果是生产其他商品的原材料，还会对其他商品的成本产生直接影响，从而影响收入分配。因此，要研究商品税的税负归宿问题必须知道不同商品之间的相互关系，而投入产出表的特点在很大程度上解决了这一问题，因此，现有的关于商品税收入分配效应研究的文章多使用投入产出法。

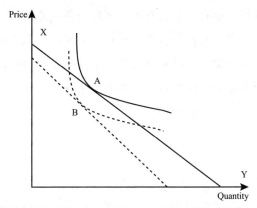

图2-10 考虑两种商品相互关系时，对Y商品征税对消费者决策的影响

其实税收的经济归宿问题还要复杂，政府征税的目的是财政支出，因此，考察经济税负归宿不能仅仅从税收收入的角度来看，还应该观察税收的使用，即税收如何使用很大程度上决定了经济税负归宿。但税收往往统收统支，很难确定某一项税收的税收收入被用在了什么地方，因此在实际分析中往往会采用一些特殊的方式来处理税收的收与支之间的关系。现有的经济数据本身是含税的，因此为了得到商品税对居民收入分配的影响，必须使用反事实假设（The Counter Factual Benchmark），即假设商品税税率为零，从而得到无税经济时居民的收入分配状况。研究税负归宿问题的三种假设分别被称为差别税负归宿（Musgrave，1973）、平衡预算税负归宿以及绝对税负归宿。这三种假设的本质是处理商品税与政府规模之间的关系，其中差别税负归宿使用一次总付税代替商品税，从而保持政府规模不变，进而研究商品税对居民收入分配的影响；平衡预算税负归宿在取消商品税时允许政府规模减小；绝对税负归宿在取消商品税时通过允许财政赤字来保持政府规模不变。

三种税负归宿的假设各有优缺点，但现有的文献主要使用绝对税负归宿假说（Warren，2008）。因此，本书使用绝对税负归宿假设。现有的宏观数据本身是含税的，因此，将增值税税率设为零，测算不同商品及要素价格的变化，将测算结果作为征收增值税之前的情景，而将初始状态作为征收增值税之后的情景。

　　正如上文所述，现有的研究基本都使用税负完全向前转嫁的假设，并且一般不会考虑征税对消费者以及厂商行为的变化。即现有研究在税负归宿方面往往使用的是最简单的一种情景，对商品税税负归宿假设的突破是该领域下一阶段研究的重点和难点。本书正是从这一角度出发来研究增值税对中国居民的收入分配影响。

第三章

从收入分配视角看中国增值税改革历程

中国是一个文明古国，具有悠久的历史传统，在新中国成立之前，就已经出现了税收雏形，例如，夏代的"贡"、商代的"助"以及周代的"彻"。只不过当时农业一直占据中国经济结构的主体地位，因此，农业税（以"田赋"为主）在一段较长的历史时期内都是中国税制的主体，直到近代，随着工商业的崛起，工商税收逐渐成为中国税制的主体。[①]新中国成立以后，又经历了多年税制的调整和改革，直到1994年，才正式奠定了以增值税为主体的一般消费税的税收制度。本章以新中国成立以来税收制度建立至今为时间截点，将中国增值税改革历程分为增值税引入前、增值税引入、增值税转型、增值税扩围（营改增）、增值税税率简并五个部分，并侧重于收入分配视角对我国增值税改革历程进行梳理分析。

第一节　增值税引入前（1949~1978年）

1949年10月1日新中国成立至1978年改革开放，中国经济经历了三个发展阶段，相应地，中国税制也不断进行调整和改革，分别为：①1949~1957年，新中国税制建立和巩固时期；②1958~1978年，中国税制曲折发展时期；③1978年底，中国税制建设全面加强、税制改革不断前进时期。[②]

---

① 刘佐.新中国税制60年［M］.北京：中国财政经济出版社，2009：1.
② 刘佐.新中国税制60年［M］.北京：中国财政经济出版社，2009：1.

一　1949～1957年，新中国税制建立和巩固时期

新中国成立后，由于时间上并不允许建立一套比较完整的新税制，且为了避免税收工作的停顿和混乱，暂时沿用了国民党统治时期的20种税捐。①而由于国民经济恢复、国防建设及各项建设事业发展、解放战争的军费开支等急需大量的财政资金投入，在财政收入有限的情况下，大量的财政支出造成较大财政赤字。为了缓解财政收支缺口这一问题，提出了两种解决办法：一是增加税收，二是增发货币。但增发货币会导致通货膨胀、物价上涨和社会经济紊乱，因此，最终采用了增加税收的方法来解决财政资金不足的困难。1949年11月24日至12月9日，在北京召开了首届全国税务会议，会议上达成了"简化税制、不增加农民税负"的一致意见，并在全国范围内确定了14种税收：货物税、盐税、关税、工商税、交易税、印花税、遗产税、地产税、薪资报酬所得税、屠宰税、特种消费行为税、房产税、存款利息所得税、使用牌照税；其中，以工商税、盐税、货物税、关税为重点。②

1950年1月30日，政务院总理周恩来签署了政务院通令，公布《关于统一全国税政的决定》，同意以《全国税政实施要则》作为日后统一和整理全国税务、税政的具体方案，并附发了《工商业税暂行条例》和《货物税暂行条例》。③

随着经济日益繁荣，税收相对下降，尤其是工商税收收入占财政收入比重逐年下降。1952年12月31日，政务院财政经济委员会公布《关于税制若干修正及实行日期的通告》，宣布自1953年1月1日起，对税制进行多处修正，同时颁布《商品流通税试行办法》，财政部同时颁布《商品流通税试行办法施行细则》。商品流通税具体税制要素如表3-1所示。

---

① 20种税捐：货物税、营业税、特种营业税、所得税、综合所得税、遗产税、矿产税、印花税、契税、营业牌照税、使用牌照税、牙行收益税、屠宰税、筵席税、冷食税、娱乐税、地价税、房捐、旅栈教育捐和汽车季捐。
② 刘佐.新中国税制60年［M］.北京：中国财政经济出版社，2009：5-6.
③ 刘佐.新中国税制60年［M］.北京：中国财政经济出版社，2009：6-7.

表3-1　1953年商品流通税情况

会议	税类	纳税人	征税对象	计价方式	税率
第四届全国税务会议	商品流通税	采购应税农林、畜牧产品者和进口应税商品的报关进口人；出售应税商品的国营商业机构设在产地的批发机构、收购机构、接货机构	矿物油、有色金属、平板玻璃、生铁、焦炭、钢材、水泥、原木、轮胎、化肥、卷烟、酒、麦粉、火柴、棉纱等	从价计征	7%～66%
				从量计征	啤酒（定额税率）

资料来源：刘佐.新中国税制60年［M］.北京：中国财政经济出版社，2009：13-14.

整体来看，这一时期，一般消费税方面，我国对不同行业、不同产品设定了不同的税率，存在以下特点。第一，工业的税率低于商业的税率，商业税率为1.5%～3%、工业税率为1%～3%。第二，重工业的税率低于轻工业的税率，轻工业税率为2%～3%、重工业税率为1%。第三，日用必需品的税率低于奢侈品的税率，化妆品、烟、酒等奢侈品的税率为80%～120%，肥皂、纸、电料、五金等日用工业品的税率为5%～15%。[①]

二　1958~1978年，中国税制曲折发展时期

（一）1958年工商税制改革

1957年9月召开的全国省、自治区、市税务局长会议，再次对税制改革的问题进行了研究，会议上指出现行税制与经济发展不相适应是现行税制的主要矛盾：多次征、多税种、税制复杂、征税规定复杂；企业利大税小，不利于经济核算。关于工商税制改革的大体构想为：将货物税、商品流通税、营业税和印花税合并为一个新税种，即从过去的11种简并为6种或7种，并对所得税和地方税进行必要的改革。同时，中共财政部党组向中共中央报送的《关于改革工商税收制度的报告》中也指出，现行的工商税收制度在过去对资本主义工商业进行改造、积累国家建设资金和促进社会主义经济发展三个方面发挥了重要作用，但是社会主义改造完成以后，现行工商税制在社会主义改造方面的作用已经退居次要地位，改变现行的复杂的工商税收制度，不仅必要，而且可能。

1958年3月18日，中共中央成都会议大组会讨论并同意中共财政部党组

---

① 　刘佐.新中国税制60年［M］.北京：中国财政经济出版社，2009：31.

报送的《关于改革工商税收制度的报告》。1958年4月18日，财政部发布通知，规定自5月1日起对日用化学、棉纺织印染、热水瓶和制笔四类工业产品试行工商税制改革。同年，6月20日，财政部发布《关于试行改革工商税制问题的通知》，将试办税制改革的产品扩大至11类，并于当年7月1日开始试行。由于试行结果较好，1958年7月29日，根据各地提出的全面试行改革工商税制的要求，经国务院副总理李先念批准，财政部发布了《关于试行全面改革工商税制问题的通知》，规定：只要各省、自治区、直辖市党委批准，就可以全面试办。与此同时，国务院全体会议讨论并通过《工商统一税条例（草案）》，并提交全国人民代表大会常务委员会讨论。1958年9月11日，《中华人民共和国工商统一税条例（草案）》审议并原则通过，并于当年9月13日由国务院颁布试行，同时，财政部颁布《中华人民共和国工商统一税条例施行细则（草案）》，相应地，《工商业税暂行条例》《商品流通税试行办法》《货物税暂行条例》中营业税部分、《印花税暂行条例》及与之相关的法规废止。自此，货物税、商品流通税、营业税和印花税简并为工商统一税（见表3-2）。①

表3-2　1958年工商统一税情况

会议	税类	纳税人	征税对象和计税依据	计价方式	税率
第一届全国人民代表大会常务委员会	工商统一税	从事农产品采购、工业品生产、商业零售、外货进口、交通运输、服务性业务的单位和个人	①从事农产品采购：采购支付的金额 ②从事工业品生产：工业品的销售收入 ③从事商业零售：商品的零售收入 ④从事外货进口：进口货物支付的金额 ⑤从事交通运输和服务性业务：业务收入	从价计征	1.5%~69%

注：科学研究机关的试验收入和农业机械站、国家银行、保险事业、医疗保险事业的业务收入，免征工商统一税。农业生产合作社和城市街道组织自办公共食堂及其他公共事业的收入，学校因勤工俭学举办的生产事业的收入，农业生产合作社供销部代国营企业办理购销业务的收入，需要在税收上予以鼓励的，可以减征、免征工商统一税。

资料来源：刘佐.新中国税制60年［M］.北京：中国财政经济出版社，2009：40-41.

---

① 刘佐.新中国税制60年［M］.北京：中国财政经济出版社，2009：40.

从 1958 年的工商税制改革具体内容来看，工商统一税大大简化了之前税负复杂、产品和企业税负不公的情况，一定程度上有利于促进产品和企业的税负公平。然而，从高低税率差来看，高低税率相差 46 倍，不同产品和不同消费结构的微观主体所承担的税负相差仍可能较大，仍然没有改变微观主体税负不公的现况。此外，由之前道道征税改为只征收一道工商统一税，虽然在一定程度上解决了重复征税的税负不公问题，但却导致了在商品生产流通环节中，税负集中于单一环节的现象。同时，由于只有实现销售才能将税负转嫁给最终消费者，因此，会导致某一环节税负过重，也不利于各环节的税负平衡。

（二）1959~1961 年"大跃进"时期税制改革

1961 年 8 月，财政部在湖南、广西等地的部分县开展了集市贸易扩大征税范围的试点，并取得了较好的试点效果。因此，财政部税务局结合试点效果，起草了关于征收集市交易税的试行规定，并于 1962 年 2 月提交给全国各省、自治区、市税务局长会议进行讨论。同年 4 月 16 日，国务院批准财政部制定的《集市交易税试行规定》，并下发各地执行。具体执行则由各地根据上述规定并结合本地实际情况制定征税办法，报财政部备案即可。[1]

从集市交易税具体税制要素来看（见表 3-3），集市交易税开征的初衷在于调节市场价格和农民过高收入，然而对一些日常生活必需消费品（家禽和蛋品）征税，在一定程度上致使低收入农民的收入存在被负向调节的可能性，引发了农民的不满。因此，对家禽和蛋品征收集市交易税存在一定税负不公。此外，从起征点来看，1962 年设定为 7 ~ 10 元，1963 年修订为 5 ~ 10 元，按当时的收入水平，起征点并不低，但修正后的起征点降低了起征点下端，进一步将收入较低的农民（实际征管中农民和商贩划分不清，收入较低的农民也要缴纳集市交易税）纳入交税行列，进一步促使微观主体税负不公。此外，投机商贩和农民划分不清，会进一步加剧税负不公。随着开展打击投机倒把活动、社会主义教育运动以及市场物价回落，集市交易税收逐渐减少。

---

① 刘佐. 新中国税制 60 年［M］. 北京：中国财政经济出版社，2009：48.

表3-3　1962年集市交易税情况

会议	税类	纳税人	征税对象和计税依据	计价方式	起征点	税率
全国各省、自治区、市税务局长会议	集市交易税	集市上出售农副产品的单位和个人	征税对象：家畜、家禽、肉类、蛋品、干鲜果、土特产品和家庭手工业产品　计税依据：销售收入	从价计征	7～10元（1963年4月27日调整为5～10元）	5%、10%和15%

注：对于幼禽、幼畜、种苗、各种作物种子、饲料、草、柴、小农具等产品，可以不征集市交易税。对于农民以低于集市上的价格出售给供销合作社、国营商业的产品，社员通过农民服务部、贸易货栈和人民公社各级生产单位出售的产品，可以适当减征、免征集市交易税。

资料来源：刘佐.新中国税制60年［M］.北京：中国财政经济出版社，2009：48-49.

（三）1966~1976年"文化大革命"时期税制改革

在"文化大革命"运动的中期，以"合并税种，简化征收方法，改革不合理的工商税收制度"为指导思想，展开了新中国成立后第3次大规模的税收制度改革，这一次税收制度改革共耗时五年（1968~1973年），先后经历了3个阶段。第一，一个企业按一个税率征税。合并企业缴纳的各种税收，在原税负的基础上，试行"综合税"。第二，一个行业按一个税率征税。依据行业设计不同的"行业税"税率。第三，按照不同行业和产品设计不同的税率，试行工商税。①

1968年，在41个国营企业中进行"综合税"试点。1969年，各地普遍开展"综合税"试点。1970年，在"综合税"征税办法基础上，依据先搞区域性"行业税"再搞全国性"行业税"路径，开展按照行业定税率的试点。1971年，在总结了"综合税"和"行业税"经验的基础上，起草了《工商税条例（讨论稿）》，并在1971年7月3日印发各地征求意见。1971年8月下旬至1971年9月上旬，财政部于天津召开全国工商税制改革座谈会，专门研究工商税的试行，会议上就合并税种、税目、征税方法等议题进行了商讨。1971年11月18日，财政部发布《关于扩大工商税试点的通知》，并附发《中华人民共和国工商税条例（草案）》等文件，明确提出1972年扩大试点一年，

① 刘佐.新中国税制60年［M］.北京：中国财政经济出版社，2009：56.

为1973年全面试行做准备。1972年，确定了税制改革的内容和时间安排。[①]

　　与工商统一税相比，工商税是一种以大类产品为基础的新税制，即将原来按产品分得较细的税率进行了简并处理。工商税的具体税制要素参见表3-4，工商税大大简化了税目分得过细带来的征管难度，同时可在一定程度上解决统一大类产品下不同细目因适用不同税率引发的税负不公。但工商税本质上是几种税的简单合并，重复征税和税负不公平的问题依然存在。此外，从税率方面进行分析，高低税率相差22倍，高低税率相差悬殊会导致行业和产品税负不公。到1978年，中国税制总共设有13种税收：工商统一税、工商税、工商所得税、关税、城市房地产税、车船使用牌照税、契税、船舶吨税、牲畜交易税、屠宰税、集市交易税、农业税和牧业税。

表3-4　1973年工商税情况

税类	纳税人	征税对象和计税依据	计价方式	税率
工商税	从事农产品采购、工业生产、商业经营、进口贸易、交通运输、服务性业务的单位和个人	①从事农产品采购：应税产品的收购金额 ②从事工业生产：产品销售收入和加工业务收入 ③从事商业经营：商品零售收入 ④从事进口贸易：进口商品总值 ⑤从事交通运输、邮政电讯：经营业务收入 ⑥从事服务性业务：业务收入	从价计征	3% ~ 66%

　　注：新闻出版、文化艺术、农业事业、医疗保健等单位和国家银行、信用社、保险公司的业务收入，科学研究单位的试验收入，可以免征工商税。对于不利于社会主义的经营活动，可以酌情加成、加倍征税。

　　资料来源：刘佐.新中国税制60年［M］.北京：中国财政经济出版社，2009：61.

三　1978年底，中国税制建设全面加强、税制改革不断前进时期

　　1978年11月15日，财政部税务总局向中共财政部党组报送《关于改革工商税制若干问题汇报提纲》。该提纲中指出，现行工商税制与经济发

① 刘佐.新中国税制60年［M］.北京：中国财政经济出版社，2009：59-61.

展不相适应，主要问题包括以下几点。第一，现行工商税的税目、税率设计得过粗，征税范围不易划分，税负与企业盈利水平不相适应，不利于调节企业的利润水平。第二，国营企业实行单一税制，不能适应现代化大生产分工越来越细的发展要求，不利于发挥税收的经济杠杆作用。第三，现行税制对国营企业的成本管理与经济效果挂不上钩，不利于运用税收促进企业经济核算、加强对企业的财务监督。第四，涉外税制不健全，税种太少，不能适应对外经济交流日益扩大的需要。因此，建议适当修改工商税，并开征和恢复一些税种。[①]至此，中国税制建设进入全面加强、税制改革不断前进时期。

第二节　增值税引入（1979~1994年）

1979年2~3月，财政部税务总局组织全国财税部门100多人前往江苏无锡，就国营企业利润分配制度和改革工商税制进行了实地调研，发现工商税重复征税、税负不平问题存在已久，并提出了实行增值税的解决办法。[②]

一　工商税制改革下增值税的提出

1980~1981年，在国务院的领导下，财政部经过调查、试点和修改，提出了比较全面而且可行的工商税制改革总体构想，并确定了工商税制改革的指导思想、原则和改革方案（见表3-5）。这次工商税制改革方案明确提出了按性质将现行工商税划分为增值税、产品税、营业税和盐税四类。按照上述构想，改革后我国总共有20种工商税收：增值税、产品税、营业税、盐税、利润调节税、资源税、固定资产税、中外合资经营企业所得税、外资企业所得税、工商所得税、个人所得税、印花税、城市房产税、城市建设税、土地使用税、车船使用牌照税、屠宰税、特种消费行为税、牲畜交易税和集市交易税。[③]1982年3月15日，财政部税务总局局长

---

　①　刘佐.新中国税制60年［M］.北京：中国财政经济出版社，2009：66.

　②　刘佐.新中国税制60年［M］.北京：中国财政经济出版社，2009：67.

　③　刘佐.新中国税制60年［M］.北京：中国财政经济出版社，2009：77.

刘志城在全国税务工作会议上的讲话提出，增值税要按照行业扩大试行，并逐步统一征税办法。①

表3-5　1980~1981年工商税制改革情况

事项	具体内容
改革指导思想	①贯彻执行"调整、改革、整顿、提高"方针 ②充分发挥税收的作用，促进国民经济发展 ③合理调节各方面经济利益（国家、企业和个人；中央与地方）
改革原则	①加强经济责任制，促进企业经济核算，增加财政收入 ②适应经济情况的复杂性、经济形式的多样性 ③调节一部分企业利润，调动各方面积极性 ④鼓励扩大出口，保护国内生产，有利于吸引外资和先进技术设备 ⑤将各项工商税制划分为中央税、地方税、中央与地方共享税，使各级政府都有相应的财政、税收管理权
改革方案	①按性质将现行工商税划分为增值税、产品税、营业税和盐税 ②开征利润调节税和资源税 ③对国营企业征收所得税 ④将国营企业缴纳的固定资产占用费改为固定资产税 ⑤健全涉外税 ⑥开征和恢复征收一些地方税

二　增值税的试行、推广及正式确定

增值税在全国范围内推广之前，也经历了先地区、少部分行业试点到逐步扩展至所有地区、大部分行业试行。1980年开始，增值税在上海、广西柳州等地的机器机械行业中进行试点，以期解决工业改组、协作生产、专业化生产与产品重复征税的问题。1981年5月5日，国务院发布的《国务院关于抓紧今年工交生产，努力增产增收，保证完成国家计划的通知》中规定：凡经国务院和省、自治区、市批准的独立核算企业性公司、总厂，取消内部协作配套产品的重复征税，改由公司、总厂统一缴纳增值税。1981年7月11日，根据国务院的指示，财政部发出《关于对工业公司试行增值税和改进工商税征税办法的通知》，决定对农业机具、机器机

---

① 刘佐.新中国税制60年［M］.北京：中国财政经济出版社，2009：79.

械和日用机械3个行业的工业公司试行增值税。1982年4月19日，财政部发布《增值税暂行办法》，规定除了机器机械、农业机具以外，再选择缝纫机、自行车和电风扇3项产品试行增值税。1982年12月29日，财政部再次发出通知，规定自1983年1月1日起，生产农业机具、机器机械、缝纫机、电风扇和自行车的企业一律按照新颁布的《增值税暂行办法》试行增值税。①

1984年9月28日，财政部发布《中华人民共和国增值税条例（草案）实施细则》《中华人民共和国产品税条例（草案）实施细则》《中华人民共和国营业税条例（草案）实施细则》，至此，对产品税、增值税和营业税的税制要素从法律层面上进行了更为正式的规定（见表3-6）。此时，增值税的征税范围较窄，仅对规定的产品征税，并不属于真正意义上完整的增值税，因而不满足税收中性的要求，并且与产品税税目存在交叉，仍然存在重复征税、税负不平的问题。

表3-6　1984年产品税、增值税和营业税情况

税种	纳税人	征税对象	税目	计税依据	税率
产品税	在中国境内生产和进口应税产品的单位和个人	规定的产品	①工业（24类别260个税目）②农、林、牧、水产品（10个税目）	①工业品：应税产品销售收入或数量②进口应税产品：组成计税价格	①工业：3%～60%（电力实行定额税率）②农、林、牧、水产品：3%～38%
增值税	在中国境内生产和进口应税产品的单位和个人	规定的产品	机器机械及其零配件、汽车、机动船舶、轴承、农业机具及其零配件、钢材、钢坯、自行车、电风扇、缝纫机、西药、印染绸缎及其他印染机织丝织品	①生产应税产品：销售收入、适用税率和"扣税法"或"扣额法"计算应纳税额②进口应税产品：组成计税价格	6%～16%

---

① 刘佐.新中国税制60年［M］.北京：中国财政经济出版社，2009：93.

税种	纳税人	征税对象	税目	计税依据	税率
营业税	在中国境内从事物资供销、商业、建筑安装、交通运输、邮政电讯、金融保险、出版社、公用事业、娱乐业、加工修理业和其他各种服务业的单位和个人	规定的营利事业和经营行为	物资供销、商业、建筑安装、交通运输、邮政电讯、金融保险、出版社、公用事业、娱乐业、加工修理业和其他各种服务业	销售收入、营业收入	3%～15%

注：对于国家鼓励出口的应税产品免征增值税和产品税。对于列入国家计划试制的新产品等其他规定的产品可以享受减征、免征增值税和产品税。营业税也享有一些税收优惠的规定。

资料来源：刘佐.新中国税制60年［M］.北京：中国财政经济出版社，2009：127.

三 增值税制度的进一步改革及完善

1986~1988年，根据国务院的授权和有关指示，财政部先后发布《关于对纺织品试行增值税的通知》《关于对日用机械、日用电器、电子产品和搪瓷制品、保温瓶试行增值税的通知》《关于调减部分轻工产品税收负担和扩大增值税试行范围的通知》《关于对建材、有色金属等产品试行增值税的通知》等扩大增值税征税范围的文件。至此，增值税的税目由1984年的12个扩大至31个。[①]财政部分别于1988年5月18日、1990年8月22日先后两次发出通知，调整营业税税目、税率表，增加了三个税目，即经济权益转让、土地使用权转让及出售建筑物、典当业，税率为3%～5%。[②]此外，为了配合增值税征税范围的扩大，产品税的征收范围相应有所缩小，1986~1988年，产品税的税目从270个减少到96个，其中，有174个税目改征增值税（见表3-7）。

---

① 刘佐.新中国税制60年［M］.北京：中国财政经济出版社，2009：127.
② 刘佐.新中国税制60年［M］.北京：中国财政经济出版社，2009：129.

表3-7　1986~1988年修正后产品税、增值税和营业税情况

税种	税目	计税依据
产品税	①工业（烟、酒、电力、成品油等10类别86个税目）②农、林、牧、水产品（10个税目）	①工业品：应税产品销售收入或数量②进口应税产品：组成计税价格。
增值税	纺织品，化学纤维，服装，地毯，玻璃保温容器，搪瓷，药品，日用电器，日用机械，电子制品，机器机械，钢材，钢坯，帽、鞋，日用化学品，纸，文化用品，陶器，玻璃制品和玻璃纤维制品，食品饮料，药酒、皮革、皮毛，其他工业品，其他轻工产品，有色金属矿采选产品，非金属矿采选产品，其他非金属矿采选产品，有色金属产品，建筑材料，电线、电缆，工业性作业	①生产应税产品：销售收入、适用税率和"扣税法"（"购进扣税法"和"实耗扣税法"）计算应纳税额②进口应税产品：组成计税价格
营业税	物资供销、商业、建筑安装、交通运输、邮政电讯、金融保险、出版社、公用事业、娱乐业、加工修理业和其他各种服务业、经济权益转让、土地使用权转让及出售建筑物、典当业	销售收入、营业收入

注：纳税人、征税对象和税率并没有修正，具体内容可参见表3-6。
资料来源：刘佐.新中国税制60年［M］.北京：中国财政经济出版社，2009：127.

　　1988年7月2日，全国税务会议指出现行增值税、产品税互不交叉的流转税制度不能完全适应调整消费结构和产业结构的需要。[①]会议还进一步提出未来流转税税制的改革方向为建立产品税（消费税）和增值税两个层次调节的流转税制，即在全面征增值税进行普遍调节的基础上，再征一道产品税（消费税）进行特殊调节，以充分发挥税收调节消费结构和产业结构的作用。[②]1989年8月30日，全国税务工作会议在近期税制改革的主要任务中提到：扩大增值税"价税分流购进扣税法"的试点，搞好增值税

　　①　刘佐.新中国税制60年［M］.北京：中国财政经济出版社，2009：187.
　　②　刘佐.新中国税制60年［M］.北京：中国财政经济出版社，2009：188.

征收办法的改革。[①]1992年7月，全国税务工作会议就流转税改革的目标进一步作了明确的规定：建立产品税、增值税和营业税并立，双层次调节的新流转税制度，增值税在工业生产和流通领域普遍调节，产品税进行特殊调节，非商品经营试行营业税。[②]经过上述工商税制改革，我国税制包括六个类别、18个税种；其中，流转税包含增值税、产品税和营业税3个税种（见表3-8）。

表3-8 1993年中国税制体系

年份	税类	数量（个）	税种
1983	货物劳务税	8	增值税、产品税、营业税、工商统一税、盐税、烧油特别税、特别消费税和关税
1992	流转税	3	增值税、产品税、营业税

注：其他税种也进行了改革，本书仅关注一般消费税，因此未对其他税种变化进行详细阐述。

1993年12月13日，国务院发布《中华人民共和国消费税暂行条例》《中华人民共和国增值税暂行条例》《中华人民共和国营业税暂行条例》等，同时废止了《中华人民共和国增值税条例（草案）》《中华人民共和国产品税条例（草案）》《中华人民共和国营业税条例（草案）》等，新发布的条例均于1994年1月1日起开始实行。[③]1993年12月25日，财政部依据上述暂行条例，发布《中华人民共和国消费税暂行条例实施细则》《中华人民共和国增值税暂行条例实施细则》《中华人民共和国营业税暂行条例实施细则》等。[④]至此，1994年1月1日起，正式奠定了以增值税为主体的一般消费税税收制度，具体如表3-9所示。

① 刘佐.新中国税制60年［M］.北京：中国财政经济出版社，2009：189.
② 刘佐.新中国税制60年［M］.北京：中国财政经济出版社，2009：196.
③ 刘佐.新中国税制60年［M］.北京：中国财政经济出版社，2009：211.
④ 刘佐.新中国税制60年［M］.北京：中国财政经济出版社，2009：211.

表3-9　1994年增值税、消费税和营业税情况

税种	纳税人	征税范围	计税依据	计税方式	税率	其他特殊规定
增值税	在中国境内销售、进口货物，提供加工、修理和修配劳务的各类企业、单位、个体经营者和其他个人	商品生产、批发、零售和进口的商品	不含增值税税金的商品价格（或组成计税价格）	价外计征、发票扣税（零售环节实行价内计税）	①基本税率：17%　②低税率：13%（适用于基本食品和农业生产资料等）　③0（出口）	会计核算不健全，年销售额较小的小型纳税人按销售收入金额和征收率（6%）计算应纳税额
消费税	在中国境内生产、委托加工和进口应税消费品的各类企业、单位、个体经营者和其他个人	化妆品、护肤护发品、烟、酒和酒精、鞭炮焰火、贵重首饰和珠宝玉石、柴油、汽油、汽车轮胎、小汽车、摩托车11个税目	不含增值税税金但包含消费税税金在内的价格（或组成计税价格）、销售数量	从价定率、从量定额	3%~45%或固定税额标准	一般出口应税消费品可以免征消费税
营业税	在中国境内提供应税劳务、转让无形资产和销售不动产的各类企业、单位、个体经营者和其他个人	建筑业、交通运输业、邮电通信业、金融保险业、文化体育业、娱乐业、服务业、转让无形资产和销售不动产9个税目	营业额	从价计征	①建筑业、交通运输业、文化体育业和邮电通信业：3%　②转让无形资产和销售不动产、金融保险业、服务业：5%　③娱乐业：5%~20%	部分社会照抚、医疗教育、文体宗教类、农牧类可以免征营业税

注：依据资料记载，原来征收产品税的产品全部改为增值税以后，不少产品的税负将大幅下降。为了保证财政收入，同时基本保持原有税负不变，选择对一些消费品在征收增值税的基础上再征收一道消费税。

资料来源：刘佐.新中国税制60年［M］.北京：中国财政经济出版社，2009：211-212.

从我国1994年增值税制度设计来看，增值税覆盖的范围进一步扩大，基于增值税一般纳税人以销项税额扣除进项税额后的余额作为应纳税额，即企业购进产品的进项税额可以抵扣本企业的销项税额，从制度上解决了重复征税的问题，有利于促进税负公平。

第三节　增值税转型（2000~2009年）

2000~2009年，实现了从增值税转型要求的提出至增值税转型的完成。而在此之前，即1994~1999年这一时期内，我国从税率、进项税额扣除项目和扣除率、小规模纳税人的征收率、税收优惠以及出口退税范围和退税率等方面对增值税进行了调整，并进一步完善了我国增值税制度（见表3-10），但本质上并没有解决生产型增值税下的税负不公问题。

表3-10　1994~2000年增值税调整情况

事项	执行时间	具体调整内容
调整税率	1994年5月	①金属矿采选产品、非金属矿采选产品和煤炭改按13%的低税率征收增值税 ②各类农业产品均改按13%的低税率征收增值税
调整进项税额扣除项目和扣除率	1994年5月	①增值税一般纳税人外购货物（不包括固定资产）所支付的运输费用，可以根据运费结算单据（普通发票）所列运费金额和10%（1998年7月1日下调为7%）扣除率计算进项税额 ②从事废旧物资经营的增值税一般纳税人收购的废旧物资不能取得增值税专用发票的，可以按照经税务机关批准使用的收购凭证上注明的收购金额和10%的扣除率计算进项税额
	1999年8月	增值税一般纳税人从农业生产者购进的免税棉花和从国有粮食购销企业购进的免税粮食，可以分别按照收购凭证、销售发票所列金额和13%的扣除率计算进项税额
调整小规模纳税人的征收率	1998年7月	为了适当平衡增值税小规模纳税人和一般纳税人的增值税负担，从事商业经营的增值税小规模纳税人的增值税征收率从6%降为4%

续表

事项	执行时间	具体调整内容
调整出口退税范围和退税率	—	陆续取消新闻纸、糖、原油和柴油的出口退税
	1995年7月	由于出口退税规模增长过猛，骗取退税的问题特别严重，降低出口退税率： ①农产品、煤炭，退税率降为3% ②以农产品为原料加工的工业品和适用13%增值税税率的其他货物，退税率降为10% ③适用17%增值税税率的货物，退税率降为14%
	1996年1月	①适用17%增值税税率的货物，退税率降为9% ②以农产品为原料加工的工业品和适用13%增值税税率的其他货物，退税率降为6%
	1998~1999年	①1998年，为了适应国际经济形势变化，鼓励出口，陆续提高了钢材、水泥、煤炭、纺织机械、船舶、纺织原料及制品、通信设备7类机电产品，自行车5类轻工产品和锌、铝、铅的出口退税率 ②1999年，高新技术产品出口实行零税率

注：调整后增值税税收优惠项目和现行增值税税收优惠项目相差不大，故不再列示。
资料来源：刘佐.新中国税制60年［M］.北京：中国财政经济出版社，2009：220.

　　2004年9月14日，财政部、国家税务总局发布《东北地区扩大增值税抵扣范围若干问题的规定》，从2004年7月1日起，允许东北三省（辽宁、吉林和黑龙江）和大连市经过认定的从事装备制造业、石油化工业、冶金业、船舶制造业、汽车制造业、农产品加工业6个行业和军品、高新技术产品的增值税一般纳税人，按规定抵扣通过购进等方式取得设备发生的进项税金。2007年5月11日，财政部、国家税务总局又发布了《中部地区扩大增值税抵扣范围暂行办法》，规定自2007年7月1日起，对山西、安徽、江西、河南、湖北和湖南中部六省26个老工业基地城市从事装备制造业、石油化工业、冶金业、汽车制造业、农产品加工业、电力业、采掘业、高新技术产业为主的增值税一般纳税人按规定抵扣取得设备发生的进项税金。继东北地区和中部六省之后，内蒙古东部五盟市和汶川地震受灾严重地区先后于2008年7月和2008年8月也纳入了增值税转型改革试点范围，其中内蒙古东部的试点行业与东北地区相同，汶川地震灾区的试点则覆盖了所有行业。①

从我国2000年增值税转型改革的提出至2009年增值税转型的顺利完成，实现了增值税由生产型增值税向消费型增值税的转变，即企业所购进的包含固定资产在内的所有商品所含增值税金额均可以抵扣，这从根本上解决了增值税重复征税的问题，有利于促进各环节的税负公平及专业化分工协作。然而，2009年的增值税改革虽然在一定程度上有利于促进税负公平，但与营业税平行征税的局面并没有彻底打破，进而埋下了第一产业、第二产业和第三产业间税负不公的隐患。

第四节 增值税扩围（2011~2016年）

随着第三产业的迅速发展，增值税和营业税平行征收带来的重复征税问题、行业税负不公问题等愈发突出，虽然增值税转型后在一定程度上降低了企业的税负，但主要受益产业是第一产业和第二产业，第三产业的税负并没有下降，相比第一产业和第二产业，第三产业税负反而有所上升（相对值），这严重影响了第三产业的高质量发展。因此，打通增值税抵扣链条，在全国范围内各行业实行增值税就极为重要。

一 "营改增"逐步推进过程

2011年10月26日，国务院常务会议正式决定，为解决货物和劳务税制中的重复征税问题，从2012年1月1日起，在上海市对原征收营业税的交通运输业和部分现代服务业率先进行营改增试点。2011年11月16日，经国务院批准，财政部、国家税务总局联合下发财税〔2011〕110号和财税〔2011〕111号两个文件，确定营业税改征增值税试点方案。从2012年1月1日起，在上海交通运输业和研发、信息技术、文化创意、物流辅助、有形动产租赁、鉴证咨询等部分现代服务业开展营业税改征增值税试点。2012年7月31日，财政部和国家税务总局下发了财税〔2012〕71号文，文件规定自2012年8月1日起至年底，扩大营改增试点，由上海市分批扩

---

① 杜莉，徐晔.中国税制（第六版）〔M〕.上海：复旦大学出版社.2018：37.

大至北京、天津、江苏、浙江、安徽、福建、湖北、广东8个省（直辖市）和宁波、厦门、深圳3个计划单列市。2013年5月24日，财政部、国家税务总局发文（财税〔2013〕37号），根据国务院进一步扩大交通运输业和部分现代服务业营业税改征增值税的要求，自2013年8月1日起，营改增试点推向全国，同时将广播影视作品的制作、播映、发行等服务纳入试点范围。2014年1月1日，铁路运输业和邮政业在全国范围实施营改增试点。2013年12月12日，财政部和国家税务总局下发了财税〔2013〕106号文，规定从2014年1月1日起，铁路运输和邮政服务业纳入营业税改征增值税试点，至此交通运输业已全部纳入营改增范围。2014年3月24日，财政部、国家税务总局向社会公布了《营业税改征增值税试点实施办法》、《营业税改征增值税试点有关事项的规定》、《营业税改征增值税试点过渡政策的规定》和《跨境应税行为适用增值税零税率和免税政策的规定》。2014年4月29日，财政部和国家税务总局下发了财税〔2014〕43号文，规定自2014年6月1日起，电信业在全国范围实施营改增试点。

2016年1月22日，国务院总理李克强主持召开座谈会，研究全面推开营改增、加快财税体制改革、进一步显著减轻企业税负，调动各方发展积极性。3月5日，李克强在第十二届人民代表大会第四次会议上的《政府工作报告》中提出，2016年将全面实施营改增，从2016年5月1日起，将试点范围扩大到建筑业、房地产业、金融业、生活服务业，并将所有企业新增不动产所含增值税纳入抵扣范围，确保所有行业税负只减不增。2016年3月18日，李克强主持召开国务院常务会议，部署全面推开营改增试点，进一步减轻企业税负。自2016年5月1日起，营业税改征增值税试点全面推开，试点范围扩大到建筑业、房地产业、金融业、生活服务业，所有企业新增不动产所含增值税均纳入抵扣范围。

2017年11月19日，国务院令第691号公告废止了《中华人民共和国营业税暂行条例》，并修改《中华人民共和国增值税暂行条例》。自此，营业税彻底退出历史舞台。

二　营改增推行过程中的税率比较

从营改增试点至营改增顺利完成，增值税占税收收入比重上升（见表

3-11和图3-1）。2010~2016年增值税收入总量由2010年的21093.48亿元增加到2016年的40712.08亿元。

表3-11　2010~2017年税收收入、增值税和营业税情况

单位：亿元，%

年份	税收收入	增值税	营业税	增值税/税收收入	营业税/税收收入
2010年	73210.79	21093.48	11157.91	28.81	15.24
2011年	89738.39	24266.63	13679.00	27.04	15.24
2012年	100614.28	26415.51	15747.64	26.25	15.65
2013年	110530.70	28810.13	17233.02	26.07	15.59
2014年	119175.31	30855.36	17781.73	25.89	14.92
2015年	124922.20	31109.47	19312.84	24.90	15.46
2016年	130360.73	40712.08	11501.88	31.23	8.82
2017年	155739.29	56125.77	0.00	36.04	0.00

图3-1　2010~2017年增值税和营业税占税收收入比重

为了使原适用营业税的行业在营改增以后的行业税负不发生较大的变化（至少税负不上升），以保证营改增政策平稳过渡，政府对改革的行业

引入了11%和6%两档增值税税率。其中，适用11%税率的营改增行业有交通运输服务、邮政服务、基础电信服务、不动产租赁服务、转让土地使用权、销售不动产；适用6%税率的营改增行业有增值电信服务、金融服务、现代服务（除不动产租赁服务和有形动产租赁服务外）、生活服务、转让其他无形资产；有形动产租赁服务适用17%的增值税税率。2017年，营业税已不复存在，我国现行增值税税率档次由之前的"17%+13%"两档税率模式转变为"17%+13%+11%+6%"四档税率模式（不考虑零税率），税率档次增加了两档，但同时也引发了"低征高扣"和"高征抵扣"的现象，造成部分行业的税负上升，不利于税负公平。因此，营改增虽然打通了三大产业的增值税抵扣链条，但税率档次过多所引发的税负不公问题在后营改增时期却较为突出，简并增值税税率档次是进一步实现我国增值税税负公平的重要方法，也是未来几年增值税改革和增值税制度优化和完善的核心。

第五节　增值税税率简并（2017年至今）

营改增之后，为了保持税制改革前后行业税负大体稳定，使政策平稳过渡，对原实行营业税的行业引入16%和11%两档税率，造成增值税四档税率并存的局面。2017年7月1日起，我国取消13%的增值税税率，将原13%税率下调至11%，增值税税率由四档简并为三档，至此拉开了税率简并的序幕。2018年3月5日，李克强总理在向第十三届全国人大一次会议作政府工作报告时指出，2018年将改革完善增值税，按照三档并两档方向调整税率水平。2019年政府工作报告明确表示要继续研究增值税税率档次由三档并为两档。

继2017年、2018年两次小幅下调增值税税率之后，2019年两会期间，国务院再一次对我国增值税制度部署更大规模、普惠性减税改革，其主要改革举措包括三点。一是税率下调。自2019年4月1日起，原适用16%税率的应税行为，税率调整为13%；原适用10%税率的应税行为，税率调整为9%。二是四大行业实施加计抵减。2019年4月1日至2021年12月31日，对于主营业务为邮政服务、电信服务、现代服务和

居民生活服务的纳税人，可按进项税额加计10%抵减应纳税额。2019年
10月1日至2021年12月31日，居民生活服务的纳税人进项税额改为加
计15%抵减应纳税额（政策到期后，财税〔2022〕11号文又将上述加计
抵减政策执行延长至2022年12月31日。2023年，增值税进项加计抵减
政策进入逐步退出阶段，财税〔2023〕1号文规定，2023年1月1日至
2023年12月31日，生产性服务业纳税人按照当期可抵扣进项税额加计
5%抵减应纳税额，生活性服务业纳税人按照当期可抵扣进项税额加计
10%抵减应纳税额）。三是员工交通费用首次纳入进项可抵扣范围，即企
业员工发生的市内交通、差旅（火车票、机票等）、班车通勤等费用都可
以进行抵扣。

　　2018年，我国增值税实行"16%+10%+6%"三档税率模式（不考虑
零税率），相比2017年（营改增完成后的第一年），增值税税率档次减少
1档。2019年，16%和10%两档税率分别下调3个百分点和1个百分点，
实行"13%+9%+6%"三档税率模式（不考虑零税率），税率档次并没有
进一步减少。相比营改增之前的"17%+13%"两档税率模式（不考虑零
税率），我国增值税税率档次仍然偏多；此外，国际上大多数实行增值税
的国家依然倾向于采用"1档基本税率+1档低税率"的增值税税率模式。
因此，"低征高扣"和"高征低扣"所引发的税负不公问题依然没有得到
彻底解决，而关于税率简并改革的方向，有学者认为关键在于9%这一中
间档税率适用项目的拆分，即适用9%税率的哪些项目并入13%、哪些项
目并入6%。同时也有研究从税收收入效应、经济效应、收入分效应和福
利效应等方面进一步探讨各种可能的税率简并方案的政策效果，具体可
参见田志伟等（2018）、万莹（2018）、万莹和熊惠君（2020）、万莹
（2021）。

　　综上，从我国工商税制度改革历史来看，我国增值税制度的诞生具
有其历史必然性，从1979年引入至2021年，我国增值税制度在不断优化
和完善，其重要性也日益凸显。我国增值税制度自引入且试点成功之后，
前后经历了转型、扩围两次重要改革，目前正进行税率简并的第三次重
要改革。增值税制度日趋完善，既符合我国政治、经济和社会发展方针
政策，又与国际增值税制度发展方向（简税制、宽税基、降税率）相吻

合。而关于这三次改革的政策效应研究，已有文献汗牛充栋，具体可参见葛玉御等（2015）、田志伟和胡怡建（2014b）、胡怡建和田志伟（2016）、田志伟等（2018）、田志伟和王再堂（2020）、万莹（2018）、万莹和陈恒（2020）、万莹和熊惠君（2020）、万莹（2021）等，本书不再作更多分析。

第四章

投入产出模型和CGE模型构建原理及应用

投入产出模型（Input-output Model）和可计算一般均衡模型（Computable General Equilibrium Model，简称CGE模型）是研究税收政策效应最为经典的两种模型。其中，投入产出模型基于投入产出表，假定生产技术不变的情况下，模拟测算税收政策变化对商品价格的影响，进而借助基尼系数等指标来测算税收政策的收入分配效应。CGE模型则是基于社会核算矩阵（Social Accounting Matrix，简称SAM表），通过一系列的弹性系数模拟生产要素之间、商品之间的替代关系或互补关系，假定生产技术可变的情况下，模拟测算税收政策变化对商品价格的影响，进而再借助基尼系数等指标来测算税收政策的收入分配效应。

区别在于，SAM表刻画了一个生产、消费、投资、储蓄、进出口及国际收支平衡等各方面恒等且接近真实经济体的经济系统，可用于模拟测算税负不完全转嫁情况下税收政策的收入分配效应。而投入产出表仅仅给出了生产、消费和进出口恒等的经济系统，无法刻画投资储蓄、国际收支平衡恒等的情形，因此，其刻画的经济系统并不完整，这也使得投入产出模型无法模拟税负不完全转嫁情况下税收政策的收入分配效应，大多要假定税负完全前转给消费者。尽管如此，投入产出模型仍具有较高的应用价值，且和CGE模型各具特色，两种方法的测算结果可以互为参照。本章将详细介绍投入产出模型和CGE模型构建原理及应用。

第一节　投入产出模型构建原理及应用

投入产出模型是投入产出分析法的核心，投入产出分析法主要是通过建立相应的投入产出模型来进行分析。列昂惕夫（Leontief）在20世纪30年代首创的投入产出分析法由最初研究一国的国民经济各部门，发展到分析和计量一个地区、一个部门的经济活动，甚至研究国际的经济相互关系。投入产出分析的基本思想是：利用线性代数的理论和方法，研究一个经济系统的各部门之间错综复杂的联系，建立相应的数学模型，用于经济分析和预测。投入产出模型则是基于中间产品与最终产品的比例关系和价值联系，通过构建各部门之间的恒等方程，反映社会生产过程中各领域和国民经济各部门之间的经济技术联系，为模拟间接税转嫁提供了基础工具。20世纪50年代后，西方世界又出现了有关投入产出表编制的研究热潮。投入产出分析法能够在理论上获得成功与发展，得益于基于投入产出表信息的投入产出分析法能够解决一些社会经济中的实际问题。随着后续的发展，投入产出模型发展到今天，呈现出三个方面的特点。一是投入产出分析原理在深度方面有很大进展，如静态模型向动态模型的转化、动态模型的求解方法、投入产出模型的技术拓展、投入产出的优化模型等。二是投入产出分析应用范围的扩展，如在宏观经济、产业政策、区域经济等中的应用研究。三是创新的投入产出表及其模型编制方法和手段，以及计算机技术的完善。

一　投入产出分析理论

在最初的投入产出研究中，列昂惕夫提出了所谓的封闭模型：所有的投入都要用于产出，某一行业用原材料以及生产要素作为投入来生产商品，而居民则用商品作为投入来生产要素。投入产出法的杰出之处在于将经济数据与一般均衡理论结合在了一起，而且投入产出矩阵几乎涉及经济分析中的所有数据。投入产出分析理论是基于投入产出表的一系列经济分析理论。

（一）投入产出分析理论基础

投入产出分析法是以一系列经济分析理论为基础，采用了一种更具体、更具操作性的方式，利用经济体之间的相互依存关系进行经济分析和预测的方法。投入产出表将各个经济数据纳入表中，勾画了不同经济部门与经济主体之间的联系。从投入的角度来看，投入产出表的一列包含了生产某一商品所需要的中间投入与增加值合计，中间投入分为各个行业的投入，而增加值合计则包括劳动者报酬、固定资产折旧、生产税净额以及营业盈余，增加值合计本质上是一种要素投入。从产出的角度来看，一种商品的总产出不仅用于其他商品的中间投入，还会用于消费、投资以及出口等。投入产出表将这些关系纳入一张表中作为投入产出分析的数据基础。

表4-1展示了投入产出表的结构，其中列表示一个行业的投入构成，行表示一个行业的产出构成，一个行业的总产出等于总投入。这样一张表就将经济社会的主要经济变量都联系在了一起，任何一个变量的变化都会引起其他变量跟随变化。这就使得以投入产出表为数据基础的投入产出分析能够很好地研究不同行业之间的相互关系。

表4-1　投入产出表结构示意

	行业1	行业2	消费	投资	出口	总产出
行业1						A
行业2						B
劳动者报酬						
生产税净额						
固定资产折旧						
营业盈余						
总投入	A	B				

本书前面提到，研究一般消费税对收入分配影响的一个难题在于，对一个商品征税不仅会影响该商品的价格，而且还会影响到以该商品为原材料进行生产的其他商品的价格，以征税品为原材料进行生产的商品又是其

他商品进行生产的原材料，还会进一步影响另外一些商品的价格。因此，研究一般消费税收入分配效应的一个难点在于确定对一种商品征税所引起的其他商品价格的变化。而投入产出法正好解决了这一问题，因而成为现有文献研究一般消费税收入分配问题的常用方法。

（二）投入产出分析技术中几种关系

要全面掌握投入产出模型，首先需要掌握投入产出分析技术中的几种关系，这几种关系既是运用投入产出模型进行定量分析的基础，也是运用投入产出模型进行间接税收入分配效应模拟测算的基础。

1.投入产出分析技术中基本平衡关系

一般均衡理论是投入产出理论的重要理论基础，投入产出表的一般均衡理论可以分为行平衡关系、列平衡关系和总量平衡关系三大类。

（1）行平衡关系

行平衡关系是指某一行业的中间使用加最终使用等于总产出。其中最终使用又可以分为居民消费、政府消费、投资、进出口等。基于行平衡关系可以研究不同行业的消费、出口以及投资等对我国经济增长的影响。

（2）列平衡关系

列平衡关系是指某一行业的中间投入加最初投入等于总投入。其中最初投入是指要素投入，可以分为劳动者报酬、生产税净额、固定资产折旧、营业盈余等。基于列平衡关系可以研究某些供给侧管理的政策对我国经济增长的影响。

（3）总量平衡关系

总量平衡关系是联系行平衡关系与列平衡关系的桥梁，总量平衡关系可以分为四大类。分别为：

$$总产出=总投入$$
$$每个部门的总产出=每个部门的总投入$$
$$中间使用总和=中间投入总和$$
$$最初投入总和=最终使用总和$$

2.产业间的关联关系

投入产出表最重要的特征之一是能够体现产业之间的关联关系，而产业之间的关联关系则由投入产出表的系数表示，其中，常用的系数有直接消耗系数、完全消耗系数、列昂惕夫逆系数、影响力系数和感应度系数，以这些系数为基础，可以揭示不同需求、不同部门对国民经济及相关部门的影响力度。

（1）直接消耗系数和完全消耗系数

国民经济各部门之间存在复杂的内在联系，具体反映在各部门之间会相互消耗其他部门所生产的产品，在数量上则可用直接消耗系数和完全消耗系数进行表示。直接消耗系数，又名投入系数，是投入产出表的基础，是指在生产经营过程中，单位总产出所直接消耗的各种中间投入产品的数量，它反映了在一定技术水平和生产组织管理条件下，各生产部门之间直接的经济技术联系。具体计算公式如下：

$$r_{ij} = X_{ij}/X_j \tag{4-1}$$

式中，X_{ij} 为 j 部门生产所消耗的中间产品的价值量，X_j 为 j 部门的总产值。

全部直接消耗系数 r_{ij} 组成的矩阵，称为直接消耗系数矩阵，记为 A。由于投入产出表分为实物型和价值型两种表，两种表计算的直接消耗系数揭示的部门联系是不同的。其中，用实物量计算的直接消耗系数，仅受生产技术的影响，因而反映的是各类产品生产过程中的技术联系；而用价值量计算的直接消耗系数，除了受技术条件的影响外，还受产品或服务的价格、产品部门内部的结构等因素的影响，因此，用价值量计算的直接消耗系数反映的是国民经济各部门、各产品之间的技术经济联系。

国民经济各部门之间除了存在直接消耗方面的联系外，同时还存在产业之间的间接消耗方面的联系。完全消耗系数同时包括直接消耗和间接消耗方面的联系，可以通过完全消耗矩阵计算出完全消耗系数。具体计算公式如下：

$$B = (I - A)^{-1} - I \tag{4-2}$$

式中，A 表示直接消耗系数矩阵；I 表示单位矩阵；$(I-A)^{-1}$ 为列昂惕夫逆矩阵，也称投入产出逆矩阵，表示生产1单位的最终产品，除了直接消耗和间接消耗各部门的产品外，还包括本部门的1单位最终产品，反映了生产1单位最终产品的完全需求，故又称完全需要系数矩阵。

与完全消耗系数矩阵相同，完全需要系数矩阵是连接总产出与最终使用之间的桥梁。利用完全需要系数矩阵，可以通过一定的生产规模和结构测算出最终产品数量，还可以测算一定的最终产品对整个社会生产规模及其结构的需求。因此，完全需要系数与完全消耗系数一样对定量分析和预测具有特别重要的意义。

（2）影响力程度及影响力系数

影响力程度是投入产出逆矩阵系数的列合计，表示当某一部门增加单位最终需求时，对直接和间接关联的各部门要求的生产量，反映了该部门对所有部门所产生的生产需求波及与拉动的绝对水平。

影响力系数是将各列和的总计除以部门个数所得到的平均值与各部门列和的比率，该系数值反映了该部门对所有部门所产生的生产需求波及的相对水平。影响力程度和影响力系数越大，表明该部门对其他部门的拉动作用越大。当影响力系数大于1（$\alpha > 1$）时，表示第j部门对其他部门所产生的生产波及影响程度超过社会平均影响力水平。反之，则低于社会平均影响力水平。具体计算公式如下：

影响力程度计算公式：

$$\alpha_j = \Sigma r_{ij}, \ 其中 j = 1, \ 2, \ \cdots, \ n \qquad\qquad (4-3)$$

影响力系数计算公式：

$$\alpha_j = \Sigma r_{ij} / \left(\Sigma\Sigma r_{ij} / n \right) \qquad\qquad (4-4)$$

（3）感应程度及感应度系数

感应程度和感应度系数反映的是某一部门对其他国民经济部门增加最终需求的感应程度。感应度系数越大，表示该部门受到其他部门需求的影响越大。其中，感应程度是指国民经济各部门同时增加1单位最终需求时，某一部门由此受到的需求感应程度，即需要该部门提供的生产量。感应度系数等于该部门感应程度与平均水平的比值。感应度系数计算公式如下：

$$\beta_i = \Sigma r_{ij} / \left(\Sigma\Sigma r_{ij} / n \right) \qquad\qquad (4-5)$$

3.各项最终需求的生产诱发额和诱发系数

各部门生产出来的产品主要是用于满足中间需求和最终需求，但中间需求只是派生的需求，只有最终需求才能决定生产水平。因此，揭示各部门最终需求和生产额之间的这种联系有助于把握需求政策对投资、消费、出口、产业结构的影响，而这就需要用到生产诱发额和生产诱发系数。

各项最终需求的生产诱发额是指为了满足一定量的最终需求，对某部门所需的直接与间接消耗的总产出额。具体的计算公式如下：

$$X = (I - A)^{-1}F \qquad (4-6)$$

式中，X 为最终需求对生产的诱发额向量，I 为单位矩阵，A 为直接消耗系数矩阵，F 为最终需求向量。以消费对各部门生产的诱发额为例，它包括了以下几个方面：①对该部门的直接消费；②为生产这些消费需求直接由该部门进行的投入，同时，还通过间接消耗对该部门产生生产需求；③居民对其他部门的消费对该部门产生直接和间接的生产需求。

生产诱发系数是对影响力系数的更进一步补充，揭示了最终需求对生产的波及和影响是由哪类需求诱发的，也就是说，通过它可以说明刺激消费或其他，如投资、出口需求，将对产业结构产生影响的基本指向。生产诱发系数越大，它的生产波及效果也越大。最终需求各项的生产诱发系数的计算公式如下：

最终需求各项的生产诱发系数=最终需求各项生产诱发额/最终需求各项诱发额合计

4.各部门对最终需求的依存度

各部门对最终需求的依存度，是指某项最终需求对某部门的诱发额与该部门总产出的比率。该指标反映了各项最终需求对某部门增加值的需求贡献，即某一部门的增加值有多少是通过满足投资需求来实现的，又有多少是通过满足消费需求和出口需求来实现的。这一指标有助于理解是应从投资、消费，还是从出口来更为有效地刺激某些部门的增长。

各部门对最终需求的依存度=最终需求各项生产诱发额/该部门总产出合计

5.总体联系

$$L = \Sigma\Sigma r_{ij}f_j - 1 \qquad (4-7)$$

　　式中，r_{ij} 是投入产出逆矩阵 $(I-A)^{-1}$ 元素，f_j 是标准化的最终需求向量元素。L 表明在一定结构下，提供 1 单位最终总需求所需要的中间产品价值。计算总体联系有两种方法。第一种方法是使用一个不包括进口的投入产出矩阵，即国内矩阵，以便计算仅来自国内产业的联系；第二种方法是使用一个包括进口中间产品的投入产出矩阵，以便把所有的中间投入都包括在总体联系的测量之中。

　　6.间接税收入再分配效应

　　投入产出列模型的基本方程式如下：

$$P_j X_j = \sum_i P_i X_{ij} + V_j \tag{4-8}$$

　　其中 P 表示商品的价格，X 表示商品的产量，V 表示增加值，下标 i、j 均表示商品的不同种类，X_{ij} 表示生产商品 j 时商品 i 的投入量。方程两边同时除以 X_j 得到投入产出价格方程的基本形式，如下：

$$P_j = \sum_i a_{ij} P_i + v_j \tag{4-9}$$

　　其中，a_{ij} 表示生产 1 单位商品 j 所需要的商品 i 的投入量，v 表示 1 单位某种商品的增加值占比。出于研究的需要，对 v 进一步拆分，拆分为增值税、营业税以及其他增加值三部分，方程形式如下：

$$P_j = \sum_i a_{ij} P_i + v_j^{tv} + v_j^{tb} + v_j^{other} \tag{4-10}$$

　　其中，tv 表示增值税，tb 表示营业税，$other$ 表示其他增加值。将增值税看成对增加值征收的一种税，将营业税看成对销售额征收的一种税，则方程可以进一步化为如下形式：

$$P_j = \sum_i a_{ij} P_i + v_j \times t_{vj} + P_j \times t_{bj} + v_j^{other} \tag{4-11}$$

　　其中，t 表示实际税率，下标 v、b 分别表示增值税与营业税。将上述方程写成矩阵的形式可以得到：

$$P = (I - A' - T_b)^{-1} (T_v + T_o) V \tag{4-12}$$

　　其中，A 表示投入产出表的直接消耗系数矩阵。T_b、T_v 以及 T_o 均为对角矩阵，对角线上的元素分别是营业税实际税率、增值税实际税率以及其他增加值（v^{other}）占总增加值之比，对角线以外的元素均为零。I 是单位对角矩阵。

现有的经济数据本身是含税的，因此为了得到一般消费税对居民收入分配的影响，必须使用反事实假设（The Counter Factual Benchmark），即假设一般消费税税率为零，从而得到无税经济时居民的收入分配状况。本书使用绝对税负归宿假设，即在取消一般消费税时通过允许财政赤字来保持政府规模不变。

现有的宏观数据本身是含税的，因此分别将增值税、营业税税率设为零，测算不同商品价格的变化，将测算结果作为征收增值税和营业税之前的情景，而将初始状态作为征收一般消费税之后的情景。据此可以得到征税前后不同商品价格的变化，从而得到征收增值税与营业税对居民收入分配的影响。

征收一般消费税对不同收入组居民年度收入影响的计算公式如下：

$$r_h = \frac{\sum_i (P_{2i} - P_{1i}) C_{2i}}{Y_h} \tag{4-13}$$

征收一般消费税对不同收入组居民终生收入影响的计算公式如下：

$$r_h' = \frac{\sum_i (P_{2i} - P_{1i}) C_{2i}}{\sum_i P_{2i} C_{2i}} \tag{4-14}$$

其中，i 表示商品 i，r_h 表示居民 h 总收入中的含税比例，r_h' 表示居民 h 总消费支出中的含税比例，P_1 为不征税时商品的价格，P_2 为征税后商品的价格，C_2 为征税后居民的消费量，Y_h 表示居民 h 的总收入。

二 投入产出表的编制

（一）投入产出表简介

投入产出表又称部门联系平衡表，是反映一定时期各部门间相互联系和平衡比例关系的一种平衡表。投入产出表产生于20世纪30年代的美国，由美国经济学家、哈佛大学教授瓦西里·列昂惕夫在前人关于经济活动相互依存性的研究基础上，首先提出并研究编制的，当时编制投入产出表的目的是研究美国的经济结构。后来，随着投入产出表编制和投入产出技术发展和运用的成熟，投入产出法也逐渐运用到了各大领域。

表4-2呈现了投入产出表的各象限构成，表中第Ⅰ象限是表的基本部

分，反映部门间的生产技术联系；第Ⅱ象限反映各部门产品的最终使用；第Ⅲ象限反映国民收入的初次分配；第Ⅳ象限反映国民收入的再分配，多数情况下并不列出。根据计量单位划分，投入产出表分为实物表和价值表；按地域范围划分，投入产出表可分为全国表、地区表、部门表和联合企业表；按模型特性划分，投入产出表又可分为静态表、动态表。此外，还有研究人口、环境保护、资源等特殊问题的投入产出表。

第Ⅰ象限的主栏为n个产品部门，宾栏为n个产业部门，沿列方向看，反映某一产业部门生产各产品部门货物或服务的价值量，合计为该产业部门总投入。沿行方向看，反映属于某一产品部门的货物或服务是由哪些产业部门生产的，合计为属于该产品部门的货物或服务的总产出。全部产品部门总产出等于全部产业部门总产出。第Ⅰ象限充分揭示了国民经济各产品部门之间相互制约、相互依存的技术经济联系，反映了国民经济各部门之间相互依赖的生产消耗过程。

第Ⅱ象限是第Ⅰ象限在水平方向上的延伸，其主栏与第一部分相同，也是n个产品部门，其宾栏由最终消费、资本形成总额、出口等最终使用项组成，反映各产品部门生产的货物或服务用于最终使用的价值量及其构成。

第Ⅲ象限是第Ⅰ象限在垂直方向上的延伸，其主栏由劳动者报酬、生产税净额、固定资产折旧和营业盈余等增加值项组成，宾栏与第一部分的宾栏一致，也是n个产业部门，它反映各产业部门增加值的构成情况。

表4-2　投入产出表各象限构成

		中间产品			最终产品				总产出
		部门1	部门2	...	部门n	消费	投资	出口	进口	
中间投入	部门1	第Ⅰ象限				第Ⅱ象限				
	部门2									
	...									
	部门n									

续表

		中间产品				最终产品				总产出
		部门1	部门2	...	部门n	消费	投资	出口	进口	
初始投入	劳动者报酬	第Ⅲ象限				第Ⅳ象限				
	生产税净额									
	固定资产折旧									
	营业盈余									
总投入										

表4-3是投入产出表的简表，其中中间投入行与中间产品列对应部分一般称之为中间投入部分；初始投入部分又被称为增加值，可以分为固定资产折旧、劳动者报酬、生产税净额以及营业盈余；最终产品部分可以分为消费、投资以及出口、进口等；行业的所有投入品合计被称为总投入，所有产出品合计被称为总产出，投入产出表中的总投入即等于总产出。

表4-3　投入产出表简表

		中间产品				最终产品				总产出
		部门1	部门2	...	部门n	消费	投资	出口	进口	
中间投入	部门1	x_{11}	x_{12}	...	x_{1n}	c_1	f_1	e_1	m_1	X_1
	部门2	x_{21}	x_{22}	...	x_{2n}	c_2	f_2	e_2	m_2	X_2
	...	...	...	...	...	...	...	...	...	...
	部门n	x_{n1}	x_{n2}	...	x_{nn}	c_n	f_n	e_n	m_n	X_n
初始投入	固定资产折旧	d_1	d_2	...	d_n					
	劳动者报酬	v_1	v_2	...	v_n					
	生产税净额	t_1	t_2	...	t_n					
	营业盈余	m_1	m_2	...	m_n					
总投入		X_1	X_2		X_n					

（二）投入产出表的编制

《中国2012年投入产出表编制方法》详细介绍了《2012年中国投入产出表》的编制过程。

1.计算各产品部门总产出

根据各部门总产出处理方法不同,分为工业部门和其他部门两种情况分别计算。

(1) 工业部门

根据现有工业统计状况,将工业生产活动分为规模以上工业和规模以下工业两部分,分别计算。

规模以上工业:2012年规模以上工业产出表根据现行工业统计制度中《工业企业产销总值及主要产品产量调查表》有关数据按投入产出部门汇总计算。

规模以下工业:2012年规模以下工业产出表根据2012年规模以下工业抽样调查中企业分行业大类的总产值、规模以上小微型工业分投入产出部门的总产值结构进行分解,并按顺序对角化即可。

将规模以上工业和规模以下工业两张产出表汇总得到全社会工业产出表。由于现行工业总产值不含应交增值税,需要根据工业各行业的销项税将其调整为含税的工业总产值,得到符合投入产出核算口径的工业各产品部门的总产出。

(2) 其他部门

在全社会产出表中,除工业部门以外,其他产业部门的总产出视同为产品部门总产出,数据集中在产出表的主对角线上,也就是说产业部门总产出等于产品部门总产出。所以在编制产出表时,只要计算出这些部门的产业部门总产出,就等于得到了对应产品部门的总产出。

计算这些产业部门总产出所需资料包括统计系统(国家统计系统和部委统计系统)统计资料、行政管理资料(如财政决算资料)和会计决算资料(如银行、保险、运输等活动)。由于这些部门的活动性质不同,所以总产出的计算方法也不相同,有的按营业收入(或销售收入)计算,有的按经常性业务支出加固定资产折旧计算。将这些产业部门总产出按顺序对角化就得到工业以外部门的产出表。

2.按购买者价格计算中间投入构成

中间投入构成是投入产出表的核心部分。这部分主要通过投入产出重点调查取得具有代表性的中间投入结构,再结合总量指标推算得到。中间投入构成根据2012年投入产出调查资料中工业、建筑业等各行业的成本和费用调查数据推算。

需要注意的是，各工业产品部门的中间投入还需要调整为含增值税口径的中间投入。

3. 计算增加值及其构成

根据现行国内生产总值核算分类，农业部门、工业部门、建筑、交通运输邮电、批发和零售及其他各投入产出部门产品部门的增加值，有的可以直接取自现行的国内生产总值核算资料，有的需要根据相关资料（如年报统计资料、财政决算和会计决算）进行计算，并与现行的国内生产总值核算资料衔接。

增加值构成的编制方法有两种：一是根据有关统计、会计、业务核算资料，采用收入法计算；二是利用投入产出重点调查取得的增加值结构，结合总量指标进行推算。

4. 计算最终使用及其构成

最终使用总量数据取自按支出法计算的国内生产总值核算资料，包括农村居民消费、城镇居民消费、政府消费、固定资本形成总额、存货增加、出口、进口和其他八项，部分项目需要进行适当调整，如进口数据需要加上我国运输业为进口商品提供的运输服务价值、进口关税和进口产品消费税等。

上述各最终使用项的构成主要利用住户调查资料、财政决算资料、固定资产投资构成专项调查资料、海关统计、国际收支统计以及有关部门的财务、统计和业务等资料计算。

5. 数据平衡与修订

由于按购买者价格计算的中间投入构成、增加值构成、最终使用构成和总产出数据，是根据不同资料来源计算得到的，放到同一张投入产出表中，必然是不平衡的，需要进行平衡和修订。平衡修订工作分为以下三个步骤：首先从最终使用项出发，研究各项构成是否合理，对不合理的数据进行修订；其次是研究中间投入构成中的主要消耗是否合理，对不合理的数据进行修订；最后在达到基本平衡的基础上进行数学平衡。

6. 编制生产者价格投入产出表

由于编制投入产出表所需资料大部分来自使用部门，其核算价格为购买者价格，所以首先编制的投入产出表是购买者价格的表。

产品部门表的主要作用是进行投入产出分析，而投入产出分析的重要假定之一是投入系数一定时期内相对稳定。但购买者价格表中的每一个价值量既包含了货物本身的价值，还包含了流通费，由购买者价格表计算的投入系数，不仅受各产品部门技术经济联系变化的影响，同时还受流通费变化的影响，故其投入系数不稳定，因此，剔除流通费而得到的生产者价格表的稳定性会更强，有利于进行投入产出分析。

编制按生产者价格计算的投入产出表，需要先编制出流通费用矩阵，再从按购买者价格计算的投入产出表中扣除相应的流通费用，就可得到按生产者价格计算的投入产出表。

三　投入产出表的应用

当前投入产出表运用较为成熟的领域可以分为产业领域和区域领域。

（一）产业间投入产出分析

一个构建良好的产业间投入产出模型，对于研究一国或一个地区内部的经济结构、产业结构、技术进步，某一行业对经济的带动作用，某一行业自身的特点、财政政策、供给管理政策、需求管理政策等具有重要帮助，并可以为某些政策的评估提供数据支持。这些研究内容现阶段都有很多成熟的研究成果可以借鉴（见图4-1）。

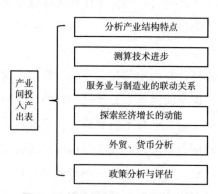

图4-1　产业间投入产出表的应用

1.分析产业结构特点

产业结构特点是一国经济发展状况的重要指标，产业结构的变动对于预测一国经济未来的走向，把握经济中存在的问题具有重要意义。使用投入产出表不仅可以观测不同行业在经济总量中的比重情况，而且可以研究各个行业之间的相互联系，对于经济分析意义重大。在这方面，我国已经有了很多现有的研究，结合现有研究的研究方法与本书构建的投入产出表可以及时分析我国产业结构的状况，并准确把握其中可能存在的问题。具体可参见刘佳和朱桂龙（2012）、赵进文和温宇静（2004）、王岳平和葛岳静（2007）、中国投入产出学会课题组（2006）、高传胜（2008）、程大中（2008）、余典范等（2011）的已有研究成果。

2.测算技术进步

技术进步可以通过一个企业的外包行为、投入品种的构成等因素反应出来，而投入产出表的中间消耗系数可以很好地反映不同行业中间投入以及中间使用的流向情况，从而为测算中国经济整体的技术进步，以及不同行业的技术变革情况提供数据基础。分析中国技术进步的现状以及原因对于我国制定相应的促进科技创新政策具有重要帮助。具体可参见徐毅和张二震（2008）、李斌（2003）、段志刚等（2006）的已有研究成果。

3.服务业与制造业的联动关系

服务业与制造业之间存在相互促进的关系，制造业是服务业发展的基础，而良好的服务业对制造业的发展具有显著的促进作用。现阶段，我国服务业比重越来越高，说明了我国产业结构的优化升级。但与此同时，世界各国包括美国对制造业也越来越重视，制造业回流甚至成为美国的重大战略。因此，如何让我国的服务业更好地服务制造业，促进制造业的升级发展意义重大。投入产出表的独特优势使本书可以更加细致地研究中国服务业与制造业的嵌入关系，发现问题、提出建议，促进我国制造业与服务业的协调发展。具体可参见黄莉芳（2011）、田家林和黄涛珍（2010）、魏作磊和邝彬（2009）、陈伟达和张宇（2009）、程大中（2006）、陈伟达和金立军（2009）、胡晓鹏和李庆科（2009）的已有研究成果。

4.探索经济增长的动能

直接消耗系数与完全消耗系数是投入产出表的两个核心数据，这两个数据所衍生出的影响力系数、感应度系数等是分析一个行业对其他行业的影响程度，以及某一行业受其他行业影响程度的重要指标。因此，结合这一原理，使用投入产出表可以探究出经济增长的动能所在，并可以研究某一行业对经济的带动作用。具体可参见顾萍和田贵良（2016）、闫永涛等（2007）、顾乃华和夏杰长（2007）、向蓉美（2008）的已有研究成果。

5.外贸、货币分析

投入产出表中包含了不同行业的进口与出口等数据，这些数据使得投入产出表可以用来分析外贸、货币等对我国经济总量、产业结构乃至收入分配的影响。具体可参见郭晓合和叶修群（2016）、沈利生和吴振宇（2003）、袁志刚和邵挺（2011）的已有研究成果。

6.政策分析与评估

现阶段各国政府越来越注重决策的科学性，在经济治理领域尤为如此，用数据说话，数据分析、预测与评估是各国政府制定经济政策的重要工具。而投入产出表独特的数据结构使其成为很多政策分析不可或缺的数据基础。例如，碳排放问题具体可参见唐志鹏等（2014）、孙建卫等（2010）的已有研究成果，间接税收入再分配效应具体可参见聂海峰和刘怡（2010abc）的已有研究成果，能源消耗问题具体可参见石敏俊等（2009）的已有研究成果，需求管理政策与供给管理政策分析具体可参见沈利生（2011）的已有研究成果，财政政策的分析具体可参见"中国2007年投入产出表分析应用"课题组（2011）、刘起运（2003）的已有研究成果。

（二）区域间投入产出分析

除了产业间的投入产出表外，区域间的投入产出表也是重点研究内容。区域间的经济关系不仅牵扯到一国经济的正常运行，而且会对社会稳定等方面产生影响。区域间的投入产出表能够清晰地刻画区域间的经济联系，而且能够对不同行业在区域间联系的差异性进行区分。这对于研究区域经济关系意义重大（见图4-2）。

1.跨区域产业联动与产业分工

不同区域之间的产业联动、产业分工是政府关心的重点内容。分析这些问题对国家的区域发展战略意义重大，可以辅助政府部门更好地出台相关政策，促进目标地区、目标产业的快速发展。具体可参见王德利和方创琳（2010）、刘新争（2016）、张友国（2017）的已有研究成果。

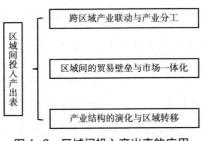

图4-2　区域间投入产出表的应用

2.区域间的贸易壁垒与市场一体化

地方政府之间的GDP竞争被认为是我国近年来快速发展的重要原因之一，但也导致了一些问题，区域间的贸易壁垒就是其中的一大方面。各地区为了保护各自产业的发展，往往通过各种措施来限制外来产品与服务业，人为形成了区域之间的贸易壁垒。通过区域之间的投入产出表，可以测算不同省份，乃至不同地市之间的贸易壁垒，这对于分析贸易壁垒产生的深层次原因、分析贸易壁垒的影响均具有重要意义。具体可参见行伟波和李善同（2010）、刘志彪和吴福象（2005）的已有研究成果。

3.产业结构的演化与区域转移

新中国成立以来，我国经济的中心一直在不断变化，各产业在不同区域之间的流动也十分频繁，研究产业结构演化的特征、分析产业在区域之间转移的原因，对制定相应的产业政策意义重大。具体可参见孙策（2016）、刘红光等（2011）的已有研究成果。

四　增值税投入产出模型构建

国内最早将投入产出模型应用于一般消费税收入分配效应的是聂海峰和刘怡（2010a），后来大多数相关研究也是在他们构建的投入产出模型基础上进行拓展。因此，本书借鉴聂海峰和刘怡（2010a）投入产出税收转嫁模型构建方法，构建了增值税投入产出模型。

在市场完全竞争的假设下，企业可以自由进入和退出市场，各部门的生产技术规模报酬不变，价格变化不影响生产的投入系数，国外商品和国内商品遵循Armington条件（国外商品和国内商品之间的不完全替代关系）。假设经济中有n个部门，生产n种产品。在无税条件下，第j个产品部门的总价值等于该部门所有中间投入价值和增加值之和，如公式4-15所示。

$$P_j X_j = \sum_{i=1}^{n} P_i X_{ij} + V_j \qquad j=1, 2, \cdots, n \qquad (4-15)$$

公式4-15中，P_j为j部门单位产品的价格；X_j为j部门的总产出；P_i为i部门单位产品的价格；X_{ij}为j部门生产中使用i部门的投入数量；V_j为j部门的增加值。公式4-15两边同除以X_j，可以得到如下公式4-16。

$$P_j = \sum_{i=1}^{n} a_{ij} P_i + v_j \qquad j=1, 2, \cdots, n \qquad (4-16)$$

公式4-16中，a_{ij}为直接消耗系数，表示为j部门单位产出消耗i部门产品的数量，其计算表达式为$a_{ij} = X_{ij}/X_j$；v_j为增加值占产出的比例，其计算表达式为$v_j = V_j/X_j$。

依据税收转嫁与税负归宿理论，间接税极易前转。增值税属于价外税，税负归宿对象一般为最终消费者。鉴于上述原因，本书假设增值税完全前转。此外，增值税是对产品或服务的增加值征税。因此，在市场实现均衡时，各部门的总产出等于各部门总投入与转嫁的增值税之和，具体如公式4-17所示。

$$P_j X_j = \sum_{i=1}^{n} P_i X_{ij} + (I + t_j) V_j \qquad j=1, 2, \cdots, n \qquad (4-17)$$

公式4-17中，t_j为j部门的增值税实际税率，其他变量含义同上。公式4-17两边同除以X_j，可以得到如下公式4-18。

$$P_j = \sum_{i=1}^{n} a_{ij} P_i + (I + t_j) v_j \qquad j=1, 2, \cdots, n \qquad (4-18)$$

公式4-18表示的是各部门产品价格等于全部投入的价值与增值税之和。其中，公式右边第一项为单位产出中中间投入转移的价值，第二项为单位产出增加值和增值税。将公式4-18改写成矩阵的形式，可以得出价格向量，具体如公式4-19所示。

$$P = (I - A')^{-1} (I + T) V \qquad (4-19)$$

公式4-19中，P为n维产品价格向量，I为n维单位矩阵，A为n×n维直接消耗系数矩阵，T为增值税实际有效税率对角矩阵，V为n维单位产品增加值比例矩阵。

五　投入产出模型的局限

虽然投入产出分析是现有研究测算商品税收入分配效应时最常用的方法，但投入产出分析自身的缺陷也十分明显。首先，投入产出法本质上是一种局部均衡分析，可以用于测算对一种商品征税所引起的其他商品价格的变化，但难以测算出其对生产要素所有者的影响。因此，测算一般消费税收入分配效应时使用投入产出法一般对应着一般消费税税负完全向前转嫁给消费者的假设。其次，现有研究在使用投入产出法测算一般消费税对居民收入分配的影响时，一般假设居民的消费结构是不变的，这样的假设也同样不尽合理。而且忽略一般消费税对消费者与生产者行为的影响，导致投入产出法也无法测算一般消费税的超额负担。

第二节　CGE模型构建原理及应用

由于商品之间、要素之间存在各种替代或互补等勾稽关系，因此，税制改革牵一发而动全身，并且商品和要素之间的复杂勾稽关系通常会导致增值税税负并不正好完全前转给消费者。CGE模型可以模拟税负不完全转嫁的情况，弥补了投入产出模型仅可在税负完全前转假设下测算收入分配效应的局限。

一　可计算一般均衡理论

可计算一般均衡分析是对投入产出分析的扩展，本质上是一般均衡分析，不仅具有投入产出分析的优点，而且将不同经济主体的行为决策考虑在内，可以用于研究一项政策对不同经济主体行为的影响，以及各经济主体行为之间的相互关系。可计算一般均衡分析所用的模型为可计算一般均衡模型，简称CGE模型。CGE模型是一种建立在牢固的、广泛的经济理论基础之上的，完整、一体化地刻画经济系统运行过程、经济结构、经济主体的最优行为决策以及经济均衡的联立方程系统，这个联立方程系统不仅把瓦尔拉斯均衡理论形式化，而且通过与列昂惕夫的投入产出理论结合，把各个市场联系起来，描述了经济主体和市场对政策变化的一系列连锁反应和博弈过程。CGE模型通过构建不同经济主体的行为方程，将不同经济主体联系在一起，这样某一政策扰动会通过经济传导机制传导给各个经济主体。

（一）一般均衡下的经济传导机制

假设存在一个初始的均衡经济形态，在测算一般消费税对居民收入分配的影响时，如果既允许一般消费税向前转嫁给消费者，也允许一般消费税向后转嫁给生产要素所有者，这样消费者与生产要素所有者的行为均会因为征税而发生变化。而且由于生产要素所有者本身即是消费者，而消费者很多都是生产要素所有者，因此，征税后各经济主体都会对自己的行为进行调整，从而达到新的均衡状态。新的均衡下居民的实际收入水平与原均衡下居民的实际收入水平之间的差异即是一般消费税对居民收入水平的影响，从而可以得出一般消费税对居民收入分配差距的影响。例如，当政府仅对商品A征增值税，那么只会对商品A的价格产生影响，而商品B、C、D、E等的价格均保持不变，这一情况只可能在商品A与商品B、C、D、E等之间不存在任何替代或互补关系的情况下才可能实现。然而，实际情况却是商品A与商品B、C、D、E等之间总存在千丝万缕的勾稽关系，或者商品B、C、D、E等之间本身存在各种交叉替代或互补关系，进而反过来又和商品A之间存在交叉替代或互补关系。这一错综复杂的关系，最终可能造成商品A、B、C、D、E等的价格不成比例的变动，或上升或下降，或上升（下降）不足100%（税负完全转嫁时为100%），或上升（下降）正好为100%，或上升超过100%（一般不太可能下降超过100%）。此时，税负可能存在过度转嫁或转嫁不足，即税负不一定正好完全转嫁给消费者，要素供给者也可能承担了部分税负，即从收入端和消费端对微观主体所负担的税负产生影响，进而对收入分配产生影响。

如Besley和Rosen（1999）采用美国155个城市12种特定商品的价格数据（如牛奶和洗发水），调查销售税税负归宿，不仅发现许多商品税负完全转嫁，还发现有一半以上的商品税负过度转嫁，并将该现象归因于零售业的不完全竞争。Delipalla和O'Donnell（2001）发现欧洲卷烟业从价税转嫁不足。Carbonnier（2005）研究了法国增值税改革的效果，该改革降低了新车销售和房屋维修服务的税收，其中，前者消费者分摊比例为57%，后者消费者分摊比例为77%。Politi和Mattos（2011）调查了1994~2008年巴西16个州10种商品的价格对从价税变动的不对称反应，发现当税率提高时，10种商品中有2种发生了完全转嫁，有1种发生了过度转嫁；而对所有商品而言，对减税的价格反应都是滞涨。显然，假设税负完全前转并不一定符合实际情况，因此，有必要基于税负不完全转嫁假设，进一步研究增值税的收入分配效应。

（二）一般均衡分析理论框架

如前文所述，现实状况中，商品与商品之间存在错综复杂的替代或互补关系，这使得对其中一类商品征税，其他商品的价格也会受到一定程度的影响。因此，税负完全转嫁的局部均衡分析下，消费者承担的增值税税负往往与实际承担的增值税税负存在一定的差异。要更贴合实际地分析增值税的收入分配效应，需要借助税负不完全转嫁的一般均衡分析法。

局部均衡分析法下，$\overline{p_{-i}}$ 为其他部门的价格，且其他部门价格固定不变，这在一个多部门相互依存关联的大经济框架下是不切实际的。因为一个市场上的调整会影响到其他市场，包括其他市场的供求和价格 p_{-i}，这种效应叫做溢出效应（Spillover Effect）。因此，在研究过程中有必要考虑所有市场的联动关系。而一般均衡则是指所有市场同时达到均衡的状况，它的基本思想并不复杂，只是将前面的局部均衡理论扩大到整个经济的所有部门，其数学描述如下。

假设整个经济有 n 个部门，即存在 n 个市场，有 n 种商品，每种商品 i 的价格为 p_i。假设以向量形式来表示所有商品的价格 $P = (p_1, \cdots, p_n)$。整个 i 部门的所有企业对商品 i 的供应函数为 $q_i^s(P)$，所有居民对商品 i 的需求函数为 $q_i^d(P)$。狭义地说，一般均衡状态指在一个特定价格向量 $P^* = (p_1^*, \cdots, p_n^*)$ 下，所有市场上商品供求平衡，即

$$q_i^s(P^*) = q_i^d(P^*) \qquad i = 1, \cdots, n \qquad (4\text{-}20)$$

理论上，一般均衡状态也允许一些商品市场上供大于求，不过这时这些商品的价格必须为零。在这种情况下，市场其实也是均衡的。因为此时

价格是零,而消费者的需求已经满足,是有限的。再消费此种商品,只会带给他负效用。这种情况下由需求决定了实际市场交易的产量。因此,德布罗的一般均衡状态是,对所有 $i = 1, \cdots, n$ 市场,存在一个价格向量 $P^* = (p_1^*, \cdots, p_n^*)$:

$$q_i^s(P^*) = q_i^d(P^*) \qquad 如果\, p_i > 0 \qquad\qquad (4\text{-}21)$$

$$q_i^s(P^*) \geq q_i^d(P^*) \qquad 如果\, p_i = 0 \qquad\qquad (4\text{-}22)$$

这叫市场出清(Clear),也可以称为市场均衡。不过,在一般的使用中,假设所有商品都是有效用的(Desirable),这时,一般均衡状态只需要 $q_i^s(P^*) = q_i^d(P^*)$ 的供求平衡条件。

二　CGE模型数据来源及处理——SAM表的编制

CGE模型数据是以社会核算矩阵(Social Accounting Matrix,简称SAM表)的形式存在的。SAM表以矩阵形式描述国民经济核算体系(System of National Accounts,SNA)中各账户的供应和使用流量及其平衡关系。其形式上和价值型投入产出表类似,是以货币为单位对各个账户收入支出或供应使用流量描述的二维矩阵,但并不等同于投入产出表,而是在投入产出表基础上又进行改进发展。SAM表以宏观数据构建了一个完整闭合的经济环境,从形式上看是一个正方形矩阵,每行和每列代表一个国民核算账户,且行和列的数量相等。同时SAM表可以根据所研究的问题进行调整或做具体设计,对一些账户进行合并或拆分。

(一)SAM表简介及标准SAM

SAM表是一个正方形矩阵,即行和列的数量相等。每行和每列代表一个国民核算账户,如居民、政府、企业、世界其他地区等。相同的行和列代表同一个账户。矩阵中的元素数值代表各账户间的交易量,该数值是列部门对行部门的支付。因此,SAM表中行代表账户的收入,列代表账户的支出。从资金流上看,SAM表的每一行表示该账户从其他账户得到的收入,而每一列表示该账户在其他账户上所花费的支出。因为总收入和总支出必须平衡,因此,每列的总数和每行的总数必须相等。

表4-4是一些文献所称的"标准"SAM表,其中有8个主要账户:活动、商品、要素、居民、企业、政府、储蓄—投资账户和国外。

表4-4　标准SAM表

		支　出								汇总
		1	2	3	4	5	6	7	8	
		活动	商品	要素	居民	企业	政府	储蓄—投资账户	国外	
收入	1 活动		市场销售产出		居民自产自销					总产出
	2 商品	中间投入	交易费用		市场销售的居民消费		政府消费	投资（固定资本形成）	出口	总需求
	3 要素	增加值							海外要素收入	要素收入
	4 居民			居民要素收入	居民之间转移支付	企业对居民的转移支付	政府对居民的转移支付		国外对居民的转移支付	居民总收入
	5 企业			企业要素收入			政府对企业的转移支付		国外对企业的转移支付	企业总收入
	6 政府	生产税、增值税	销售税、关税、出口税	要素税、政府要素收入	直接税、收入税	企业直接税、企业向政府交纳盈余			国外对政府的转移支付	政府总收入
	7 储蓄—投资账户				居民储蓄	企业储蓄	政府储蓄		国外净储蓄	总储蓄
	8 国外		进口	对国外要素的支付		企业向国外支付盈余	政府对国外的支付			外汇支出
	汇总	总投入	总供应	要素支出	居民支出	企业支出	政府支出	总投资	外汇收入	

一般投入产出表中，一个产业部门生产一个商品，没有"活动"和"商品"的区别。标准SAM表区分"活动"和"商品"。活动指产业部门的生产活动，因此活动账户中的数值是按出厂价格来计算的。商品指在市场上销售的商品，商品账户的价格是按市场价格计算的。这个区分，有利于描述现代经济的一些特征，如有时一个活动部门生产多种商品。此外，在开放经济情况下，国内生产活动和国内消费的商品不是一致的，因为国内消费商品中的进口部门不是国内生产活动生产的，而国内生产活动生产的出口商品又不在国内消费的商品中。因此，也有需要将活动与商品区分开来。

要素为生产要素，包括劳动、资本、土地等。四个经济人主体，即居民、企业、政府、国外，这和宏观经济中的定义一致。这个设置有利于分析宏观经济问题。另外，很多SAM表还包括储蓄—投资账户，可以帮助分析宏观经济一些主要问题。宏观经济中，国民经济核算的最重要平衡就是总投资=总储蓄。它概括了两个主要的国民经济核算恒等式（公式4-23和公式4-24）。

$$C + I + G + X - M = Y \qquad (4\text{-}23)$$

$$C + S + T = Y \qquad (4\text{-}24)$$

式中，C为消费，I为投资，G为政府支出，X为出口，M为进口，S为储蓄，T为税收。两式合并，可得公式4-25。

$$I = S + (T - G) + (M - X) \qquad (4\text{-}25)$$

式中，S为居民储蓄，$T-G$为政府净储蓄，$M-X$为国外净储蓄。

总投资包括企业新增固定资产、新增存货和新建的居民住房。总储蓄包括居民的、企业的、政府的，还有国外的。

最后一个是国外账户，这里是外汇收入和支出的平衡项。国外账户列的各项是外汇收入，如出口、国外给国内的转移支付。国外账户行的各项是外汇支出，如进口、国内对外的转移支付等，其中国外净储蓄在国民核算账户上表现为上述外汇收支平衡的余数。

这8个账户是概括性的主要账户。为了需要可以将一些账户合并，如商品和活动。为了需要也可以增加其他的大账户，如将投资账户拆分成固定资产、存货变动和居民住房3个账户；政府支出包括政府消费和转移支付等重大组成部分。每个大账户可以继续细分下去，建立很多子账户。每个单元格也因此可以细分成为一个子矩阵，例如：第1列和第2行的单元格是中间投入，这个单元格，就是整个投入产出表的中间投入部分（第Ⅱ象限），即投入产出矩阵。

（二）SAM表设计及编制

制作具体应用的SAM表，要根据所研究的问题进行调整或做具体设计，对一些账户进行合并或拆分。本节借鉴王其文、李善同（2008）的SAM表编制方法和徐利（2010）的SAM表账户细分方法，对SAM表进行处理，编制的SAM表具体形式参见表4-5。

表4-5　SAM表

		1 活动	2 商品	3 劳动	4 资本	5 农村居民	6 城镇居民	7 企业	8 政府	9 增值税	10 进口税	11 国外	12 存货	13 投资储蓄	总计
1	活动		42×42												
2	商品	42×42				42×1	42×1		42×1			42×1	42×1	42×1	
3	劳动	1×42													
4	资本	1×42													
5	农村居民			1×1	1×1			1×1	1×1						
6	城镇居民			1×1	1×1			1×1	1×1						
7	企业				1×1				1×1						
8	政府	1×42				1×1	1×1	1×1		1×1	1×1	1×1			
9	增值税	1×42													
10	进口税		1×42												
11	国外		1×42												
12	存货													1×1	
13	投资储蓄					1×1	1×1	1×1	1×1			1×1			
	总计														

SAM表主要设置活动、商品、劳动、资本、农村居民、城镇居民、企业、政府、增值税、进口税、国外、存货和投资储蓄13个部门，以

2018年42部门投入产出表为基础，结合《中国财政年鉴》(2019)、《中国税务年鉴》(2019)、《中国统计年鉴》(2019—2020)等相关资料编制。数据来源及处理过程如表4-6所示。

表4-6　SAM表数据来源及处理过程

行	列	数据来源及其处理
1活动	2商品	2018年42部门投入产出表（以下简称I/O表）
2商品	1活动	2018年42部门I/O表
	5农村居民	2018年42部门I/O表
	6城镇居民	2018年42部门I/O表
	8政府	2018年42部门I/O表
	11国外	2018年42部门I/O表
	12存货	2018年42部门I/O表
	13投资储蓄	2018年42部门I/O表
3劳动	1活动	2018年42部门I/O表中的"劳动者报酬"
4资本	1活动	2018年42部门I/O表中的"固定资产折旧"＋"营业盈余"
5农村居民 6城镇居民	3劳动	2018年42部门I/O表中的"劳动者报酬"之和，具体处理方法见①
	4资本	《中国统计年鉴》(2020)中"2018年资金流量表（非金融交易）"，具体处理方法见②
	7企业	行余量
	8政府	《中国财政年鉴》(2019)政府对居民的转移支付，具体处理方法见③
7企业	4资本	列余量
	8政府	政府对企业转移支付，这里设为零
8政府	1活动	2018年42部门I/O表中的"生产税净额"扣除《中国税务年鉴》(2019)的增值税的余额
	5农村居民	《中国财政年鉴》(2019)财经统计资料—财政预决算（决算数）：个人所得税，具体处理方法见①
	6城镇居民	《中国财政年鉴》(2019)财经统计资料—财政预决算（决算数）：个人所得税，具体处理方法见①
	7企业	《中国财政年鉴》(2019)财经统计资料—财政预决算（决算数）：企业所得税
	9增值税	SAM表中"增值税"行合计值
	10进口税	SAM表中"进口税"行合计值
	11国外	《中国统计年鉴》(2020)中的"表3-19现金流量表（非金融交易，2018年）"经常转移

行	列	数据来源及其处理
9增值税	1活动	《中国税务年鉴》(2019)：表1-4全国税收收入分税种分产业收入情况（2018年）的"国内增值税"
10进口税	2商品	2018年42部门I/O表、《中国财政年鉴》(2019)，具体处理方法见④
11国外	2商品	2018年42部门I/O表、《中国财政年鉴》(2019)，具体处理方法见④
12存货	13投资储蓄	SAM表中"存货"列合计值
13投资储蓄	5农村居民	《中国统计年鉴》(2020)表3-19资金流量表（非金融交易，2018年）：住户部门储蓄，具体处理方法见②
	6城镇居民	
	7企业	列余量
	8政府	列余量
	11国外	列余量

注：①②③④参见徐利(2010)。

三　CGE模型构建

局部均衡分析法无法真实反应商品与商品之间的勾稽关系（替代关系和互补关系），进而也无法模拟税负不完全转嫁的真实状况。要测算税负不完全转嫁下增值税的收入分配效应需要借助一般均衡分析法。当前运用于税收领域的一般均衡常用模型为CGE模型，其依据真实的生产替代弹性、需求替代弹性、进出口不完全替代弹性（Armington Elasticity）等模拟出税率变动对商品价格、商品产量、政府收支、进出口变化等因素的影响，而一般均衡下价格的变动恰恰是税负不完全转嫁的重要显示性变量，因此，本小节重点介绍中国增值税CGE模型的具体构建。

标准CGE模型将增值税看作是一种要素税，不能反映我国增值税进项税额抵扣机制，为了更加贴合增值税的实际征管情况，有必要结合"我国增值税应纳税额=增值税销项税额–增值税进项税额"的实际情况，构建增值税CGE模型。本节借鉴张欣(2018)开放经济下的宏观CGE模型构建方法及田志伟和胡怡建(2014a)"营改增"CGE模型构建方法，构建了一个居民、政府、企业和国外4个部门的增值税CGE模型，具体模块设置如下。

（一）生产模块（包括活动和商品之间的关系）

1.主要生产模块

a 表示行业，c 表示商品。生产函数嵌套为两层，有两个投入：中间投入和增加值，采用 CES 函数形式表示，如公式 4-26 至公式 4-27 所示。

$$QA_a = \alpha_a^q [\, \delta_a^q QVA_a^{\rho_a} + (1 - \delta_a^q) QINTA_a^{\rho_a} \,]^{\frac{1}{\rho_a}}, \quad a \in A \qquad (4\text{-}26)$$

式中，QA 表示行业产量，QVA 表示行业增加值，$QINTA$ 表示行业中间投入，α 表示效率或规模参数，δ 表示份额参数，ρ 表示替代弹性。

$$\frac{PVA_a}{PINTA_a} = \frac{\delta_a^q}{1 - \delta_a^q} \left(\frac{QINTA_a}{QVA_a} \right)^{1 - \rho_a}, \quad a \in A \qquad (4\text{-}27)$$

式中，PVA 表示增加值部分价格，$PINTA$ 表示中间投入品价格，其他变量及参数意义同上。

SAM 表中，国内总产出＝中间投入（不含税）＋要素投入＋生产税净额，此部分内容，对应到企业微观层面，其平衡关系表示为：销售收入－增值税销项税额－其他生产税＝中间投入成本－中间投入进项税＋增加值－固定资产投入进项税。具体如公式 4-28 至公式 4-30 所示。

$$增值税销项税额 = PA_a \times \left(QA_a - stock_a \right) \times \left(\frac{tvad_a}{1 + tvad_a} \right) \qquad (4\text{-}28)$$

式中，PA 表示行业产量的价格，$stock$ 表示存货增加，$tvad$ 表示法定增值税税率。

$$固定资产进项税额 = tvak_a \times WK \times QKD, \quad a \in A \qquad (4\text{-}29)$$

式中，WK 表示资本的价格，$tvak$ 表示固定资产抵扣率，QKD 表示不同行业对资本的需求。

$$中间投入进项税额 = \sum ica_{ca} \times PQ_c \times QA_a \left(\frac{tvad_a}{1 + tvad_a} \right), \quad a \in A, \ c \in C$$

$$(4\text{-}30)$$

式中，ica 表示中间投入部分的投入产出直接消耗系数，PQ 表示国内生产的商品价格。因此，反映增值税抵扣机制的模块修正如公式 4-31 所示。

$$PA_a\left[QA_a - (QA_a - stock_a)\frac{tvad_a}{1 + tvad_a}leiv_a\right](1 - tiq_a)$$
$$= PVA_a \times QVA_a + PINTA_a \times QINTA_a, \quad a \in A \qquad (4\text{-}31)$$

式中，$leiv$ 表示增值税的征收率[①]，用来调整不同行业的税收征管效率；tiq 表示其他间接税税率；其他变量及参数意义同上。将"中间投入成本–中间投入进项税"内化到中间投入产品价格中，"增加值–固定资产投入进项税"内化到增加值价格中，而固定资产进项税通过资本的价格刻画，固定资产投入的进项税内化到 PVA 中，如公式4-32和公式4-33所示。

$$WK' = (1 - tvak_a \times leiv_a)WK, \quad a \in A \qquad (4\text{-}32)$$

式中，$tvak$ 表示固定资产抵扣率。固定资产抵扣率=资本法定增值税税率/（1+资本法定增值税税率），不同的增值税制度下，$tvak$ 的取值按照固定资产的法定增值税税率重新计算。研究增值税转型时，$tvak$ 取0。

$$PVA_a = [WL \times QLD_a + WK(1 - tvak_a \times leiv_a)QKD_a]/QVA_a, \quad a \in A \qquad (4\text{-}33)$$

式中，QLD 表示不同行业对劳动的需求，WL 表示劳动的价格。

此外，增值部分的生产函数是CES函数，投入为劳动和资本两个生产要素，如公式4-34至公式4-36所示。

$$QVA_a = \alpha_a^{va}[\delta_{La}^{va} \times QLD_a^{\rho_a^{va}} + (1 - \delta_{La}^{va})QKD_a^{\rho_a^{va}}]^{\frac{1}{\rho_a^{va}}}, \quad a \in A \qquad (4\text{-}34)$$

$$\frac{WL}{WK(1 - tvak_a \times leiv_a)} = \frac{\delta_{La}^{va}}{1 - \delta_{La}^{va}}\left(\frac{QKD_a}{QLD_a}\right)^{1 - \rho_a^{va}}, \quad a \in A \qquad (4\text{-}35)$$

$$PVA_a \times QVA_a = WL \times QLD_a + (1 - tvak_a \times leiv_a)WK \times QKD_a, \quad a \in A \qquad (4\text{-}36)$$

中间投入部分的生产函数是Leontief生产函数，如公式4-37和公式4-38所示。

$$QINT_{ca} = \sum_{c \in C} ica_{ca} \times QINTA_a, \quad a \in A, \ c \in C \qquad (4\text{-}37)$$

式中，$QINT$ 表示中间投入个量，$QINTA$ 表示中间投入总量。

---

① 由于存在税收优惠、税收返还、即征即退等税收优惠措施，增值税实际征收额和理论征收额并不相等，因此在模型中引入征收率，以模拟增值税的实际征收状况。征收率=实际增值税额/（增加值×法定增值税税率），其中，实际增值税额取自《中国税务年鉴》分行业分税种增值税收入，增加值取自投入产出表，法定增值税税率为对应年份各行业法定增值税税率。

$$PINTA_a = \sum_{c \in C} ica_{ca} \times PQ_c - \sum_{c \in C} ica_{ca} \times PQ_c \frac{tvad_c}{1 + tvad_c} leiv_c, \ a \in A, \ c \in C$$

(4-38)

2.其他生产模块（采用标准CGE模块）

国内生产活动产出到商品的关系如公式4-39至公式4-40所示。

$$QA_a = \sum_c sax_{ac} \times QX_c, \ a \in A, \ c \in C \qquad (4-39)$$

式中，QX表示行业各部门产出商品的数量，sax表示产出数量和商品数量单位转置矩阵。

$$PX_c = \sum_a sax_{ac} \times PA_a, \ a \in A, \ c \in C \qquad (4-40)$$

式中，PX表示各行业产出商品的价格。

国内生产活动的产出商品分为国内销售和出口两部分，其替代关系由CET函数表示，具体如公式4-41至公式4-44所示。

$$QX_c = \alpha_c^t [\delta_c^t QD_c^{\rho_c^t} + (1 - \delta_c^q) QE_c^{\rho_c^t}]^{\frac{1}{\rho_c^t}}, \ \rho_c^t > 1, \ c \in C \qquad (4-41)$$

式中，QD表示国内生产国内销售商品的数量，QE表示商品出口的数量。

$$\frac{PD_c}{PE_c} = \frac{\delta_c^t}{1 - \delta_c^t} \left(\frac{QE_c}{QD_c} \right)^{1 - \rho_c^t}, \ c \in C \qquad (4-42)$$

式中，PD表示国内生产国内销售商品的价格，PE表示商品出口的价格。

$$PX_c \times QX_c = PD_c \times QD_c + PE_c \times QE_c, \ c \in C \qquad (4-43)$$

由于出口没有出口税，$te_c = 0$，

$$PE_c = pwe_c(1 - te_c)EXR = pwe_c \times EXR, \ c \in C \qquad (4-44)$$

式中，pwe表示出口商品的国际价格，te表示出口税，EXR表示汇率。

国内市场上供应的商品，由国内生产国内销售商品和进口商品两部分构成，其二者之间满足Arminton条件，具体如公式4-45至公式4-50所示。

$$QQ_c = \alpha_c^q [\delta_c^q \times QD_c^{\rho_c^q} + (1 - \delta_c^q) QM_c^{\rho_c^q}]^{\frac{1}{\rho_c^q}}, \ c \in C, \ 当QM_c > 0时 \qquad (4-45)$$

式中，QQ表示国内市场商品的数量，QM表示进口商品的数量。

$$\frac{PD_c}{PM_c} = \frac{\delta_c^q}{1 - \delta_c^q}\left(\frac{QM_c}{QD_c}\right)^{1 - \rho_c^q}, \ c \in C, \ \text{当} QM_c > 0 \text{时} \quad (4\text{-}46)$$

如果商品部门（C部门）没有进口商品，对应商品则采用替代函数，替代函数具体形式如公式4-47和公式4-48所示（将公式4-45和公式4-46改为公式4-47和公式4-48）。

$$QQ_c = QD_c, \ c \in C, \ \text{当} QM_c = 0 \text{时} \quad (4\text{-}47)$$

$$PQ_c = PD_c, \ c \in C, \ \text{当} QM_c = 0 \text{时} \quad (4\text{-}48)$$

对任何商品部门（C部门），下面等式都适用：

$$PQ_c \times QQ_c = PD_c \times QD_c + PM_c \times QM_c, \ c \in C \quad (4\text{-}49)$$

式中，PM表示进口商品的价格。

$$PM_c = pwm_c(1 + tm_c)EXR, \ c \in C \quad (4\text{-}50)$$

式中，pwm表示进口商品的国际价格，tm表示进口税率。

（二）其他主体模块

开放经济模型的主体机构还包括居民、企业、政府和国外。h表示居民群，ent表示企业，gov表示政府，k表示资本，l表示劳动。具体模块设置如公式4-51至公式4-58所示。

1.居民

居民群收入由劳动报酬、资本报酬、企业和政府转移支付构成，具体如公式4-51所示。

$$YH_h = shif_{hl} \times WL \times QLSAGG + shif_{hk} \times WK \times QKSAGG + transfr_{hent} + transfr_{hgov}, \ h \in H$$
$$(4\text{-}51)$$

式中，YH表示居民收入，$QLSAGG$表示劳动总供应量，$QKSAGG$表示资本总供应量，$transfr_{hgov}$表示政府对居民的转移收入，$transfr_{hent}$表示企业对居民的转移收入（私人保险公司支付保险金等），$shif_{hl}$表示劳动要素禀赋中居民享有的份额，$shif_{hk}$表示资本收入分配给居民享有的份额。

居民群对商品的消费需求与其可支配收入和消费倾向相关，假设居民收入等于居民消费支出，具体如公式4-52所示。

$$PQ_c \times QH_{ch} = shrh_{ch} \times mpc_{ch}(1 - ti_{ch})YH_h, \ c \in C, \ h \in H \quad (4\text{-}52)$$

式中，QH表示居民对商品的需求，$shrh_{ch}$表示居民收入中商品的消费支出份额，mpc表示居民的边际消费倾向（这里也是平均消费倾向），ti表示居民个人所得税税率。

2.企业

企业税前收入由投资报酬和政府转移支付构成，企业税前收入扣除企业所得税和企业对居民的转移支付（私人保险公司支付保险金等）后，剩余部分为企业可支配的资金（由于不是研究企业所得税，企业具体行为不在模型里展开，这里仅表示成企业的储蓄）。具体如公式4-53至公式4-55所示。

$$YENT = shif_{entk} \times WK \times QKSAGG + transfr_{entgov} \tag{4-53}$$

式中，$YENT$表示企业收入，$shif_{entk}$表示资本收入分配给企业的份额，$transfr_{entgov}$表示政府对企业的转移收入。

$$ENTSAV = (1 - ti_{ent}) \times YENT - \sum_h transfr_{hent} \tag{4-54}$$

式中，$ENTSAV$表示企业储蓄，ti_{ent}表示企业所得税税率。

总投资额由各个部门的投资组成：

$$EINV = \sum_C PQ_c \times QINV_c, \ c \in C \tag{4-55}$$

式中，$EINV$表示投资总额，$QINV$表示对商品投资的最终需求。

3.政府

政府的税收由从国内生产活动中征收的流转税（增值税、营业税和其他间接税）、从居民中征收的个人所得税、从企业中征收的企业所得税、贸易中征收的关税以及国外对政府的转移支付构成，具体如公式4-56所示。

$$YG = \sum_a tiq_a \times PA_a \times QA_a + \sum_a (tval_a \times WL \times QLD_a + tvak_a \times WK \times QKD_a) + \sum_h ti_h \times YH_h$$
$$+ ti_{ent} \times YENT + \sum_c tm_c \times pwm_c \times QM_c \times EXR + transfr_{grow} \times EXR \tag{4-56}$$

式中，YG表示政府收入，$transfr_{grow}$表示国外对政府的转移支付。

政府支出由政府消费和政府对居民和企业的转移支付构成。假设政府在商品上消费按比例决定，具体如公式4-57所示。

$$PQ_c \times QG_c = shrg_c (EG - transfr_{hg} - transfr_{entg}) \tag{4-57}$$

式中，QG表示政府对商品的需求，EG表示政府支出，$shrg$表示政府收入中对商品的消费支出份额。

政府的收入扣除政府支出即为政府净储蓄,具体如公式4-58所示。

$$GSAV = YG - EG \qquad (4\text{-}58)$$

式中,GSAV表示政府储蓄。

(三)系统平衡条件

依据德布罗的一般均衡状态,所有市场同时实现供求平衡。市场一般分为商品市场和要素市场两个市场,因此,要构建一般均衡,就需要满足商品市场和要素市场供求平衡两个条件。而在开放经济体下,构建一般均衡还需要保证国际收支平衡、投资储蓄平衡,因此,本部分具体模块设置如下。

商品市场平衡(所有国内供应=所有国内需求),如公式4-59所示。

$$QQ_c = \sum_a QINT_{ca} + \sum_h QH_{ch} + QINV_c + QG_c, \ c \in C \qquad (4\text{-}59)$$

QQ为所有国内供应的,因此,上式等号右边没有出口QE。

要素市场平衡(劳动需求=劳动供给、资本需求=资本供给),如公式4-60至公式4-61所示。

$$\sum_a QLD_a = QLSAGG \qquad (4\text{-}60)$$

$$\sum_a QKD_a = QKSAGG \qquad (4\text{-}61)$$

国际市场上外汇收支平衡,如公式4-62所示。

$$\sum_c pwm_c \times QM_c = \sum_a pwe_c \times QE_c + \sum_h transfr_{hrow} + EXR \times FSAV \qquad (4\text{-}62)$$

式中,$FSAV$表示国外储蓄。

投资—储蓄恒等式,如公式4-63所示。

$$EINV = \sum_h (1 - mpc_h)(1 - ti_h)YH + ENTSAV + GSAV + EXR \times FSAV \qquad (4\text{-}63)$$

研究宏观经济变量GDP和$PGDP$,参见公式4-64和公式4-65。

$$GDP = \sum_{c \in C} (QH_c + QINV_c + QG_c + QE_c - QM_c) \qquad (4\text{-}64)$$

$$PGDP \times GDP = \sum_{c \in C} PQ_c(QH_c + QINV_c + QG_c) + \sum_c PE_c \times QE_c - \sum_c PM_c \times QM_c$$
$$+ \sum_c tm_c \times pwm_c \times EXR \times QM_c$$

$$(4\text{-}65)$$

式中，GDP 表示实际国内生产总值，$PGDP$ 表示国内生产总值价格指数。

内生变量（求解变量，除此之外均为外生变量）：PA_a，PVA_a，$PINTA_a$，WL，WK，QA_a，QVA_a，$QINT_a$，$QINTA_a$，QLD_a，QKD_a，$QINT_{ca}$，$stock_a$，PX_a，QX_a，PD_c，QD_c，QE_c，PQ_c，EXR，QQ_c，QM_c，PM_c，YH_h，$QLSAGG$，$QKSAGG$，QH_{ch}，$YENT$，$ENTSAV$，$EINV$，$QINV_c$，YG，QG_c，EG，$GSAV$，$FSAV$，GDP，$PGDP$。

（四）宏观闭合条件：凯恩斯闭合

早期税收领域研究，在构建CGE模型时采用古典闭合来完成一般均衡模型的构建，例如陈烨等（2010）构建CGE模型研究我国增值税转型的政策效应。而古典闭合是以古典经济学理论为基础，该理论核心认为要素市场对价格变动的影响能立即实现市场出清，而劳动合同约束或工会力量存在等现象证实古典闭合并不适用于现实状况。研究表明：第一，我国劳动力市场有大量的剩余劳动力，存在大量非自愿失业或者隐形失业；第二，我国固定资产投资受利率和税收政策影响较小，而受政府行为影响较大；第三，我国国内有效需求不足，内需对经济的带动作用有限。这三点正好符合凯恩斯闭合中生产要素具有价格下降黏性、经济主要依靠有效需求来拉动的特质。田志伟和胡怡建（2014a）、葛玉御等（2015）构建CGE模型研究我国"营改增"的政策效应时均采取凯恩斯闭合。所以，本节选择凯恩斯闭合作为CGE模型的闭合规则，具体设置如公式4-66至公式4-67所示。

$$WL = \overline{WL} \tag{4-66}$$

$$WK = \overline{WK} \tag{4-67}$$

此外，将存货投资设为外生变量，具体如公式4-68所示。

$$stock_a = \overline{stock_a} \tag{4-68}$$

最后，确定汇率制度。我国是有管理的浮动汇率制度，但汇率的影响因素较多，而我国通常保持一定的外汇储备。因此，固定外汇储蓄更为可取，具体设定如公式4-69所示。

$$FSAV = \overline{FSAV} \tag{4-69}$$

四 CGE模型应用局限

第一，CGE模型主要依托于宏观SAM表的数据来源进行建模，SAM表的编制主要依据投入产出表及同一年份的年鉴数据，而投入产出表的公布时间存在一定的滞后性，这导致模型使用的数据和现实经济情况有一定的差距。此外，统计口径随时间变化会进行调整以及部分统计数据不再对外公布，这也在一定程度上加大了SAM表制作的难度，使CGE模拟结果和现实经济变动存在一些差异。

第二，在应用CGE模型进行建模时，需要进行大量参数设置，其中一部分参数是根据基期SAM表校准求取的，即校准参数。还有一部分参数是外生给定自由参数，这些外生给定自由参数需要根据弹性系数进行计算得出。因此，CGE模型政策结果的精确度很大程度上会受到这些参数取值的影响。

第三，国内税收动态CGE模型则主要利用投资储蓄和价格变动来模拟动态效果，模拟仍然是短期政策效果。而社会是多变动的，经济会变、居民偏好会改变，因此，在CGE模型中加入更多的动态随机因素是CGE模型未来要解决的一大问题。

第五章
收入分配效应测算指标及测算流程

伴随收入分配差距问题逐渐成为理论界关注的热点，采用何种衡量方法可以准确反映收入分配差距成为人们争论的焦点。基于收入分配差距分析层面的不同，学者们采取不同的衡量方法。按照收入分配差距统计方法划分，可以将指标分为绝对指标和相对指标：绝对指标是反映总体现象规模的统计指标，通常以数值的形式来体现，有量纲，能够直接表现分析对象的数量特征，说明收入分配差距的大小；相对指标是两个有联系的总量指标对比的结果，它以比率的形式来体现，无量纲，通过个体之间差别描述说明收入分配差距的程度。绝对指标比较常用的有方差和收入差，如果用这组指标衡量收入分配，则随着经济增长收入不平等会偏向上升，而且绝对指标会受到量纲的影响，当度量单位改变时，虽然收入分配没有变化，但不平等会变化，所以绝对指标的适用范围受到很大限制，相对指标则可以避免这些弊端。

当前国内外比较著名的测量收入差距的相对指标主要有基尼系数（Gini Coefficient）、Suits 指数（Suits Index）、泰尔指数（Theil Index）、阿特金森指数（Atkinson Index）、广义熵指数（Generalized Entropy Index）等。除了这些指标外，研究一项政策对收入分配的影响时，还经常用到一些衍生指标，如税收集中度、累退性与累进性（P指数）、MT指数等。每种指数在衡量居民收入分配效应时的侧重点会有所不同。例如：基尼系数主要用于衡量一国收入差距，Suits 指数可以更好地反映税负分布特征，泰尔指数对不同收入阶层的居民收入差距更敏感，MT指数以及再分配指数（RE）等为基尼系数进一步拓展。因此，基于此，本书选取基尼系数、Suits指数、泰尔指数、MT指数和P指数作为增值税收入分配效应的测量指标，并进一步介绍收入分配效应的测算流程。

第一节　收入分配效应测算指标

收入分配效应测算指标可以分为两类：一类是收入分配效应经典指数，包括基尼系数、Suits指数、泰尔指数等；另一类是收入分配效应衍生指数，即在经典指数基础上通过公式分解而获得的一类指数，包括MT指数、P指数等。不同指数各有特点，结合使用可以较为全面地反映某一税种的收入分配效应及其税制要素的收入分配效应。在介绍具体指数之前，本节首先从指数基础理论（洛伦兹曲线基本原理）开始介绍，然后介绍收入分配效应经典指数，最后介绍收入分配效应衍生指数。

一　洛伦兹曲线基本原理

在经济学中，洛伦兹曲线（Lorenz Curve），又名集中度曲线，是收入或财富分配的图形表示。它是马克斯·洛伦兹（Max O. Lorenz）在1905年提出的，用来表示财富分配的不平等。该曲线展示了N%收入最低者拥有总收入或总财富的比例，即展示了N%家庭拥有Y%比例的所得。通常情况下，横轴（见图5-1中ON）从左到右表示的是按收入由低到高排序的累计人口百分比，纵轴（见图5-1中NM）从下往上表示的是与人口百分比相对应的累计收入或财富百分比。当N%的人口拥有N%的收入或财富时，即每个人拥有的收入或财富完全一样时，则认为实现了完全平等（Perfect Equality），其可由图5-1中OM直线来表示，OM直线又称为"完全平等线"（Line of Perfect Equality）。与之相对应的情况是完全不平等（Perfect Inequality），即只有1个人拥有所有收入或财富，剩余其他人什么都没有，如当N<100%时，Y=0且N=100%时，Y=100%，其可由图5-1上ONM折线来表示，ONM直线又称为"完全不平等线"（Line of Perfect Inequality）。而大多数情况则是介于完全平等和完全不平等之间，即洛伦兹曲线由图5-1中OM曲线表示。

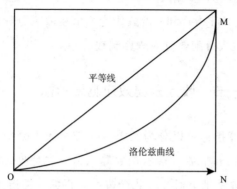

累计收入或财富百分比（100%）

按收入由低到高排序的累计人口百分比（100%）

图 5-1　洛伦兹曲线

基于洛伦兹曲线的上述定义和图 5-1，洛伦兹曲线从数学上可由一组概率分布函数进行表示。假设洛伦兹曲线的函数形式为 L（F），其中，F 为人口累积部分（一般用横轴表示，参见图 5-1 中 ON 直线），L 为总收入或总财富累积部分（一般用纵轴表示，参见图 5-1 中 NM 直线）。

1. 收入 Y 取离散分布概率密度函数

假设 Y 取离散分布概率密度函数，y_1，…，y_n 的值给定且为非降序排列（即 $y_i \leqslant y_{i+1}$）。其概率分布函数为 $f(y_i) = \mathrm{Pr}(Y = y_i)$，洛伦兹曲线为连续分段性函数（Continuous Piecewise Linear Function）并连接 (F_i, L_i) 各点，i 取 0 到 n；其中，$F=0$，$L=0$。因此：

$$F_i = \sum_{j=1}^{i} f(y_i) \qquad (5-1)$$

$$S_i = \sum_{j=1}^{i} f(y_i) y_i \qquad (5-2)$$

$$L_i = S_i / S_n \qquad (5-3)$$

当所有的 y_i 都是等概率，且概率是 $1/n$ 时，上述公式则可以化简为：

$$F_i = i/n \qquad (5-4)$$

$$S_i = 1/n \sum_{j=1}^{i} y_i \qquad (5-5)$$

$$L_i = S_i / S_n \qquad (5-6)$$

2.收入 Y 取连续分布概率密度函数

当 Y 取连续分布概率密度函数时，假设概率密度函数为 f，并且累积分布函数为 F，相应的洛伦兹曲线 L 可以表示为如下形式：

$$L\left(F\left(X\right)\right) = \frac{\int_{-\infty}^{X} tf\left(t\right)\mathrm{d}t}{\int_{-\infty}^{\infty} tf\left(t\right)\mathrm{d}t} = \frac{\int_{-\infty}^{X} tf\left(t\right)\mathrm{d}t}{\mu} \qquad (5-7)$$

上述公式中，μ 表示平均值。洛伦兹曲线 $L(F)$ 可以绘制为 X 的函数参数：$L(X)$ vs. $F(X)$。此外，对于累积分布函数 $F(X)$，若存在逆函数，假设逆函数的形式为 $X(F)$，洛伦兹曲线可以直接写成如下形式：

$$L\left(F\right) = \frac{\int_{o}^{F} X\left(F_1\right)\mathrm{d}F_1}{\int_{o}^{1} X\left(F_1\right)\mathrm{d}F_1} \qquad (5-8)$$

3.洛伦兹曲线的特征

洛伦兹曲线具备以下特点。第一，洛伦兹曲线总是从（0，0）开始，到（1，1）结束。第二，如果概率分布的平均值为零或无穷大，洛伦兹曲线就没有定义。第三，洛伦兹曲线概率分布函数是连续函数。然而，代表不连续函数的洛伦兹曲线可以构造为洛伦兹曲线概率分布的极限，例如完全不平等曲线。第四，洛伦兹曲线中的信息可以用基尼系数和洛伦兹不对称系数（Lorenz Asymmetry Coefficient）来概括。第五，洛伦兹曲线不能低于完全平等线。第六，如果被测变量不取负值，洛伦兹曲线就不会低于完全不平等线且为递增。

二 基尼系数基本原理

基尼系数是衡量收入分配效应最常见的测算指标，主要用以测度一个国家的居民收入或财富分配的不平等程度。最早由意大利统计学家和社会学家科拉多·基尼（Corrado Gini）正式提出，并发表在他 1912 年的论文《可变性和突变性》（*Variability and Mutability*）中。

基尼系数是根据洛伦兹曲线进行数学定义的，正如前文所述，洛伦兹曲线描绘的是收入由低到高人口的收入占总人口总收入的比例。图 5-2 中，直线 OM 是 45°平等线，表示为收入在居民间完全平等分配；折线

ONM表示为收入在居民间完全不平等分配；曲线OM为洛伦兹曲线，表示收入在居民间的实际分配情况；洛伦兹曲线与直线OM之间的面积表示实际收入分配与完全平等分配的差距，用A表示；洛伦兹曲线与折线ONM之间的面积表示实际收入分配与完全不平等分配的差距，用B表示；基尼系数等于实际收入分配与完全平等分配之间的面积占完全平等分配与完全不平等分配之间的面积，即 Gini= A/(A + B)（Gini=2A 和 1–2B，因为 A + B = 0.5）。

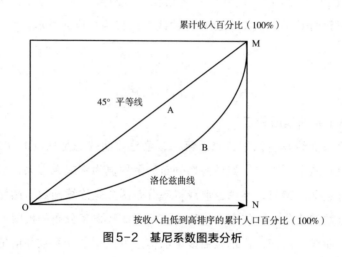

图5-2　基尼系数图表分析

通常情况下，当样本人口拥有正收入时，基尼系数的取值介于0和1之间。当基尼系数取0时，表示收入完全平等分配。而当基尼系数取1时，则表示收入完全不平等分配。并且基尼系数值越小，表示收入分配越平等。依据联合国开发计划署等组织规定：当基尼系数低于0.2时表示收入分配非常平等，0.2~0.29表示收入分配比较平等，0.3~0.39表示收入分配平等，0.4~0.59表示收入分配不平等，而0.6以上则表示收入分配极不平等。但是在某些情况下，基尼系数取值可能会大于1，例如，当样本中人口因债务等原因存在负收入的情况时，基尼系数值可能大于1。此外，由于基尼系数可以比较直观地反映居民间的收入差距，从而获得各国普遍认同和采用。

基尼系数的计算公式非常多，依据概率分布函数（Probability

Distribution Function）的特征进行划分，基尼系数可以分为离散型概率分布函数下基尼系数和连续型概率分布函数下基尼系数，具体如下。

1.收入或财富为离散型概率分布函数下基尼系数计算

如果 X_i 是个人 i 的财富或收入，且总共有 n 个人，在离散型概率分布函数下，基尼系数 G 可以表示为：

$$G = \frac{\sum_{i=1}^{n}\sum_{j=1}^{n}\left|X_i - X_j\right|}{2\sum_{i=1}^{n}\sum_{j=1}^{n}X_i} = \frac{\sum_{i=1}^{n}\sum_{j=1}^{n}\left|X_i - X_j\right|}{2n\sum_{j=1}^{n}X_j} = \frac{\sum_{i=1}^{n}\sum_{j=1}^{n}\left|X_i - X_j\right|}{2n^2\bar{X}} \qquad (5-9)$$

2.收入或财富为连续型概率分布函数下基尼系数计算

当收入或财富分配以连续型概率分布函数 $p(x)$ 给出时，基尼系数 G 可以表示为：

$$G = \frac{1}{2\mu}\int_{-\infty}^{\infty}\int_{-\infty}^{\infty}p(x)p(y)\left|x - y\right|\mathrm{d}x\mathrm{d}y \qquad (5-10)$$

式中， $\mu = \int_{-\infty}^{\infty}xp(x)\mathrm{d}x$ 是分布的均值，当所有收入均取正值时，积分下限（$-\infty$）可以改写为0。

3.基尼系数计算的简单示例

上述基尼系数的计算公式给出了一个国家收入分配的定性理解，但并不是任何一个国家都需要按照上述公式进行计算。从前文可知，收入分配存在两种极端假设。①完全平等的社会。在这一社会下，每个人获得相同的收入，此时，基尼系数值 G 为 0。②完全不平等的社会。在这一社会下，1个人获得社会总收入，即100%收入，剩余 n-1 个人什么也没有，此时，基尼系数值 G 为 1-1/n。而第三种情况应该介于这两种极端情况之间，即存在低收入和高收入两类群体。③假设高收入人口占比为u，相应地取得收入占总收入比为f，基尼系数则为f-u。但具有相同u和f值的实际更渐进的分布的基尼系数总是会高于f-u。例如，最富有的20%的人口拥有所有收入的80%，此时的基尼系数值至少为60%。一个经常被引用的例子是1%的世界人口拥有50%的世界财富[1]，这意味着财富基尼系数至

---

① Treanor, Jill. Half of World's Wealth Now in Hands of 1% of Population-report ［J］. The Guardian. 2015（13）.

少为49%。

4.本书采用的基尼系数计算公式

依据收入分布函数（Income Distribution Function）类型不同，基尼系数计算公式的具体形式差异也较大。在连续型概率分布函数下基尼系数的计算公式又可依据收入分布函数形式不同，进一步分为狄拉克δ函数下的基尼系数、均匀分布下的基尼系数、指数分布下的基尼系数、对数-正态分布下的基尼系数、帕累托分布下的基尼系数、卡方分布下的基尼系数、伽马分布下的基尼系数、威布尔分布下的基尼系数、贝塔分布下的基尼系数。除此之外，还有其他一些基尼系数的计算公式和计算方法。

本书依据选取的样本数据特征，采取如下基尼系数计算公式。

$$G_i = 1 - \sum_{i=1}^{n} P_i (2Q_i - W_i) \qquad (5-11)$$

其中，G表示基尼系数；W_i表示第i组人均收入份额，即第i组人均收入占总收入的比重；P_i表示第i组人口频数，即第i组人口占总人口比重；Q_i表示第1组到第i组的累计人均收入占总收入的比重，且$Q_i = \sum_{j=1}^{i} W_j$。如果税前基尼系数大于税后基尼系数，则表明增值税具有积极收入分配效应，有利于缩小一国收入差距。反之，则表明增值税具有消极收入分配效应，不利于缩小一国收入差距。

5.基尼系数使用局限

作为测算收入分配效应常用的一项指标，基尼系数计算公式相对较为简便，因而被广泛使用。然而，从本质上来看，基尼系数仍然是一个相对指标，这意味着基尼系数会忽略许多其他重要细节部分，而这些细节部分在全面考虑、衡量或比较收入分配效果时，又是极其重要的考量因素。例如，对于一个发展中国家而言，当其陷入绝对贫困的人口减少时，该国的基尼系数值却可能上升，这是因为基尼系数仅测算的是相对财富，而非绝对财富。由基尼系数衡量的收入不平等的变化还可能是社会的结构性变化导致的，如人口增长（婴儿潮、人口老龄化、离婚率上升、大家庭分裂成核心家庭、移民等）和收入流动性。

此外，基尼系数很简单，这种简单性可能会导致疏忽，可能会混淆不同人群的比较。例如，依据孟加拉国（人均收入为1693美元）和荷兰（人均收入为42183美元）的数据所计算出来的2010年基尼系数均为0.31[1]，但这两个国家的生活质量、经济机会和绝对收入都是非常不同的，即国家可能有相同的基尼系数，但在财富上有很大的不同。在发达经济体中，基本生活必需品是人人都能获得的，而在不发达经济体中，在相同的基尼系数下，由于绝对财富较低，基本生活必需品可能是大多数人都无法获得或不平等获得的。

再者，不同的收入分布还可能存在相同的基尼系数，即在某些情况下，两个人口总收入相同、收入分布不同的国家可以有相同的基尼指数（例如收入洛伦兹曲线相交的情况）[2]。如表5-1所示，两个国家总收入相同，按家庭分组的平均收入分布不同，但计算得出的基尼系数值却均为0.2。

表5-1　具有相同基尼系数的不同收入分布

单位：欧元

分组	国家A年收入	国家B年收入
1	20000	9000
2	30000	40000
3	40000	48000
4	50000	48000
5	60000	55000
总收入	200000	200000
基尼系数值	0.2	0.2

最后，虽然基尼系数可以在一定程度上反映收入分布特征，并评价某一税种或整个税制的累进性，但基尼系数仍存在固有的、不易纠正的内在缺陷。当低收入群体税制累进（累退）、高收入群体税制累退（累进）时，

[1]　United Nations Development Program. The Real Wealth of Nations: Pathways to Human Development（2010 Human Development Report—see Stat Tables）. 2011: 152-156.

[2]　Bellù, L G, Liberati, P. Inequality Analysis: The Gini Index［J］. Food and Agriculture Organization, 2006.

计算得出的基尼系数等于0，进而判断税制为比例制，如图5-3所示。但这一结果与实际情况大相径庭，因此，有必要结合其他收入分配指数作进一步判断。

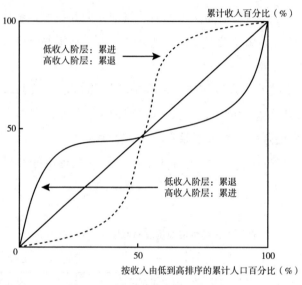

图5-3　基尼系数内在固有缺陷

三　Suits指数基本原理

Suits指数是公共政策中用以衡量税收累进程度的指标，它由美国经济学家Daniel B·Suits提出并以其名字命名，Suits指数的计算方法与基尼系数的计算方法类似，通过对比高低收入者占有收入份额的比例与其承担税收份额的比例，来判断税制的累进与否。具体计算原理如图5-4所示，横轴ON表示按收入由低到高排序的累计人口百分比，纵轴NM表示不同收入阶层相对应承担的累计税收负担百分比，曲线OM表示不同收入阶层的税收负担占总税收负担的比率，又名税收集中度曲线。当等量收入支付等量税收时，税收集中度曲线OM与直线OM重合，税制表现为比例税。当低收入者支付更多的税收时，集中度曲线OM则在45°平等线下方，税制表现为累退税。当高收入者支付更多的税收时，集中度曲线OM在45°平等线上方，税制表现为累进税。

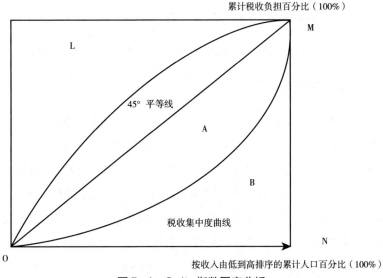

图5-4　Suits指数图表分析

与基尼系数计算过程类似，图5-4中，直线OM是45°平等线，表示为税负在居民间实现完全公平分配；折线ONM表示为税负完全由最低收入者负担，税收负担极其不公平；曲线OM为税收集中度曲线，表示为税收在居民间的实际负担情况；税收集中度曲线与直线OM之间的面积表示实际税收负担与税负完全公平的差距，用A表示；税收集中度曲线与折线ONM之间的面积表示实际税收负担与税收负担极其不公平的差距，用B表示；Suits指数等于实际税收负担与税负完全公平之间的面积占税负完全公平与税收负担极其不公平之间的面积，即Suits= A /（A+B）=1-B/（A+B）=1-2B（因为A+B=0.5）。

根据定义，Suits指数的取值范围为［-1，1］。理论上，当最有钱的人支付了所有税收时，Suits指数取1；而当最穷的人支付了所有税收时，Suits指数取-1。一般情况下，当Suits取值小于0时，表示税制是累退的；当Suits取值大于0时，表示税制是累进的；当Suits取值等于0时，表示税制为比例的。Suits指数既可以用于不同税制累进程度的横向比较，又可以用于同一税种或税收体系不同时期累进程度的纵向比较。

本章依据选取的样本数据特征，采取如下Suits指数计算公式。

$$S = 1 - 2\sum_{i=1}^{n}\big[T(Y_{i-1}) + T(Y_i)\big]/2(Y_i - Y_{i-1}) \tag{5-12}$$

式中，Y_i 表示累计收入百分比，$T(Y_i)$ 表示相对应的税收百分比。

四　泰尔指数基本原理

泰尔指数（Theil Index），又名泰尔熵标准（Theil's Entropy Measure），是由鹿特丹伊拉斯谟大学的计量经济学家亨利·泰尔（Henri Theil）提出的一项统计指标，最早用于衡量经济不平等及其他经济现象。相比基尼系数，泰尔指数可以同时有效衡量样本组内和组间差距造成的收入不平等，并可进一步分解并具体衡量组内不平等和组间不平等。因此，泰尔指数经常用以衡量个人之间或者地区间的收入差距（不平等度）。

泰尔指数是依据香农（Shannon）信息熵 S 推导得出的，而熵是对一组给定信息随机性的度量，泰尔指数=所有所得均衡分配时最大理论熵值（S）-泰尔熵值（S）。通常情况下，最大理论熵值是一个常数，两值之间的差异表明实际情况远离"理想"情况的程度。因此，泰尔指数越大，表明收入差距越大，收入分配越不均等。

与基尼系数类似，泰尔指数的计算公式非常多，依据概率分布函数（Probability Distribution Function）的特征进行划分，泰尔指数可以分为离散型概率分布函数下泰尔指数和连续型概率分布函数下泰尔指数，连续型概率分布函数下泰尔指数的计算公式又可依据收入分布函数形式不同，进一步分为狄拉克δ函数下的泰尔指数、均匀分布下的泰尔指数、指数分布下的泰尔指数、对数-正态分布下的泰尔指数、帕累托分布下的泰尔指数、卡方分布下的泰尔指数、伽马分布下的泰尔指数、威布尔分布下的泰尔指数，除此之外，还有其他一些泰尔指数的计算公式和计算方法。

根据泰尔指数在国内收入分配领域的应用，泰尔指数通常分为泰尔熵 H 指数和泰尔熵 L 指数，泰尔熵 H 指数对高收入阶层收入水平变化敏感，而泰尔熵 L 指数对低收入阶层收入水平变化较为敏感。本章结合选取的样本数据特征以及衡量指标的特点，从互补性视角出发，同时采用泰尔熵 H 指数和泰尔熵 L 指数，测算我国增值税对分布收入两端阶层的收入分配效应。

泰尔熵 H 指数公式形式具体如下。

$$T_H = \sum_{i=1}^{n} u_i \log \frac{\overline{Y}}{y_i} \qquad (i=1，\cdots，n) \qquad (5-13)$$

式中，T_H 表示泰尔熵 H 指数，n 为样本个数，u_i 为样本人口的收入、可支配收入份额，$u_i = y_i/Y$，y_i 为样本人口的收入、可支配收入等指标，$\overline{Y}$ 为 y_i 的平均值，$\overline{Y} = \sum_{i=1}^{n} p_i y_i = \sum_{i=1}^{n} \left[\left(p_i/P \right) \left(y_i/p_i \right) \right] = Y/P$，$Y$ 为该项收入、可支配收入等指标的样本合计数。

泰尔熵 L 指数公式形式具体如下。

$$T_L = \sum_{i=1}^{n} p_i \log \frac{\overline{Y}}{y_i} \qquad (i=1，\cdots，n) \qquad (5-14)$$

式中，T_L 表示泰尔熵 L 指数，n 为样本个数，p_i 为样本人口份额，y_i 为样本人口的收入、可支配收入等指标，Y 为该项收入、可支配收入等指标的样本合计数，P 为样本总人口，$\overline{Y}$ 为 y_i 的平均值，$\overline{Y} = \sum_{i=1}^{n} p_i y_i = \sum_{i=1}^{n} \left[\left(p_i/P \right) \left(y_i/p_i \right) \right] = Y/P$。

按城乡地域划分，收入差距可以分为城镇内部、农村内部和城乡之间的收入差距，相应的泰尔指数也可以进一步分解为城镇内部、农村内部、城乡之间收入差距。结合本章采用泰尔指数的类别，泰尔指数分解公式如下所示。

$$T_H = \sum_{k=1}^{K} \frac{y_k}{Y} \log \frac{y_k}{n_k/n} + \sum_{k=1}^{K} \frac{y_k}{Y} \sum_{i \in k} u_i \log \left(\frac{\overline{Y}}{y_i} \right) \qquad (k=1，2；i=1，\cdots，n)$$

$$(5-15)$$

$$T_L = \sum_{k=1}^{K} \frac{p_k}{P} \log \frac{y_k}{n_k/n} + \sum_{k=1}^{K} \frac{p_k}{P} \sum_{i \in k} p_i \log \frac{\overline{Y}}{y_i} \qquad (k=1，2；i=1，\cdots，n)$$

$$(5-16)$$

公式 5-15 和公式 5-16 中，等式右端第一项表示为组间收入差距，第二项表示为组内收入差距。其中，k 取 1 和 2，分别表示城镇居民家庭样本和农村居民家庭样本，y_k 表示样本的可支配收入份额，其等于城镇居民家庭总可支配收入或农村居民家庭总可支配收入占全国居民家庭总可支配收入的比重。Y 表示全国居民家庭总可支配收入，n 表示全国居民家庭样本数，n_k表示城镇居民家庭或农村居民家庭样本数。p_k表示城镇居民家庭或农村居民家庭样本人口份额，其等于城镇居民家庭总户数或农村居民家庭总户数占全国居民家庭总户数的比重，P表示全国居民家庭总户数，u_i和y_i的意义同公式5-13和公式5-14。

五　P指数和MT指数基本原理

P指数和MT指数是在经典指数基础上通过公式分解而获得的一类指数，即收入分配效应衍生指数。该类指数在一定程度上要么提供了更为直观的收入分配结果，要么提供了经典指数无法提供的有关收入分配的更多具体内容。其中，P指数是在基尼系数和税收集中度基础上计算得出的，用于衡量税收的累进或累退性，并可通过适当分解进一步掌握税制要素的累进或累退性及累进或累退程度；MT指数则是直接基于税前基尼系数和税后基尼系数计算得出的，用于直观判断收入分配的改善情况及改善程度。本小节从税收集中度、税收的累退性与累进性（P指数）以及MT指数进行逐一介绍。

（一）税收集中度

税收集中度是指相对收入而言，税收负担在不同收入群体之间分布的一个衡量指标。税收集中度曲线与洛伦兹曲线很像，具体来说，将一个国家或者地区居民的纳税情况描述在一个二维平面直角坐标系中，横轴为人口百分比，将横轴人口按纳税多少从左到右排列，最左侧是纳税最少的群体，最右侧是纳税最多的群体，纵轴为该人口所纳税收占总税收的百分比，便可以得到税收集中度曲线。

为了更清晰地说明税收集中度的概念，也为了说明税收集中度与基尼系数的不同，本小节构造了一个函数$F_1[g(x)]$，令$F_1[g(x)]$为收入水平在x以下的人所拥有的$g(x)$占所有人拥有的$g(x)$的比重。这样当$g(x)=x$表示居民收入时，$F_1(x)$表示收入水平在x以下的人的总收入占所有人总收入的比重；当$g(x)$表示居民收入为x的人所缴纳的税收时，$F_1[g(x)]$表示收入水平在x以下的人所缴纳的税收占税收总额的比重，则：

$$F_1[g(x)] = \frac{\int_0^x g(x)n(x)\mathrm{d}x}{\int_0^\infty g(x)n(x)\mathrm{d}x} = \frac{\frac{1}{N}\int_0^x g(x)n(x)\mathrm{d}x}{\frac{1}{N}\int_0^\infty g(x)n(x)\mathrm{d}x} = \frac{\int_0^x g(x)f(x)\mathrm{d}x}{\int_0^\infty g(x)f(x)\mathrm{d}x} \quad (5-17)$$

$$= \frac{1}{E[g(x)]}\int_0^x g(x)f(x)\mathrm{d}x$$

其中，$n(x)$ 为收入水平在 x 的人口数量，N 为人口总数，则 $f(x) = n(x)/N$ 表示收入水平在 x 的人口密度，E 表示期望。因此，基尼系数的计算公式为：

$$G_x = 1 - 2\int_0^\infty F_1(x)f(x)\mathrm{d}x = 1 - 2\int_0^\infty \frac{1}{Ex}\int_0^x tf(t)\mathrm{d}t\, f(x)\mathrm{d}x \quad (5-18)$$

令 $T(x)$ 表示收入水平在 x 的人缴纳的税收，当 $F_1[T(x)]$ 表示纳税水平在 $T(x)$ 以下的人所缴纳的 $T(x)$ 占所有人缴纳的 $T(x)$ 之和的比重时，则税收集中度的计算公式为：

$$C_T = 1 - 2\int_0^\infty F_1[T(t)]f(t)\mathrm{d}t = 1 - 2\int_0^\infty \frac{1}{ET(t)}\int_0^x T(t)f(t)\mathrm{d}t\, f(x)\mathrm{d}x \quad (5-19)$$

由上文说明可以看出，税收集中度与基尼系数主要有两点不同。第一，基尼系数的横坐标从左到右排序是按照收入水平从小到大进行排序的，而税收集中度则是以纳税额从小到大进行排序的。第二，基尼系数的纵坐标表示的是与横坐标对应的人口百分比所拥有的收入占居民总收入的比重，税收集中度则表示的是与横坐标的对应的人口百分比所缴纳的税收占居民纳税总额的比重。

（二）税收的累退性与累进性（P指数）

如果某一税种的平均有效税率随着居民收入水平的提高而降低，则该税种具有累退性。反之，如果某一税种的平均有效税率随着收入水平的提高而提高，则该税种具有累进性。一个税种如果具有累退性，则征收该税种不利于居民收入分配改善；而一个税种如果具有累进性，则征收该税种会改善居民的收入分配状况。

但税收累进性与累退性的问题远没有这么简单。比如，某一税种的平均有效税率并没有随着居民收入水平的提高而单调降低或者单调下降，而是随着居民收入水平的提高先上升后下降，那么该税种是累进的还是累退的呢？

现有研究已经对这一问题进行了分析，对一个税种累退性或者累进性的界定需要用到税收集中度的概念。在不考虑重新排序问题时，测度一个税种是累进的还是累退的，可以使用如下公式：

$$P = C_T - G_X \tag{5-20}$$

其中，C_T 表示税收集中度，而 G_X 表示征税前居民收入分配的基尼系数。如果 P 值大于零，则税收具有累进性，而如果 P 值小于零，则税收具有累退性。

所谓的重新排序问题是指，测算基尼系数时的横坐标是按照收入水平的大小将收入群体从左到右排序，而测算税收集中度时的横坐标是按照居民纳税数额多少将收入群体从左到右排序，当某一低收入个体缴纳的税收绝对额大于某一高收入个体时就会产生重新排序问题。重新排序问题会使 P 值无法衡量税收累退性或者累进性。重新排序问题在使用微观数据测算税收的累退性与累进性问题时非常常见，当数据的组与组之间的差距比较大时，税收不会导致重新排序问题。因此，使用 P 值来衡量税收的累退性与累进性问题是较为合适的。

（三）MT 指数

与基尼系数相似，税收集中度反映的是不同居民纳税水平的差异程度。而税收的累退性与累进性反映的是一个税种是负向还是正向影响居民的收入分配状况。但是税收的累退性与累进性并不能衡量税收影响居民收入分配状况的程度，测量税收的收入分配效应程度的常用指标是 Musgrave 和 Thin（1948）提出的 MT 指数，该指数等于税前基尼系数和税后基尼系数的差值，用公式表示如下：

$$MT = \left(G_X - G_Y \right) \tag{5-21}$$

其中，MT 为 Musgrave 和 Thin 指数，衡量的是税收的收入分配效应，G 为基尼系数，X 和 Y 分别表示税前和税后收入。因此，若 MT 为正值，则税收有利于改善收入分配状况；若 MT 为负值，则税收不利于改善收入分配状况。

基尼系数变化率与 MT 指数的关系如下：

$$基尼系数变化率 = \frac{G_Y - G_X}{G_X} = -\frac{MT}{G_X} \tag{5-22}$$

MT指数的作用在于它不仅可以衡量一项政策对收入分配的影响，而且还建立了收入分配效应与平均有效税率、P指数之间的关系。同时，学者还可以使用MT指数的分解来研究影响政策收入分配效应的因素。假设MT指数与平均有效税率以及P指数的关系如下：

$$MT = \frac{t}{(1-t)} \times p \qquad (5-23)$$

其中，t表示居民总消费支出中的含税量占居民可支配收入的比重，即平均税率。该形式的MT指数没有考虑人们收入排序的改变，最早可见于Kakwani（1977）。Kakwani（1984）对上述形式的MT指数的分解方法进行了完善，考虑了排序的变化值，并将这一部分定义为横向公平，余下部分则定义为纵向公平，具体公式如下：

$$MT = H^K + V^K = (C_Y - G_Y) + \frac{t}{(1-t)} \times P \qquad (5-24)$$

公式5-24中，H^K表示横向公平，$H^K = C_Y - G_Y$；V^K表示纵向公平，$V^K = t/(1-t) \times P$。其中，C_Y为按税前收入排序的税后集中率，G_Y为税收基尼系数。

随着20世纪90年代对"古典横向公平"研究不断深入，人们对税收再分配效应的分解研究也开始转向将横向公平和再排序效应区分开来。Aronson等（1994）首次提出了该分解，具体公式如下：

$$MT = V^{AJL} - H^{AJL} - R^{AJL} = \frac{t}{(1-t)} \times P - \sum \alpha_Y G_{F(X)} - (G_Y - C_X) \qquad (5-25)$$

公式5-25中，V^{AJL}、H^{AJL}、R^{AJL}分别表示纵向公平、横向公平和再排序效应。Wagstaff等（1999）将上述分解方式简称为AJL分解。AJL分解方法排除了纵向公平与横向公平之间、横向公平和再分配效应之间的交叉影响，使这三项独立地对税收再分配效应发生作用。然而，相比Kakwani的分解方法，AJL分解方法计算较为复杂，大大增加了计算的难度。因此，结合样本数据特征，本书采用Kakwani的分解方法进行计算。

此外，衡量税收累进性的指数还包括Pigou（1928）提出的平均税率累进性（Average Rate Progression，ARP）和边际税率累进性（Marginal

Rate Progression，MRP)，Musgrave 和 Thin（1948）提出的应纳税额累进性（Liability Progression，LP）和剩余收入累进性（Residual Income Progression，RIP)，Khetan 和 Poddar（1976）提出的中性产出累进性以及 Pfahler（1990）提出的应税收入和税率累进性等，上述累进指数的计算公式具体可参见徐静（2014）。

第二节　收入分配效应测算流程

由于直接税的税负转嫁与税负归宿较为明确，因此直接税对收入分配的影响也相对比较直观。与直接税对收入分配的影响不同，间接税主要是以价格为载体，通过商品或服务的流转，将政府征收的税收以前转、后转、混转等不同形式转嫁给不同主体，从而改变不同收入群体之间的收入差距，进而产生收入分配效应，这使得税负转嫁路径和税负归宿对象均不如直接税那么清晰直观。因此，间接税对消费者或要素生产者的可支配收入的分析也更为复杂。增值税是间接税、流转税，其以价格为载体，通过商品或服务的流转，将税负以不同的方式转嫁给消费者或生产要素供给者，在进行收入分配效应分析时，需要紧抓价格的变化来进一步分析增值税的收入分配效应。本部分从样本数据选取、研究假设和研究单位、测算流程三方面进行论述。

一　样本数据选取

样本数据的选取对实证结果的精确度有直接影响，在选取数据时，宜采用权威机构公布的数据，例如各类年鉴数据、国家统计局的住户调查数据等。本书所需数据主要包括可支配收入、总消费支出及八大类别消费支出等数据，相关核心数据主要见于《中国城市（镇）生活与价格年鉴》、中国家庭收入调查（Chinese Household Income Project，简称 CHIP）数据、中国家庭追踪调查（China Family Panel Studies，简称 CFPS）数据以及《中国统计年鉴》的农村与城镇居民家庭分组数据。其中，CHIP 数据和 CFPS 数据均为由高校组织发起的微观住户调查数据，对外公布年份较为有限；而《中国城市（镇）生活与价格年鉴》和《中国统计年鉴》的农村与城镇居民家庭分组数据则由统计局对外提供，对外公布的数据在时间上具有连续性。

（一）CHIP数据

CHIP数据是由北京师范大学中国收入分配研究院CHIP课题组从1988年开始收集的住户收入和支出数据，用以追踪中国收入分配的动态情况。课题组相继在1989年、1996年、2003年、2008年和2014年进行了五次入户调查，分别收集了1988年、1995年、2002年、2007年和2013年的收支信息，以及其他家庭和个人信息。[①]选择CHIP数据作为本书样本数据的原因主要有以下两点：第一，所有CHIP数据均包含城镇住户调查和农村住户调查数据，数据具有较强的代表性；第二，CHIP数据样本采取按收入水平排序的等距随机抽样方法从国家统计局每年进行的城镇住户抽样调查大样本和农村住户抽样调查大样本抽取，同时设计调查问卷进行入户调查，并提供了调查对象具体收支信息及其他相关信息，数据的详细程度、精确度较高。

（二）CFPS数据

CFPS数据是由北京大学中国社会科学调查中心（ISSS）实施的一项全国性、综合性的社会追踪调查项目，旨在通过追踪收集个体、家庭、社区三个层次的数据，反映中国社会、经济、人口、教育和健康的变迁，为学术研究和公共政策分析提供数据基础。CFPS经过多年筹备以及2008年、2009年两年的预调查，于2010年正式开始基线调查，此后又分别于2012年、2014年、2016年、2018年开展了四轮全样本的追踪调查，先后对外公布了2010年、2012年、2014年、2016年和2018年调查数据，调查数据中包括了各住户的收支信息，以及其他家庭和个人信息。[②]选择CFPS数据作为本书样本数据的原因主要有以下三点：第一，所有CFPS数据均包含城镇住户调查和农村住户调查数据，数据具有较强的代表性，数据的详细程度、精确度较高；第二，CFPS数据更新到2018年，比CHIP数据要新，可以弥补CHIP数据时效滞后的缺点；第三，用CFPS数

---

① CHIP数据下载网址：http://www.ciidbnu.org/CHIP/index.asp。

② CFPS数据下载网址：http://www.isss.pku.edu.cn/cfps/download/login。

据计算得出的收入分配效应可以和CHIP数据计算得出的收入分配效应互为检验。

（三）《中国城市（镇）生活与价格年鉴》和《中国统计年鉴》的农村与城镇居民家庭分组数据

相比CHIP数据和CFPS数据，《中国城市（镇）生活与价格年鉴》和《中国统计年鉴》的农村与城镇居民家庭分组数据是对大量微观数据进行了处理后对外公布的七等份分组或五等份分组居民收支数据，该样本数据是一组均值，且由于样本量小、代表性低，相应的计算结果也会存在较大的偏误。因此，需要结合CHIP数据和CFPS数据进行收入分配效应的实证测算。此外，《中国城市（镇）生活与价格年鉴》提供的数据存在以下三个重要缺陷：第一，该年鉴只统计收集了城镇居民的各类收支数据，未统计收集农村居民的各类收支数据，不利于全面分析增值税对城乡居民的收入分配效应；第二，该年鉴中提供的城镇居民收支数据是按最低收入户、低收入户、中等偏下收入户、中等收入户、中等偏上收入户、高收入户和最高收入户七等份分组统计收集的，仅七个样本，用以测算增值税的收入分配效应时，最终结果会与现实情况存在较大偏离，会降低实证结果的精确度；第三，该年鉴提供的城镇居民各类收支数据仅到2012年（对应为2011年数据），后续不再提供城镇居民各类收支数据。鉴于以上原因，本书主要采用CFPS数据作为本书实证的样本数据。

二　研究假设和研究单位

研究假设不同、研究单位不同，相应的研究结论会存在一定的差异。关于增值税收入分配效应的研究假设分为税负完全转嫁和税负不完全转嫁两种。研究单位则分为以家庭为研究单位和以个人为研究单位两种。对于研究假设的选择，则具体要根据所选模型的设定进行，而研究单位选择则相对宽松。

（一）研究假设

从前文对一般消费税税负转嫁与税负归宿内容的探讨可知，一般消费税转嫁方式包括前转、后转、混转、税收资本化等，并且税负转嫁的方向或转嫁对象（转嫁给生产者还是消费者）、转嫁程度（生产者和消费者分别承担多少税负额）均取决于供求弹性的大小。当供给弹性大于需求弹性时，相比消费者，生产者对价格的变动更为敏感，此时，1单位税负变动会对生产者的供给量影响更大，为了使供求平衡，消费者将承担更多税负。而当供给弹性小于需求弹性时，相比生产者，消费者对价格的变动更为敏感，此时，1单位税负变动会对消费者的需求量影响更大，为了使供求平衡，生产者将承担更多税负。

增值税属于流转税，其通过商品的生产、流通、消费等流转环节及劳务的提供环节，对每一环节的增值额征税。增值税本质上具有税负转嫁的特性。鉴于增值税这一特征，Pechman（1985）、聂海峰和刘怡（2009）、聂海峰和岳希明（2013）等学者均曾基于税负完全前转假设，采用投入产出法或税收价格模型等，研究分析了增值税的收入分配效应。然而，无论是税负完全转嫁，还是税负不完全转嫁，由于边际消费倾向递减，增值税的累退性并不会由于研究假设不同而出现大逆转，只不过累退程度会或大或小有所变化。因此，为了和已有文献结果保持可比性以及和模型设定进行配比，在使用投入产出模型对增值税收入分配效应进行测算时，采用税负完全转嫁假设，而在使用CGE模型对增值税收入分配效应进行测算时，采用税负不完全转嫁假设。

（二）研究单位

而关于研究单位的讨论，主要有两种观点。一种观点是以家庭为研究单位。理由是Fullerton和Rogers（1993）指出个人福利状态不仅简单取决于其自身收入或财富，还取决于整个家庭的收入或财富。对于税收收入分配效应的研究重心理应放在家庭层面。另一种观点是以个人为研究单位。理由是以家庭为单位进行收入分配效应研究仅考虑了收入规模，忽略家庭规模、家庭成员特点等重要信息，造成收入分配效应测算结果失准（Warren，2008）。例如，同样收入规模的两个家庭，第一个家庭由3口人组成，2个成年人且均有工作，1个上学儿童。第二个家庭由5口人组成，2个成年人且只有1人有工作，2个需要赡养的老人，1个上学儿童。如果按家庭收入进行收入分配效应测算，而不考虑家庭规模，则会得出相同的收入分配结果。因此，可以依据家庭成员特征分配相应的权重，求出可代表家庭的个人等价性规模收入（Equivalence Scale Income）。例如，对于某一家庭而言,可以设定户主权重值为1,配偶为0.8,老人为0.5,小孩为0.3。此时,第一个家庭代表性个人收入=家庭收入/(1+0.8+0.3),第二个家庭代表性个人收入=家庭收入/(1+0.8+0.5+0.5+0.3)。如果家庭年收入均为10万元,则第一个家庭代表性收入=4.76万元,第二个家庭代表性收入=3.23万元。随着时间推移,采用第二种方法已成为国际趋势,但是对于权重的配比尚未达成共识。国内则受到微观样本特征的制约,尚未有文献采用可代表家庭的个人等价性规模收入来测算增值税的收入分配效应,因此,本书也仅以家庭或个人为研究单位,测算增值税的收入分配效应,待日后可获数据更为成熟完善时再予以丰富。

三 测算流程

现有文献主要采用年鉴数据、CHIP数据和CFPS数据对一般消费税的收入分配效应进行研究。年鉴数据提供的样本较为简单,不存在样本筛选等问题,因此,本小节仅介绍如何使用CHIP数据和CFPS数据测算增值税收入分配效应。

(一)CHIP数据和CFPS数据样本筛选

基于时效性考虑,一般应采用最新可用的微观数据进行增值税收入分配效应测算,即采用CHIP 2013和CFPS 2018数据测算增值税的收入分配效应。

1. CHIP 2013微观数据介绍及处理

CHIP 2013提供了18302户城镇居民家庭和农村居民家庭的家庭可支配收入(工资性收入、经营净收入、财产净收入、转移净收入四项收入)和消费支出(食品烟酒、衣着、居住、生活用品及服务、交通通信、教育文化娱乐、医疗保健、其他用品和服务八项消费支出),同时登记了样本所属户籍信息,总共分农业户口、非农业户口、居民户口(户口不分农业和非农业)、其他(外籍)四类,具体样本信息中还存在户籍缺失值。针对18302户样本信息,做了以下处理。

第一,剔除掉可支配收入为负和总消费支出为零的样本。

第二,依据户籍所属类别,剔除户籍为缺失值、其他(外籍)户口的样本。

第三，经过上述无效样本剔除，剩余16082户家庭样本。再依据居民户口中户主性质进行划分，将居民户口中户主在户籍更改前为非农业户口的家庭划分为非农业户口居民家庭，居民户口中户主在户籍更改前为农业户口的家庭划分为农业户口居民家庭。

第四，将农业户口对应样本划分为农村居民家庭样本（9958户），非农业户口对应样本划分为城镇居民家庭样本（6124户）。

2. CFPS 2018微观数据介绍及处理

CFPS 2018提供了14241户居民家庭的家庭总收入（过去12个月总收入）和八大类消费性支出（食品支出、衣着鞋帽支出、居住支出、家庭设备及日用品支出、交通通信支出、文教娱乐支出、医疗保健支出、其他消费性支出）数据，根据城乡分类指标，家庭分为城镇和农村两类。具体样本信息中还存在户籍缺失值。针对14241户样本信息，做了以下处理。

第一，剔除掉家庭总收入（过去12个月总收入）为负和总消费支出为零的样本。

第二，依据家庭总收入（过去12个月总收入）和总支出（过去12个月总支出）数据，剔除家庭收不抵支的样本。

第三，剔除掉拒绝回答家庭总收入或对家庭收入不知道的无效样本。

第四，依据城乡分类指标，剔除城乡分类为缺失值的样本。

第五，经过上述无效样本剔除，剩余10594户家庭样本。依据城乡分类指标，再进一步划分样本为城镇居民家庭样本（5654户）、农村居民家庭样本（4940户）。

（二）基于CHIP数据和CFPS数据样本测算增值税收入分配效应

1.运用投入产出模型测算增值税收入分配效应

第一，依据本书构建的投入产出模型，测算增值税改革方案下42部门的商品价格指数。

第二，借鉴聂海峰和刘怡（2010a）的附表，将42部门商品与八大类消费支出相对应，并计算出每类消费支出所对应行业的权重值及对应行业占每类消费支出的比重，计算结果见表5-2。其中，依据附表，第1类消费支出（食品烟酒）对应6食品和烟草，38居民服务、修理和其他服务以及31餐饮业，依据附表中上述三大行业的赋值，计算得出上述行业权重值分别为24、1和1；相应地，食品和烟草，居民服务、修理和其他服务，餐饮业在食品烟酒消费支出占比分别为0.92、0.04和0.04。剩余七类消费支出对应行业的权重值及对应行业占各类消费支出的比重计算以此类推。

表5-2　42部门商品与八大类消费支出对应

消费支出	序号	行业	权重	比重
食品烟酒	6	食品和烟草	24	0.92
	38	居民服务、修理和其他服务	1	0.04
	31	餐饮业	1	0.04
		合计	26	1.00
衣着	7	纺织品	4	0.57
	8	纺织服装鞋帽皮革羽绒及其制品	2	0.29
	38	居民服务、修理和其他服务	1	0.14
		合计	7	1.00
居住	28	建筑	0.2	0.07
	34	房地产	1.6	0.53
	13	非金属矿物制品	0.2	0.07
	27	水的生产和供应	0.2	0.07
	25	电力、热力的生产和供应	0.3	0.10
	2	煤炭采选产品	0.2	0.07
	3	石油和天然气开采产品	0.2	0.07
	26	燃气生产和供应	0.1	0.03
		合计	3	1.00
生活用品及服务	9	木材加工品和家具	2	0.18
	19	电气机械和器材	1	0.09
	7	纺织品	1	0.09
	8	纺织服装鞋帽皮革羽绒及其制品	1	0.09
	13	非金属矿物制品	1	0.09
	15	金属制品	2	0.18
	12	化学产品	1	0.09
	38	居民服务、修理和其他服务	2	0.18
		合计	11	1.00

消费支出	序号	行业	权重	比重
交通通信	18	交通运输设备	1.7	0.28
	11	石油、炼焦产品和核燃料加工品	0.3	0.05
	38	居民服务、修理和其他服务	1	0.17
	30	交通运输、仓储和邮政	1	0.17
	20	通信设备、计算机和其他电子设备	1	0.17
	32	信息传输、软件和信息技术服务	1	0.17
		合计	6	1.00
教育文化娱乐	41	文化、体育和娱乐	1.3	0.33
	10	造纸印刷和文教体育用品	0.2	0.05
	20	通信设备、计算机和其他电子设备	0.7	0.18
	35	租赁和商务服务	0.2	0.05
	38	居民服务、修理和其他服务	0.1	0.03
	32	信息传输、软件和信息技术服务	0.5	0.13
	39	教育	1	0.25
		合计	4	1.00
医疗保健	16	通用设备	1	0.17
	17	专用设备	1	0.17
	40	卫生和社会工作	2	0.33
	6	食品和烟草	1	0.17
	7	纺织品	0.3	0.05
	12	化学产品	0.7	0.12
		合计	6	1.00
其他用品和服务	22	其他制造产品	0.3	0.15
	21	仪器仪表	0.4	0.20
	12	化学产品	0.3	0.15
	31	住宿和餐饮	0.3	0.15
	38	居民服务、修理和其他服务	0.7	0.35
		合计	2	1.00

第三，依据42部门商品价格指数，借鉴聂海峰和刘怡（2010a）的附表，将42部门商品与八大类消费支出相对应，计算出八大类消费支出的综合价格指数。

第四，依据计算得出的八大类消费支出综合价格指数，计算出八大类消费支出的综合实际增值税税率。由于基期价格均为1，八大类消费支出的综合实际增值税税率=（各类消费支出综合价格指数-1）/1×100%。

第五，将各居民家庭按CHIP 2013/CFPS 2018中可支配收入由低到高进行排序，并依据基尼系数、Suits指数、泰尔指数、MT指数及P指数等的计算公式，计算各增值税改革方案下的收入分配效应。

2.运用CGE模型测算增值税收入分配效应

第一，运用GAMS软件测算出各增值税改革方案下42部门的商品价格指数。

第二，借鉴聂海峰和刘怡（2010a）的附表，将42部门商品与八大类消费支出相对应，并计算出每类消费支出所对应行业的权重值及对应行业占每类消费支出的比重，计算结果见表5-6。

第三，依据42部门商品价格指数，借鉴聂海峰和刘怡（2010a）的附表，将42部门商品与八大类消费支出相对应，计算出八大类消费支出的综合价格指数。

第四，依据计算得出的八大类消费支出综合价格指数，计算出八大类消费支出的综合实际增值税税率。由于基期价格均为1，八大类消费支出的综合实际增值税税率=（各类消费支出综合价格指数-1）/1×100%。

第五，将各居民家庭按CHIP 2013/CFPS 2018中可支配收入由低到高进行排序，并依据基尼系数、Suits指数、泰尔指数、MT指数及P指数等的计算公式，计算各增值税改革方案下的收入分配效应。

第六章
中国现行增值税制度的收入分配效应

随着经济社会的发展，我国税制改革的目标也经历了不同阶段的转变，从早期效率为主，到兼顾效率和公平，再到现期更侧重于公平。如何使我国增值税制度更具公平性已具有重要研究意义。而现行增值税制度下，不同收入群体承担的增值税税负情况如何？我国现行增值税制度是否有利于缩小我国居民收入差距？城乡居民谁承担的税负更重？哪一项消费支出的增值税税负最高？本章带着这些问题，基于2018年的数据，利用修正后的增值税投入产出模型，测算我国现行增值税制度的收入分配效应。

第一节　现行增值税制度简介

我国现行增值税制度是在2018年基础上，对基本税率和中间税率下调后形成的增值税制度，即将2018年"16%+10%+6%"三档税率（不考虑零税率和征收率）中的"16%"下调3个百分点和"10%"下调1个百分点，形成了现行"13%+9%+6%"三档税率制度（不考虑零税率和征收率）。其中，9%税率适用范围包括原适用13%税率项目（如粮食等农产品、食用植物油、食用盐，自来水、暖气、冷气、热水、煤气、石油液化气、天然气、二甲醚、沼气、居民用煤炭制品，图书、报纸、杂志、音像制品、电子出版物，饲料、化肥、农药、农机、农膜，国务院规定的其他货物）和部分"营改增"项目（销售交通运输、邮政、基础电信、建筑、不动产租赁服务，销售不动产，转让土地使用权）。6%税率适用范围包括剩余"营改增"项目（销售服务、无形资产）。除上述9%税率适用范围和6%适用范围外，剩余货物和服务均适用13%税率（销售货物、劳务、有形动产租赁服务或进口货物）。

依据《中国税务年鉴》（2019）中"中国2018年税收收入分税种分产业收入情况统计表"的"增值税"数据以及2018年149部门中国投入产出表"增加值"数据，以及我国增值税政策法规，可以计算出2018年增值税法定税率和现行增值税法定税率（见表6-1）。大部分行业可以直接对应现行增值税法定税率，部分行业需要依据"增加值"权重做进一步计算，具体包括造纸印刷和文教体育用品，化学产品，交通运输、仓储和邮政，信息传输、软件和信息技术服务，租赁和商务服务，文化、体育和娱乐。例如，造纸印刷和文教体育用品包括造纸和纸制品，印刷品和记录媒介复制品，工艺美术品，文教、体育和娱乐用品四个细分行业，2018年分别对应16%、10%、16%和16%的法定税率，其2018年增加值分别为42876028万元、24774912万元、11780611万元和20359134万元（权重值为0.42966、0.24827、0.11805和0.20402），2018年造纸印刷和文教体育用品适用的法定税率=0.42966×16%+0.24827×10%+0.11805×16%+0.20402×16%≈14.51%；现行四个细分行业分别对应13%、9%、13%和13%的法定税率，相应地现行造纸印刷和文教体育用品适用的法定税率=0.42966×13%+0.24827×9%+0.11805×13%+0.20402×13%≈12.01%。其他项目计算以此类推。

表6-1　2018年及现行43部门增值税法定税率

单位：%

部门/行业名称	代码	2018年增值税法定税率	现行增值税法定税率
农林牧渔产品	01	10	9
农林牧渔服务	02	10	9
煤炭采选产品	03	16	13
石油和天然气开采产品	04	16	13
金属矿采选产品	05	16	13

部门/行业名称	代码	2018年增值税法定税率	现行增值税法定税率
非金属矿和其他矿采选产品	06	16	13
食品和烟草	07	16	13
纺织品	08	16	13
纺织服装鞋帽皮革羽绒及其制品	09	16	13
木材加工品和家具	10	16	13
造纸印刷和文教体育用品	11	14.51	12.01
石油、炼焦产品和核燃料加工品	12	16	13
化学产品	13	15.66	12.77
非金属矿物制品	14	16	13
金属冶炼和压延加工品	15	16	13
金属制品	16	16	13
通用设备	17	16	13
专用设备	18	16	13
交通运输设备	19	16	13
电气机械和器材	20	16	13
通信设备、计算机和其他电子设备	21	16	13
仪器仪表	22	16	13
其他制造产品	23	16	13
废品废料	24	16	13
金属制品、机械和设备修理服务	25	16	13
电力、热力的生产和供应	26	16	13
燃气生产和供应	27	10	9
水的生产和供应	28	10	9
建筑	29	10	9
批发和零售	30	16	13
交通运输、仓储和邮政	31	9.84	8.88
住宿和餐饮	32	6	6

部门/行业名称	代码	2018年增值税法定税率	现行增值税法定税率
信息传输、软件和信息技术服务	33	7.39	7.04
金融	34	6	6
房地产	35	10	9
租赁和商务服务	36	6.45	6.32
科学研究和技术服务	37	6	6
水利、环境和公共设施管理	38	6	6
居民服务、修理和其他服务	39	6	6
教育	40	6	6
卫生和社会工作	41	6	6
文化、体育和娱乐	42	6.72	6.54
公共管理、社会保障和社会组织	43	6	6

第二节　模型选择、修正及构建

　　常用测算增值税收入分配效应的模型包括投入产出模型和CGE模型两类。两类模型均能较好地完成模拟测算增值税收入分配效应的任务。出于经济效率和对现有模型改进两大目标，本章选择投入产出模型来模拟测算现行增值税制度的收入分配效应。现有研究中，大多数学者构建的投入产出模型未将进项税额法定不可抵扣、现实不予抵扣以及新增固定资产进项税额全额抵扣考虑在内，致使所构的投入产出模型未能最大程度模拟我国现实增值税抵扣机制。与已有研究中投入产出模型不同，本章构建了一个可以反映增值税抵扣机制（销项税额–进项税额）的投入产出模型，同时依据进项税额法定不可抵扣、现实不予以抵扣以及新增固定资产可以全额抵扣三种情形对模型进行了修正，以最大程度地模拟我国现实增值税实际征缴过程。本章投入产出模型在现有投入产出模型的基础上，依据我国增值税实际征缴情况，对模型进行了修正。模型推导及修正包括两部分内容：投入产出模型中增值税实际税率推导、增值税投入产出模型构建。

一 投入产出模型中增值税实际税率推导

我国采取以票控税的方式对增值税进行征管，即销售商品或服务要开具增值税发票，同时购进商品或服务要索取增值税发票，当期增值税应纳税额等于增值税销项税额抵减增值税进项税额后的差额，即当期应缴纳的增值税税额=当期增值税销项税额−当期增值税进项税额，这一计算方法又被称为"发票扣税法"，有利于降低增值税偷逃税风险。因此，可以将增值税应纳税额的计算公式表达如下：

$$VAT_j = VAT_{out,\,j} - VAT_{in,\,j} \qquad (6-1)$$

公式6-1表示的是 j 行业的增值税应纳税额等于 j 行业的增值税销项税额减去 j 行业的增值税进项税额。其中，下标 out 表示销项，下标 in 表示进项，VAT_j 表示 j 行业的增值税应纳税额，$VAT_{out,\,j}$ 表示 j 行业的增值税销项税额，$VAT_{in,\,j}$ 表示 j 行业的增值税进项税额。

增值税是一种价外税，以不含增值税价值计算增值税应纳税额，而投入产出表中数据均为含税价值。因此，在计算增值税销项税额时，先要换算成不含税价值，再用不含税价值乘以增值税法定税率，进而计算出增值税的销项税额，具体计算公式如下：

$$VAT_{out,\,j} = \frac{P_j Q_j}{1 + T_j} T_j \qquad (6-2)$$

公式6-2表示的是 j 行业的增值税销项税额等于 j 行业不含税的销售额乘以 j 行业增值税法定税率。其中，j 行业不含税的销售额=含税销售额/（1+增值税法定税率）。式中，P_j 表示 j 行业产品含税价格，Q_j 表示 j 行业产品销售量，T_j 表示 j 行业增值税法定税率。

增值税进项税额是指企业购进产品实际可以凭票抵扣的增值税税额，具体包括购置生产原材料等中间产品可以抵扣的进项税额和购置固定资产可以抵扣的进项税额两部分，具体计算公式如下：

$$VAT_{in,\,j} = \beta_j \left(\sum_{i=1}^{n} \frac{P_i Q_{ij}}{1+T_i} T_i Lin_i + \sum_{i=1}^{n} P_i b_i^1 K_j^1 \frac{T_i}{1+T_i} + \sum_{i=1}^{n} P_i b_i^2 K_j^2 \frac{T_i}{1+T_i} \right) \qquad (6-3)$$

公式6-3表示 j 行业增值税实际可抵扣的进项税额（左侧）等于 j 行业购进中间产品的实际可抵扣增值税（β_j×右侧括号第一项）加 j 行业购进固

定资产的实际可抵扣增值税（β_j×右侧括号第二项+β_j×右侧括号第三项）。其中，对于中间产品进项税额而言，P_i表示i行业产品的含税价格，Q_{ij}表示j行业生产所消耗i行业的中间产品数量，T_i表示i行业增值税法定税率，Lin_i表示依据增值税法规调整后的i行业进项税额抵扣率①。对于固定资产进项税额而言，固定资产可进一步拆分为动产和不动产两部分，分别用K_j^1和K_j^2表示j行业当年购进的动产和不动产，b_i^1和b_i^2分别表示动产和不动产来源于i行业的比例，即b_i^1等于投入产出表中i行业生产的动产/投入产出表中的动产总额，b_i^2等于投入产出表中i行业生产的不动产/投入产出表中的不动产总额。由于存在税收优惠、票证不符不予抵扣等情形，实际抵扣的增值税进项税额要小于理论增值税进项税额，因此，引入β_j将理论增值税进项税额调整为实际增值税进项税额，该值取自《中国税务年鉴》（2019）中重点税源分行业进项税额和实际抵扣额，即β_j=实际抵扣额/进项税额。将公式6-2和公式6-3同时代入公式6-1，可得公式6-4，具体如下：

$$VAT_j = \frac{P_jQ_j}{1+T_j}T_j - \beta_j\left(\sum_{i=1}^{n}\frac{P_iQ_{ij}}{1+T_i}T_iLin_i + \sum_{i=1}^{n}P_ib_i^1K_j^1\frac{T_i}{1+T_i} + \sum_{i=1}^{n}P_ib_i^2K_j^2\frac{T_i}{1+T_i}\right)$$

$$(6\text{-}4)$$

公式6-4是增值税应纳税额计算的具体形式。若进一步将公式6-4两

---

① 关于中间产品进项税额，受增值税政策法规的限制，部分行业无法开具增值税专用发票，其进项税额不能抵扣，因而在模型中引入进项税额抵扣率Lin，以对购进中间产品进项税额法定抵扣额进行调整，调整行业包括交通运输业、文体和娱乐业、餐饮业、金融业、科学研究和技术服务、居民修理修配服务、教育、卫生和社会工作以及公共管理与社会保障。其中，交通运输业中客运服务的进项税额不允许抵扣，仅货运服务的进项税额可以抵扣，从2018年149部门投入产出表的数据来看，交通运输业包括铁路旅客运输、铁路货物运输和运输辅助活动、城市公共交通及公路客运、道路货物运输和运输辅助活动、水上旅客运输、水上货物运输和运输辅助活动、航空旅客运输、航空货物运输和运输辅助活动、管道运输、多式联运和运输代理。其中，铁路旅客运输、城市公共交通及公路客运、水上旅客运输、航空旅客运输的进项税额不可抵扣，该4部门总产出占上述10部门总产出的比重为19.11%，故将交通运输业进项税额抵扣率设为0.81。文体和娱乐包括新闻和出版、广播、电视、电影和影视录像制作、文化艺术、体育和娱乐。其中，娱乐服务进项税额不允许抵扣，从2018年149部门投入产出表的数据来看，娱乐服务总产出占文体和娱乐总产出的比重约为32%，故将文体和娱乐进项税额抵扣率设为0.68。餐饮业至公共管理与社会保障的进项税额抵扣率则均设为0。

侧同时除以 Q_j，可以将公式6-4改写为公式6-5，如下所示：

$$\frac{VAT_j}{Q_j} = \frac{P_j}{1+T_j}T_j - \beta_j(\sum_{i=1}^{n}a_{ij}\frac{P_i}{1+T_i}T_iLin_i + \sum_{i=1}^{n}P_ib_i^1\frac{K_j^1}{Q_j}\frac{T_i}{1+T_i}$$

$$+\sum_{i=1}^{n}P_ib_i^2\frac{K_j^2}{Q_j}\frac{T_i}{1+T_i}) \tag{6-5}$$

将公式6-5展开：

$$\frac{VAT_1}{Q_1} = P_1\frac{T_1}{1+T_1} - \beta_1(a_{11}P_1\frac{T_1}{1+T_1}Lin_1 + a_{21}P_2\frac{T_2}{1+T_2}Lin_2 + \cdots$$

$$+a_{n1}P_n\frac{T_n}{1+T_n}Lin_n + b_1^1\frac{K_1^1}{Q_1}\frac{T_1}{1+T_1}P_1 + b_2^1\frac{K_1^1}{Q_1}\frac{T_2}{1+T_2}P_2 + \cdots$$

$$+b_n^1\frac{K_1^1}{Q_1}\frac{T_n}{1+T_n}P_n + b_1^2\frac{K_1^2}{Q_1}\frac{T_1}{1+T_1}P_1 + b_2^2\frac{K_1^2}{Q_1}\frac{T_2}{1+T_2}P_2 + \cdots$$

$$+b_n^2\frac{K_1^2}{Q_1}\frac{T_n}{1+T_n}P_n) \tag{6-6}$$

$$\frac{VAT_2}{Q_2} = P_2\frac{T_2}{1+T_2} - \beta_2(a_{12}P_1\frac{T_1}{1+T_1}Lin_1 + a_{22}P_2\frac{T_2}{1+T_2}Lin_2 + \cdots$$

$$+a_{n2}P_n\frac{T_n}{1+T_n}Lin_n + b_1^1\frac{K_2^1}{Q_2}\frac{T_1}{1+T_1}P_1 + b_2^1\frac{K_2^1}{Q_2}\frac{T_2}{1+T_2}P_2 + \cdots$$

$$+b_n^1\frac{K_2^1}{Q_2}\frac{T_n}{1+T_n}P_n + b_1^2\frac{K_2^2}{Q_2}\frac{T_1}{1+T_1}P_1 + b_2^2\frac{K_2^2}{Q_2}\frac{T_2}{1+T_2}P_2 + \cdots$$

$$+b_n^2\frac{K_2^2}{Q_2}\frac{T_n}{1+T_n}P_n) \tag{6-7}$$

$$\cdots$$

$$\frac{VAT_n}{Q_n} = P_n\frac{T_n}{1+T_n} - \beta_n(a_{1n}P_1\frac{T_1}{1+T_1}Lin_1 + a_{2n}P_2\frac{T_2}{1+T_2}Lin_2 + \cdots$$

$$+a_{nn}P_n\frac{T_n}{1+T_n}Lin_n + b_1^1\frac{K_n^1}{Q_n}\frac{T_1}{1+T_1}P_1 + b_2^1\frac{K_n^1}{Q_n}\frac{T_2}{1+T_2}P_2 + \cdots$$

$$+b_n^1\frac{K_n^1}{Q_n}\frac{T_n}{1+T_n}P_n + b_1^2\frac{K_n^2}{Q_n}\frac{T_1}{1+T_1}P_1 + b_2^2\frac{K_n^2}{Q_n}\frac{T_2}{1+T_2}P_2 + \cdots \tag{6-8}$$

$$+b_n^2\frac{K_n^2}{Q_n}\frac{T_n}{1+T_n}P_n)$$

将上述方程改写成矩阵形式，如下：

$$
\begin{bmatrix} \dfrac{VAT_1}{Q_1} \\ \vdots \\ \dfrac{VAT_n}{Q_n} \end{bmatrix} = \begin{bmatrix} P_1 & & \\ & \ddots & \\ & & P_n \end{bmatrix} \times \begin{bmatrix} \dfrac{T_1}{1+T_1} \\ \vdots \\ \dfrac{T_n}{1+T_n} \end{bmatrix} - \begin{bmatrix} \beta_1 & & \\ & \ddots & \\ & & \beta_n \end{bmatrix} \times \begin{bmatrix} a_{11} & \cdots & a_{n1} \\ \vdots & \cdots & \vdots \\ a_{1n} & \cdots & a_{nn} \end{bmatrix}
$$

$$
\times \begin{bmatrix} Lin_1 & & \\ & \ddots & \\ & & Lin_n \end{bmatrix} \times \begin{bmatrix} P_1 & & \\ & \ddots & \\ & & P_n \end{bmatrix} \times \begin{bmatrix} \dfrac{T_1}{1+T_1} \\ \vdots \\ \dfrac{T_n}{1+T_n} \end{bmatrix} - \begin{bmatrix} \beta_1 & & \\ & \ddots & \\ & & \beta_n \end{bmatrix}
$$

$$
\times \begin{bmatrix} \dfrac{K_1^1}{Q_1} \\ \vdots \\ \dfrac{K_n^1}{Q_n} \end{bmatrix} \times \begin{bmatrix} b_1^1 & \cdots & b_n^1 \end{bmatrix} \times \begin{bmatrix} P_1 & & \\ & \ddots & \\ & & P_n \end{bmatrix} \times \begin{bmatrix} \dfrac{T_1}{1+T_1} \\ \vdots \\ \dfrac{T_n}{1+T_n} \end{bmatrix} - \begin{bmatrix} \beta_1 & & \\ & \ddots & \\ & & \beta_n \end{bmatrix}
$$

$$
\times \begin{bmatrix} \dfrac{K_1^2}{Q_1} \\ \vdots \\ \dfrac{K_n^2}{Q_n} \end{bmatrix} \times \begin{bmatrix} b_1^2 & \cdots & b_n^2 \end{bmatrix} \times \begin{bmatrix} P_1 & & \\ & \ddots & \\ & & P_n \end{bmatrix} \times \begin{bmatrix} \dfrac{T_1}{1+T_1} \\ \vdots \\ \dfrac{T_n}{1+T_n} \end{bmatrix}
$$

假设：

$$
A' = \begin{bmatrix} a_{11} & \cdots & a_{n1} \\ \vdots & \cdots & \vdots \\ a_{1n} & \cdots & a_{nn} \end{bmatrix}, \quad T = \begin{bmatrix} \dfrac{T_1}{1+T_1} \\ \vdots \\ \dfrac{T_n}{1+T_n} \end{bmatrix}, \quad \beta = \begin{bmatrix} \beta_1 & & \\ & \ddots & \\ & & \beta_n \end{bmatrix},
$$

$$
L = \begin{bmatrix} Lin_1 & & \\ & \ddots & \\ & & Lin_n \end{bmatrix},
$$

$$
K_1 = \begin{bmatrix} \dfrac{K_1^1}{Q_1} \\ \vdots \\ \dfrac{K_n^1}{Q_n} \end{bmatrix}, \quad K_2 = \begin{bmatrix} \dfrac{K_1^2}{Q_1} \\ \vdots \\ \dfrac{K_n^2}{Q_n} \end{bmatrix}, \quad B_1 = \begin{bmatrix} b_1^1 & \cdots & b_n^1 \end{bmatrix}, \quad B_2 = \begin{bmatrix} b_1^2 & \cdots & b_n^2 \end{bmatrix},
$$

$$M = \begin{bmatrix} \dfrac{VAT_1}{Q_1} \\ \vdots \\ \dfrac{VAT_n}{Q_n} \end{bmatrix}$$

上述矩阵可进一步改写为：

$$\begin{aligned} M &= PT - \beta A'LPT - \beta K_1 B_1 PT - \beta K_2 B_2 PT \\ &= \left(P - \beta A'LP - \beta K_1 B_1 P - \beta K_2 B_2 P \right)T \end{aligned} \tag{6-9}$$

设基期价格为 1，此时，P 矩阵等同于单位矩阵 I，可将公式 6-9 进行改写，用于计算 2018 年增值税实际税率，具体如公式 6-10 所示：

$$T = \left(I - \beta A'L - \beta K_1 B_1 - \beta K_2 B_2 \right)^{-1} M \tag{6-10}$$

二　增值税投入产出模型构建

依据投入产出表设定可知，总产出等于总投入，总投入等于中间投入加增加值，增加值包括劳动者报酬、生产税净额、固定资产折旧和营业盈余四部分。其中，生产税净额是指生产商品过程中发生的一系列扣除生产补贴后的税费，包括增值税、消费税等（徐利，2010）。为了用投入产出法研究增值税的影响，需要从生产税净额中将增值税单独列出来，将剩余部分连同劳动者报酬、固定资产折旧和营业盈余归集为不含增值税的增加值。具体计算公式如下：

$$P_j Q_j = \sum_{i=1}^{n} P_i Q_{ij} + V_j = \sum_{i=1}^{n} P_i Q_{ij} + V_j' + VAT_j \tag{6-11}$$

公式 6-11 表示总产出等于总投入，其中，总投入又由中间投入和增加值构成。增加值又可进一步表示为不含增值税的增加值与增值税之和，即 $V_j = V_j' + VAT_j$。式中，下标 i 和下标 j 均代表行业，P 表示价格，Q 表示数量，P_i 或 P_j 分别表示 i 行业或 j 行业的产品价格，Q_j 表示 j 行业的产量，Q_{ij} 表示 j 行业生产所消耗 i 行业的中间产品数量；$P_i Q_{ij}$ 表示 j 行业生产所消耗 i 行业的中间产品价值，$P_j Q_j$ 表示 j 行业的总产出；V 表示增加值，又名要素投入，V_j 表示 j 行业的增加值，由于增值税包含在生产税净额里，生产税净额又包含在增加值里，因此，将增值税从增加值中剥离出来后，可以获得不含增值税的增加值，即用 V_j 表示 j 行业不含增值税的增加值，VAT_j 表示 j 行业的增值税。将公式 6-11 两侧同时除以 Q_j，可以得到公式 6-12：

$$P_j = \sum_{i=1}^{n} P_i a_{ij} + \frac{V_j'}{Q_j} + \frac{P_j}{1+T_j} T_j - \beta_j \left(\sum_{i=1}^{n} a_{ij} \frac{P_i}{1+T_i} T_i Lin_i + \sum_{i=1}^{n} b^1 \frac{K_j^1}{Q_j} \frac{T_i}{1+T_i} P_i \right.$$

$$\left. + \sum_{i=1}^{n} b^2 \frac{K_j^2}{Q_j} \frac{T_i}{1+T_i} P_i \right)$$

（6-12）

将公式6-12展开：

$$P_1 = P_1 a_{11} + P_2 a_{21} + \cdots + P_n a_{n1} + \frac{V_1'}{Q_1} + P_1 \frac{T_1}{1+T_1}$$

$$-\beta_1 \left(a_{11} P_1 \frac{T_1}{1+T_1} Lin_1 + a_{21} P_2 \frac{T_2}{1+T_2} Lin_2 + \cdots + a_{n1} P_n \frac{T_n}{1+T_n} Lin_n \right.$$

$$+ b_1^1 \frac{K_1^1}{Q_1} \frac{T_1}{1+T_1} P_1 + b_2^1 \frac{K_1^1}{Q_1} \frac{T_2}{1+T_2} P_2 + \cdots + b_n^1 \frac{K_1^1}{Q_1} \frac{T_n}{1+T_n} P_n$$

$$\left. + b_1^2 \frac{K_1^2}{Q_1} \frac{T_1}{1+T_1} P_1 + b_2^2 \frac{K_1^2}{Q_1} \frac{T_2}{1+T_2} P_2 + \cdots + b_n^2 \frac{K_1^2}{Q_1} \frac{T_n}{1+T_n} P_n \right)$$

（6-13）

$$P_2 = P_1 a_{12} + P_2 a_{22} + \cdots + P_n a_{n2} + \frac{V_2'}{Q_2} + P_2 \frac{T_2}{1+T_2}$$

$$-\beta_2 \left(a_{12} P_1 \frac{T_1}{1+T_1} Lin_1 + a_{22} P_2 \frac{T_2}{1+T_2} Lin_2 + \cdots + a_{n2} P_n \frac{T_n}{1+T_n} Lin_n \right.$$

$$+ b_1^1 \frac{K_2^1}{Q_2} \frac{T_1}{1+T_1} P_1 + b_2^1 \frac{K_2^1}{Q_2} \frac{T_2}{1+T_2} P_2 + \cdots + b_n^1 \frac{K_2^1}{Q_2} \frac{T_n}{1+T_n} P_n$$

$$\left. + b_1^2 \frac{K_2^2}{Q_2} \frac{T_1}{1+T_1} P_1 + b_2^2 \frac{K_2^2}{Q_2} \frac{T_2}{1+T_2} P_2 + \cdots + b_n^2 \frac{K_2^2}{Q_2} \frac{T_n}{1+T_n} P_n \right)$$

（6-14）

...

$$P_n = P_1 a_{1n} + P_2 a_{2n} + \cdots + P_n a_{nn} + \frac{V_n'}{Q_n} + P_n \frac{T_n}{1+T_n}$$

$$-\beta_n \left(a_{1n} P_1 \frac{T_1}{1+T_1} Lin_1 + a_{2n} P_2 \frac{T_2}{1+T_2} Lin_2 + \cdots + a_{nn} P_n \frac{T_n}{1+T_n} Lin_n \right.$$

$$+ b_1^1 \frac{K_n^1}{Q_n} \frac{T_1}{1+T_1} P_1 + b_2^1 \frac{K_n^1}{Q_n} \frac{T_2}{1+T_2} P_2 + \cdots + b_n^1 \frac{K_n^1}{Q_n} \frac{T_n}{1+T_n} P_n$$

$$\left. + b_1^2 \frac{K_n^2}{Q_n} \frac{T_1}{1+T_1} P_1 + b_2^2 \frac{K_n^2}{Q_n} \frac{T_2}{1+T_2} P_2 + \cdots + b_n^2 \frac{K_n^2}{Q_n} \frac{T_n}{1+T_n} P_n \right)$$

（6-15）

写成矩阵形式，如下：

$$
\begin{bmatrix} P_1 \\ \vdots \\ P_n \end{bmatrix} = \begin{bmatrix} a_{11} & \cdots & a_{n1} \\ \vdots & \cdots & \vdots \\ a_{1n} & \cdots & a_{nn} \end{bmatrix} \times \begin{bmatrix} P_1 \\ \vdots \\ P_n \end{bmatrix} + \begin{bmatrix} \frac{V_1'}{Q_1} \\ \vdots \\ \frac{V_n'}{Q_n} \end{bmatrix} + \begin{bmatrix} \frac{T_1}{1+T_1} & & \\ & \ddots & \\ & & \frac{T_n}{1+T_n} \end{bmatrix} \times \begin{bmatrix} P_1 \\ \vdots \\ P_n \end{bmatrix}
$$

$$
- \begin{bmatrix} \beta_1 & & \\ & \ddots & \\ & & \beta_n \end{bmatrix} \times \begin{bmatrix} a_{11} & \cdots & a_{n1} \\ \vdots & \cdots & \vdots \\ a_{1n} & \cdots & a_{nn} \end{bmatrix} \times \begin{bmatrix} Lin_1 & & \\ & \ddots & \\ & & Lin_n \end{bmatrix}
$$

$$
\times \begin{bmatrix} \frac{T_1}{1+T_1} & & \\ & \ddots & \\ & & \frac{T_n}{1+T_n} \end{bmatrix} \times \begin{bmatrix} P_1 \\ \vdots \\ P_n \end{bmatrix} - \begin{bmatrix} \beta_1 & & \\ & \ddots & \\ & & \beta_n \end{bmatrix} \times \begin{bmatrix} \frac{K_1^1}{Q_1} \\ \vdots \\ \frac{K_n^1}{Q_n} \end{bmatrix}
$$

$$
\times \begin{bmatrix} b_1^1 & \cdots & b_n^1 \end{bmatrix} \times \begin{bmatrix} \frac{T_1}{1+T_1} & & \\ & \ddots & \\ & & \frac{T_n}{1+T_n} \end{bmatrix} \times \begin{bmatrix} P_1 \\ \vdots \\ P_n \end{bmatrix} - \begin{bmatrix} \beta_1 & & \\ & \ddots & \\ & & \beta_n \end{bmatrix}
$$

$$
\times \begin{bmatrix} \frac{K_1^2}{Q_1} \\ \vdots \\ \frac{K_n^2}{Q_n} \end{bmatrix} \times \begin{bmatrix} b_1^2 & \cdots & b_n^2 \end{bmatrix} \times \begin{bmatrix} \frac{T_1}{1+T_1} & & \\ & \ddots & \\ & & \frac{T_n}{1+T_n} \end{bmatrix} \times \begin{bmatrix} P_1 \\ \vdots \\ P_n \end{bmatrix}
$$

假设：

$$
A' = \begin{bmatrix} a_{11} & \cdots & a_{n1} \\ \vdots & \cdots & \vdots \\ a_{1n} & \cdots & a_{nn} \end{bmatrix}, \quad P = \begin{bmatrix} P_1 \\ \vdots \\ P_n \end{bmatrix}, \quad T = \begin{bmatrix} \frac{T_1}{1+T_1} & & \\ & \ddots & \\ & & \frac{T_n}{1+T_n} \end{bmatrix},
$$

$$
\beta = \begin{bmatrix} \beta_1 & & \\ & \ddots & \\ & & \beta_n \end{bmatrix},
$$

$$L = \begin{bmatrix} Lin_1 & & \\ & \ddots & \\ & & Lin_n \end{bmatrix}, K_1 = \begin{bmatrix} \frac{K_1{}^1}{Q_1} \\ \vdots \\ \frac{K_n{}^1}{Q_n} \end{bmatrix}, K_2 = \begin{bmatrix} \frac{K_1{}^2}{Q_1} \\ \vdots \\ \frac{K_n{}^2}{Q_n} \end{bmatrix}, B_1 = \begin{bmatrix} b_1^1 & \cdots & b_n^1 \end{bmatrix},$$

$$B_2 = \begin{bmatrix} b_1^2 & \cdots & b_n^2 \end{bmatrix}, V' = \begin{bmatrix} V_1' \\ \vdots \\ V_n' \end{bmatrix}, M = \begin{bmatrix} \frac{VAT_1}{Q_1} \\ \vdots \\ \frac{VAT_n}{Q_n} \end{bmatrix}$$

上述矩阵可进一步改写为：

$$P = A'P + V' + TP - \beta A'LTP - \beta K_1 B_1 TP - \beta K_2 B_2 TP \qquad (6-16)$$

将公式6-16进行改写，可以得到商品价格矩阵，具体如公式6-17所示：

$$P = \left[(I - A') - (I - \beta A'L - \beta K_1 B_1 - \beta K_2 B_2) T \right]^{-1} V' \qquad (6-17)$$

利用公式6-17可以计算出增值税税率变动对商品价格的影响，再结合居民家庭收入和消费支出微观数据，可进一步测算出现行增值税制度对收入分配效应的影响。

第三节　数据处理及测算流程

通过上文可知增值税投入产出模型仅能模拟测算出不同税制下各行业的商品价格，并不能直接测算出不同税制下的收入分配效应。因此，还需要借助居民家庭收入和消费支出微观数据来进一步分析不同税制对居民税负的影响，进而测算出不同税制下的收入分配效应。从数据时效性出发，本部分以2018年中国家庭追踪调查（China Family Panel Studies，CFPS）的居民收支数据为样本分析我国不同收入群体的消费特征，并作为微观数据进一步模拟现行增值税制度对不同收入家庭的税负影响，进而分析我国现行增值税制度的收入分配效应。

一　微观数据的处理

2018 年中国家庭追踪调查（China Family Panel Studies，CFPS）数据分个人、家庭和孩子三类样本。本章以家庭为研究单位，分析我国现行增值税制度对不同收入家庭的税负影响，所需数据均包含在 CFPS 家庭数据样本中，因此，本章仅使用 CFPS 数据中家庭收支数据，对家庭样本做了以下处理。

首先，将具体项目月度消费乘以 12 个月，计算出年度消费。例如，年度伙食费=每月伙食费×12，年度邮电通信费=每月邮电通信费×12，其他具体消费项目还包括外出就餐费、水费、电费、燃料费、本地交通费、日用品费和房租支出。

其次，将具体项目年度消费除以总消费性支出，计算具体项目消费支出占比，并将占比为负的样本剔除。例如，伙食费占比=年度伙食费/总消费性支出，邮电通信费占比=年度邮电通信费/总消费性支出，其他具体项目消费支出占比计算以此类推，一共删除了 160 个无效样本。

再次，将家庭总收入值为"不适用""拒绝回答""不知道""0"以及缺失值的样本删除，一共删除 467 个样本，剩余 13590 个样本。

最后，将家庭总收入由低到高进行排序，并进行五等份分组，对分组后的样本的总收入、总消费性支出、八大类消费支出、具体项目消费支出求均值，并计算八大类平均消费支出和具体项目平均消费支出占总收入的比重。具体结果如表 6-2 和表 6-3 所示。

从表 6-2 可知，低收入家庭在食品方面支出占比最高，食品支出占家庭总收入的比重为 83.11%，是高收入家庭的 4 倍；医疗保健支出和居住支出占比分别位居第二和第三名，分别为 52.32% 和 48.11%，是高收入家庭的 10.72 倍和 4.48 倍。此外，从八大类消费支出占总收入比重之和来看，低收入家庭、中下收入家庭、中等收入家庭均存在年度消费大于年度总收入的情况。

表6-2　2018年五等份分组家庭八大类平均消费支出占比

单位：%

类型	家庭设备及日用品	衣着鞋帽	文教娱乐	食品	居住	医疗保健	交通通信	其他消费
低收入家庭	20.98	10.06	20.69	83.11	48.11	52.32	23.10	3.27
中下收入家庭	14.17	6.40	14.36	47.48	23.96	17.32	12.36	1.58
中等收入家庭	13.70	5.72	10.72	38.79	17.97	11.90	9.43	1.99
中上收入家庭	12.84	4.89	9.94	33.67	16.12	8.92	8.09	1.82
高收入家庭	12.95	4.01	8.59	20.70	10.73	4.88	6.23	1.91

注：八大类平均消费支出占比=八大类平均消费支出/平均总收入。

从表6-3可知，低收入家庭在满足基本生活需求方面的消费更高，而高收入家庭则更倾向于追求高品质的生活。例如，低收入家庭在衣着、交通通信工具、家具耐用品、教育培训、医疗、美容、伙食、外出就餐、邮电通信、水、电、燃料、本地交通、日用品、房租方面的支出占总收入比重要高于高收入家庭，在文化娱乐、旅游、保健方面的支出占总收入比重则要低于高收入家庭。

表6-3　2018年五等份分组家庭具体项目平均消费支出占比

单位：%

类型	衣着	文化娱乐	旅游	交通通信工具	家具耐用品	教育培训	医疗	保健	美容
低收入家庭	10.06	0.47	1.24	5.67	3.85	19.04	53.06	0.70	2.00
中下收入家庭	6.40	0.36	0.96	3.12	2.42	13.10	16.85	0.47	1.11
中等收入家庭	5.72	0.42	1.29	2.57	2.18	9.07	11.37	0.54	1.15
中上收入家庭	4.89	0.49	2.22	2.19	2.56	7.30	8.22	0.72	1.10
高收入家庭	4.01	0.51	3.13	1.43	2.17	5.02	4.10	0.79	1.09
类型	伙食	外出就餐	邮电通信	水	电	燃料	本地交通	日用品	房租
低收入家庭	83.11	7.90	12.47	1.64	8.20	8.78	10.78	6.91	3.19
中下收入家庭	47.48	5.66	6.56	0.78	3.86	3.81	5.92	3.29	3.46
中等收入家庭	38.79	5.60	4.73	0.59	2.64	2.39	4.79	2.44	2.95

类型	伙食	外出就餐	邮电通信	水	电	燃料	本地交通	日用品	房租
中上收入家庭	33.67	5.38	3.69	0.54	2.08	1.62	4.45	1.86	2.46
高收入家庭	20.70	4.78	2.30	0.35	1.29	0.69	3.99	1.10	1.72

注：各具体项目平均消费支出占比=具体项目平均消费支出/平均总收入。

二 测算流程

从前文增值税投入产出模型的构建可知，增值税投入产出模型只能模拟测算出不同增值税税制下各部门商品价格指数，而并不能直接模拟测算出不同收入家庭承担的增值税税负。而 CFPS 微观数据只提供了不同收入家庭的收入和消费支出数据。因此，需要借鉴聂海峰和刘怡（2010a）"家庭消费支出项目和投入产出部门对应"附表（见表5-6），将各部门商品价格指数换算成居民消费支出价格指数，进而测算出不同收入家庭承担的增值税税负，最终实现模拟测算增值税收入分配效应的目标，具体测算流程如下。

第一，为了减少各部门商品价格指数与居民消费支出价格指数换算的工作量，先将 2018 年 149 部门投入产出表合并成 43 部门投入产出表（与42 部门投入产出表的不同之处在于将第一产业分设为农林牧渔产品和农林牧渔服务两类）；然后假定 2018 年 43 部门商品价格为1，依据公式6-10，用 STATA 15.0 软件，测算出 2018 年增值税实际税率，并依据公式6-17，验证 2018 年 43 部门商品价格是否为1。

第二，用 2018 年增值税实际税率除以表 6-1 中 2018 年增值税法定税率得出 2018 年的征收效率（见表6-4）。进一步假定征收效率不变，再用征收效率乘以表 6-1 中现行增值税法定税率，计算出现行增值税实际税率，并将现行增值税实际税率代入公式 6-17，便可以计算出现行增值税制度下 43 部门的商品价格，同时，设定 43 部门实际增值税税率为0，并带入价格矩阵（公式6-17），计算出无税价格下 43 部门的商品价格。

表6-4　2018年43行业征收效率

单位：%

部门	行业名称	征收效率
01	农林牧渔产品	42.95
02	农林牧渔服务	46.91
03	煤炭采选产品	93.54
04	石油和天然气开采产品	60.65
05	金属矿采选产品	60.99
06	非金属矿和其他矿采选产品	66.05
07	食品和烟草	59.40
08	纺织品	65.51
09	纺织服装鞋帽皮革羽绒及其制品	74.41
10	木材加工品和家具	80.44
11	造纸印刷和文教体育用品	77.71
12	石油、炼焦产品和核燃料加工品	75.56
13	化学产品	83.59
14	非金属矿物制品	81.81
15	金属冶炼和压延加工品	67.42
16	金属制品	78.78
17	通用设备	94.02
18	专用设备	96.90
19	交通运输设备	86.66
20	电气机械和器材	82.01
21	通信设备、计算机和其他电子设备	57.23
22	仪器仪表	73.02
23	其他制造产品	177.35
24	废品废料	37.88
25	金属制品、机械和设备修理服务	87.20
26	电力、热力的生产和供应	102.74
27	燃气生产和供应	112.92
28	水的生产和供应	194.43
29	建筑	94.45

部门	行业名称	征收效率
30	批发和零售	68.15
31	交通运输、仓储和邮政	61.06
32	住宿和餐饮	18.94
33	信息传输、软件和信息技术服务	86.77
34	金融	87.51
35	房地产	94.33
36	租赁和商务服务	146.57
37	科学研究和技术服务	42.45
38	水利、环境和公共设施管理	513.20
39	居民服务、修理和其他服务	46.74
40	教育	16.62
41	卫生和社会工作	15.47
42	文化、体育和娱乐	65.94
43	公共管理、社会保障和社会组织	9.28

　　第三，借鉴聂海峰和刘怡（2010a）的附表[①]（见表5-6），计算出现行增值税制度和无税情况下八大类消费支出以及具体项目消费支出的综合价格指数（见表6-5），用现行增值税制度下八大类消费支出以及具体项目消费支出综合价格指数减无税情况下八大类消费支出以及具体项目消费支出综合价格指数，可以计算出现行增值税制度下消费项目的有效税率（见表6-6）。再结合CFPS 2018数据中不同收入家庭的平均消费支出及综合价格指数计算出现行增值税制度下消费支出有效税率和不同收入家庭的平均税负，并测算出收入分配效应。

[①] 聂海峰和刘怡（2010a）的附表提供了"家庭消费支出项目和投入产出部门对应"，可以依据该附表计算出各类消费支出中投入产出部门对应行业的占比，进而用以计算消费支出的综合价格指数。例如，食品烟酒消费支出对应了投入产出表中"食品和烟草""居民服务、修理和其他服务""餐饮业"，相应的权重值分别为24、1、1，进而可以计算出占比分别为92.30%、3.85%和3.85%。本书测算出无税情况下上述行业的价格指数分别为0.9324、0.9387、0.8989，因此，可以计算出食品烟酒消费支出的综合价格指数=92.30%×0.9324+3.85%×0.9387+3.85%×0.8989≈0.9314，其他消费支出综合价格指数计算依此类推。

表6-5　无税和现行增值税下八大类及具体项目消费支出综合价格指数

八大类消费支出	项目	家庭设备及日用品	衣着鞋帽	文教娱乐	食品	居住	医疗保健	交通通信	其他消费
	无税	0.9320	0.9413	0.9497	0.9314	0.9470	0.9332	0.9257	0.9248
	现行增值税制度	0.9964	0.9968	1.0060	0.9959	1.0000	0.9972	0.9972	0.9971
具体项目消费支出	项目	伙食	邮电通信	水	电	燃料	本地交通	日用品	房租
	无税	0.9314	0.9187	0.9075	0.9721	0.9574	0.9212	0.9307	0.9387
	现行增值税制度	0.9959	0.9970	0.9935	0.9980	0.9989	0.9971	0.9955	1.0003
	项目	衣着	文化娱乐	旅游	交通通信工具	家具耐用品	教育培训	医疗	保健
	无税	0.9413	0.9450	0.9782	0.9219	0.9323	0.9570	0.9349	0.9298
	现行增值税制度	0.9968	0.9974	1.0004	0.9963	0.9966	1.0140	0.9981	0.9955

表6-6　现行增值税制度下八大类及具体项目消费支出有效税率

单位：%

八大类消费支出	项目	家庭设备及日用品	衣着鞋帽	文教娱乐	食品	居住	医疗保健	交通通信	其他消费
	有效税率	6.43	5.55	5.63	6.45	5.30	6.40	7.15	7.23
具体项目消费支出	项目	伙食	邮电通信	水	电	燃料	本地交通	日用品	房租
	有效税率	6.45	7.83	8.60	2.59	4.15	7.59	6.48	6.16
	项目	衣着	文化娱乐	旅游	交通通信工具	家具耐用品	教育培训	医疗	保健
	有效税率	5.55	5.24	2.23	7.43	6.43	5.69	6.32	6.56

注：由于数据四舍五入，表6-5与表6-6计算出结果会存在微小不同。

第四节　收入分配结果及分析

本节分析了全国、城镇和农村不同收入家庭消费支出的平均税负，同时利用基尼系数及其衍生指数、Suits指数、泰尔指数从年收入视角和终生收入视角进一步分析了我国现行增值税制度下全国、城镇和农村不同收入家庭的收入分配效应。

一 不同收入家庭消费支出平均税负分析

消费支出平均税负由消费支出中包含的增值税税负除以家庭总收入计算得出,该指标可用于分析不同收入家庭承担的增值税税负水平以及八大类消费支出和具体消费支出平均税负的高低,进而可用于分析现行增值税制度下不同收入家庭承担的税负水平。

(一)不同收入全国家庭消费支出平均税负

从全国家庭层面来看,八大类消费支出的平均税负随着全国家庭收入水平的提高而呈现下降趋势,表明全国低收入家庭承担的增值税税负占家庭总收入比重要高于全国高收入家庭。其中,食品平均税负占比最高,低收入家庭食品平均税负为5.36%;医疗保健平均税负差距最大,全国低收入家庭医疗保健平均税负是全国高收入家庭的10.73倍(见表6-7)。

表6-7 现行增值税制度下五等份分组(全国)家庭八大类平均消费支出平均税负

单位:%

类型	家庭设备及日用品	衣着鞋帽	文教娱乐	食品	居住	医疗保健	交通通信	其他消费
低收入家庭	1.35	0.56	1.17	5.36	2.55	3.35	1.65	0.24
中下收入家庭	0.91	0.36	0.81	3.06	1.27	1.11	0.88	0.11
中等收入家庭	0.88	0.32	0.60	2.50	0.95	0.76	0.67	0.14
中上收入家庭	0.83	0.27	0.56	2.17	0.85	0.57	0.58	0.13
高收入家庭	0.83	0.22	0.48	1.34	0.57	0.31	0.45	0.14
低收入家庭/高收入家庭	1.62	2.51	2.41	4.02	4.48	10.73	3.71	1.71

注:八大类平均消费支出平均税负=八大类平均消费支出增值税税负/平均总收入。

若进一步从具体消费项目平均税负来看,伙食费平均税负占比最高,全国低收入家庭伙食费平均税负为5.36%,是全国高收入家庭的4.02倍。

医疗平均税负差距最大，全国低收入家庭医疗平均税负是全国高收入家庭的12.94倍（见表6-8）。

表6-8　现行增值税制度下五等份分组（全国）具体项目平均消费支出平均税负

单位：%

类型	伙食费	邮电通信	水	电	燃料	本地交通	日用品	房租
低收入家庭	5.36	0.98	0.14	0.21	0.36	0.82	0.45	0.20
中下收入家庭	3.06	0.51	0.07	0.10	0.16	0.45	0.21	0.21
中等收入家庭	2.50	0.37	0.05	0.07	0.10	0.36	0.16	0.18
中上收入家庭	2.17	0.29	0.05	0.05	0.07	0.34	0.12	0.15
高收入家庭	1.34	0.18	0.03	0.03	0.03	0.30	0.07	0.11
低收入家庭/高收入家庭	4.02	5.43	4.64	6.35	12.65	2.70	6.27	1.85

类型	衣着	文化娱乐	旅游	交通通信工具	家具耐用品	教育培训	医疗	保健
低收入家庭	0.56	0.02	0.03	0.42	0.25	1.08	3.35	0.05
中下收入家庭	0.36	0.02	0.02	0.23	0.16	0.75	1.06	0.03
中等收入家庭	0.32	0.02	0.02	0.19	0.14	0.52	0.72	0.04
中上收入家庭	0.27	0.03	0.05	0.16	0.16	0.42	0.52	0.05
高收入家庭	0.22	0.03	0.07	0.11	0.14	0.29	0.26	0.05
低收入家庭/高收入家庭	2.51	0.92	0.40	3.95	1.77	3.79	12.94	0.88

注：各具体项目平均消费支出平均税负=具体项目平均消费支出增值税税负/平均总收入。

（二）不同收入城镇家庭消费支出平均税负

从城镇家庭层面来看，八大类消费支出的平均税负随着城镇家庭收入水平的提高而呈现下降趋势，表明城镇低收入家庭承担的增值税税负占家庭总收入比重要高于城镇高收入家庭。其中，食品平均税负占比最高，城镇低收入家庭食品平均税负为4.50%；医疗保健平均税负差距最大，城镇低收入家庭医疗保健平均税负是城镇高收入家庭的7.07倍（见表6-9）。

表6-9 现行增值税制度下五等份分组（城镇）家庭八大类平均消费支出平均税负

单位：%

类型	家庭设备及日用品	衣着鞋帽	文教娱乐	食品	居住	医疗保健	交通通信	其他消费
低收入家庭	1.17	0.42	0.98	4.50	1.97	1.93	1.03	0.24
中下收入家庭	0.74	0.32	0.63	3.06	1.09	0.80	0.64	0.16
中等收入家庭	0.86	0.30	0.63	2.57	1.05	0.70	0.59	0.15
中上收入家庭	0.87	0.28	0.59	2.10	0.80	0.49	0.55	0.15
高收入家庭	0.81	0.21	0.52	1.26	0.51	0.27	0.42	0.14
低收入家庭/高收入家庭	1.46	1.96	1.87	3.56	3.83	7.07	2.43	1.70

注：八大类平均消费支出平均税负=八大类平均消费支出增值税税负/平均总收入。

若进一步从具体消费项目平均税负来看，伙食费平均税负占比最高，城镇低收入家庭伙食费平均税负为4.50%，是城镇高收入家庭的3.56倍。燃料平均税负差距最大，城镇低收入家庭燃料平均税负是城镇高收入家庭的10.67倍（见表6-10）。

表6-10 现行增值税制度下五等份分组（城镇）具体项目平均消费支出平均税负

单位：%

类型	伙食费	邮电通信	水	电	燃料	本地交通	日用品	房租
低收入家庭	4.50	0.63	0.13	0.15	0.23	0.49	0.30	0.35
中下收入家庭	3.06	0.37	0.07	0.08	0.10	0.33	0.17	0.25
中等收入家庭	2.57	0.31	0.06	0.06	0.07	0.33	0.13	0.18
中上收入家庭	2.10	0.25	0.05	0.05	0.05	0.34	0.11	0.18
高收入家庭	1.26	0.16	0.03	0.03	0.02	0.30	0.06	0.09
低收入家庭/高收入家庭	3.56	3.92	4.43	5.21	10.67	1.65	4.74	3.91
类型	衣着	文化娱乐	旅游	交通通信工具	家具耐用品	教育培训	医疗	保健
低收入家庭	0.42	0.03	0.04	0.24	0.26	0.86	1.85	0.06
中下收入家庭	0.32	0.03	0.04	0.17	0.15	0.52	0.74	0.05
中等收入家庭	0.30	0.03	0.06	0.17	0.20	0.46	0.64	0.05

续表

类型	衣着	文化娱乐	旅游	交通通信工具	家具耐用品	教育培训	医疗	保健
中上收入家庭	0.28	0.03	0.07	0.14	0.17	0.38	0.42	0.08
高收入家庭	0.21	0.03	0.08	0.10	0.15	0.29	0.22	0.05
低收入家庭/高收入家庭	1.96	1.00	0.45	2.45	1.71	2.99	8.42	1.17

注：各具体项目平均消费支出平均税负=具体项目平均消费支出增值税税负/平均总收入。

（三）不同收入农村家庭消费支出平均税负

从农村家庭层面来看，八大类消费支出的平均税负随着农村家庭收入水平的提高而呈现下降趋势，表明农村低收入家庭承担的增值税税负占家庭总收入比重要高于农村高收入家庭。其中，食品平均税负占比最高，农村低收入家庭食品平均税负为6.52%；医疗保健平均税负差距最大，农村低收入家庭医疗保健平均税负是农村高收入家庭的13.99倍（见表6-11）。

表6-11　现行增值税制度下五等份分组（农村）家庭八大类平均消费支出平均税负

单位：%

类型	家庭设备及日用品	衣着鞋帽	文教娱乐	食品	居住	医疗保健	交通通信	其他消费
低收入家庭	1.66	0.69	1.38	6.52	3.30	5.17	2.17	0.22
中下收入家庭	1.19	0.42	0.93	3.30	1.46	1.74	1.24	0.10
中等收入家庭	0.81	0.34	0.75	2.54	1.13	0.94	0.85	0.10
中上收入家庭	0.90	0.30	0.59	2.05	0.84	0.76	0.71	0.11
高收入家庭	0.87	0.21	0.35	1.34	0.62	0.37	0.49	0.11
低收入家庭/高收入家庭	1.91	3.23	3.91	4.87	5.35	13.99	4.44	1.96

注：八大类平均消费支出平均税负=八大类平均消费支出增值税税负/平均总收入。

若进一步从具体消费项目平均税负来看，伙食费平均税负占比最高，农村低收入家庭伙食费平均税负为6.52%，是农村高收入家庭的4.87倍。

医疗平均税负差距最大，农村低收入家庭医疗平均税负是农村高收入家庭
的15.71倍（见表6-12）。

表6-12　现行增值税制度下五等份分组（农村）具体项目平均消费支出平均税负

单位：%

类型	伙食费	邮电通信	水	电	燃料	本地交通	日用品	房租	伙食费
低收入家庭	6.52	1.27	0.16	0.29	0.50	1.08	0.61	0.17	6.52
中下收入家庭	3.30	0.70	0.06	0.12	0.23	0.65	0.27	0.10	3.30
中等收入家庭	2.54	0.48	0.05	0.08	0.14	0.44	0.19	0.13	2.54
中上收入家庭	2.05	0.38	0.04	0.06	0.11	0.39	0.15	0.12	2.05
高收入家庭	1.34	0.22	0.02	0.04	0.05	0.31	0.08	0.09	1.34
低收入家庭/高收入家庭	4.87	5.74	7.06	7.20	9.74	3.51	7.24	1.92	4.87

类型	衣着	文化娱乐	旅游	交通通信工具	家具耐用品	教育培训	医疗	保健	衣着
低收入家庭	0.69	0.02	0.02	0.55	0.31	1.33	5.36	0.04	0.69
中下收入家庭	0.42	0.02	0.02	0.35	0.15	0.88	1.70	0.02	0.42
中等收入家庭	0.34	0.01	0.01	0.23	0.11	0.72	0.91	0.02	0.34
中上收入家庭	0.30	0.02	0.02	0.21	0.12	0.54	0.73	0.02	0.30
高收入家庭	0.21	0.02	0.02	0.13	0.11	0.28	0.34	0.03	0.21
低收入家庭/高收入家庭	3.23	1.19	0.79	4.24	2.82	4.73	15.71	1.60	3.23

注：各具体项目平均消费支出平均税负=具体项目平均消费支出增值税税负/平均总收入。

综上，无论是从全国家庭层面，还是从城镇家庭或农村家庭层面来看，食品（伙食费）平均税负占总收入比重最高，即对于家庭而言，食品（伙食费）中的增值税税负是其所承担的增值税税负的第一大来源。此外，医疗平均税负对全国家庭和农村家庭的影响要大于城镇家庭，而燃料平均税负对城镇家庭的影响要大于全国家庭和农村家庭。

二　年收入视角下的收入分配效应

现有大多数收入分配效应研究都基于年收入视角，原因在于年收入视角下的收入分配效应可以较好地反映某一年度内，不同收入家庭所承担的具体税负水平。因此，本小节从年收入视角出发，基于 CFPS 收支数据，利用基尼系数及其衍生指数、Suits 指数和泰尔指数进一步测算我国现行增值税制度的收入分配效应。

（一）基尼系数及其衍生指数实证结果

从基尼系数及其衍生指数的实证结果来看，现行增值税制度下，各类家庭的收入差距均有所扩大。其中，农村家庭的收入差距扩幅最高，上升2.63%，全国家庭第二，上升1.91%，城镇家庭第三，上升1.85%。从 MT 指数和 P 指数来看，现行增值税具有显著的累退性，负向影响了当前居民家庭的收入分配状况（见表6-13）。

表6-13　无税情况和现行增值税制度下各类家庭基尼系数

类型	无税情况下基尼系数	现行增值税制度下基尼系数	基尼系数变化率（%）	MT指数	P指数
全国家庭	0.447401372	0.455959185	1.91	−0.008557813	−0.1279648
城镇家庭	0.414955689	0.422613668	1.85	−0.007657979	−0.1145094
农村家庭	0.440425346	0.451986722	2.63	−0.011561376	−0.1728764

注：基尼系数变化率=（现行增值税制度下基尼系数−无税情况下基尼系数）/无税情况下基尼系数×100%。MT指数=无税情况下基尼系数−现行增值税制度下基尼系数，MT指数小于零，说明不利于改善收入分配状况。P指数小于零，意味着该税种具有累退性。具体指数计算公式、含义参见第五章。

（二）Suits指数实证结果

从 Suits 指数的实证结果来看，现行增值税制度下，总 Suits 指数和八大类消费项目 Suits 指数均为负数，表明现行增值税制度在年收入视角下具有显著的累退性。其中，对于各类家庭而言，医疗保健的累退程度最大（见表6-14）。

表6-14　现行增值税制度下各类家庭Suits指数

项目	全国家庭	城镇家庭	农村家庭
家庭设备及日用品	-0.037969	-0.029712	-0.057475
衣着鞋帽	-0.123740	-0.111218	-0.169068
文教娱乐	-0.112090	-0.074510	-0.235992
食品	-0.211898	-0.223650	-0.232550
居住	-0.206724	-0.217287	-0.231853
医疗保健	-0.348280	-0.310949	-0.399200
交通通信	-0.172226	-0.125362	-0.222276
其他消费	-0.018822	-0.049461	-0.021528
总Suits指数	-0.176435	-0.166392	-0.220125

（三）泰尔指数实证结果

由第五章可知，泰尔指数分为泰尔熵H指数和泰尔熵L指数，泰尔熵H指数对高收入阶层收入水平变化敏感，而泰尔熵L指数对低收入阶层收入水平变化较为敏感。从泰尔指数的实证结果来看，第一，全国家庭泰尔熵H指数（0.163070635）高于农村家庭泰尔熵H指数（0.162709995）、高于城镇家庭泰尔熵H指数（0.138597187），意味着侧重高收入家庭视角下，全国家庭的收入差距最大，其次为农村家庭，最后为城镇家庭。第二，农村家庭泰尔熵L指数（0.202325739）高于城镇家庭泰尔熵L指数（0.201654696）、高于全国家庭泰尔熵L指数（0.196390979），意味着侧重低收入家庭视角下，农村家庭的收入差距最大，其次为城镇家庭，最后为全国家庭（见表6-15）。

表6-15　现行增值税制度下各类家庭泰尔指数

类型	泰尔熵H指数	泰尔熵L指数
全国家庭	0.163070635	0.196390979
城镇家庭	0.138597187	0.201654696
农村家庭	0.162709995	0.202325739

三　终生收入视角下的收入分配效应

如果个人一生中年收入不发生任何变化的话，年收入视角下的收入分配效应测算结果就与终生收入视角下的收入分配效应测算结果基本无差异，这一情况下，年收入可以代表终生收入。然而，现实状况并非如此，按照生命周期模型，个人分别经历少年、青年、中年和老年四个阶段，劳动报酬或收入报酬也会随着不同年龄段经历上升、平稳而后下降。因此，个人年收入的波动性通常远远超过终生收入的波动性。Fullerton 和 Rogers（1993）指出年度收入代表年度支付能力，终生收入代表终生支付能力，政策制定者应同时考虑"短期公平"和"长期公平"，即税种的公平性应同时估算反映当期支付能力的即期税负和反映终生支付能力的终生税负。上节从年收入视角估算了现行增值税制度的"短期公平"，本节从终生收入视角出发进一步估算现行增值税制度的"长期公平"。

（一）终生收入计算方法

国外关于终生收入测算方法有两类。一类是依据生命周期理论中年龄和收入之间的关系，在控制教育、地域、人种等相关人口变量的情况下，进行多元回归，求取收入和年龄（核心变量）及其他相关解释变量的系数，进一步估算家庭从工作至退休年限的收入，最后再贴现计算出收入现值。例如，Caspersen 和 Metcalf（1993）测算了年龄和收入之间的关系，但是回归系数统计上并不显著，经济上显著性也不明显。另一类是依据 Modigliani 和 Friedman 提出的生命周期/持久收入假说，认为个人会均等地将自己一生的财富资源在生命中的每一期进行分配，即在给定的一个时期里，个人的消费不是由当期收入决定的，而是由个人一生的劳动收入和初始财富决定的。例如，Poterba（1989，1991）用消费支出近似终生收入研究联邦消费税，发现相比收入，消费更加平滑，其认为总支出比年收入更适合测算福利。因此，可以用消费支出来模拟估算终生收入。

本节同时尝试了上述两类方法，第一类方法实证结果得出的回归系数不仅统计上不显著，经济上也不显著（这意味着影响终生收入的因素不是或不全是以上提及的相关变量，还应涉及其他更多复杂且难以控制的影响因素），测算结果和 Caspersen 和 Metcalf（1993）测算结果大体相同。此外，居民收入来源渠道和来源形式颇多，王小鲁（2012）对 2005~2006 年全国各地几十个不同规模城市进行了城镇居民收入与消费调查，推算出 2005 年我国城镇居民可支配收入中，有 4.8 万亿元为没有反映在居民收入统计数据中的隐形收入，并且这一笔隐形收入大部分属于高收入阶层的"灰色收入"。俞杰（2019）指出所得来源多，可以隐藏，而消费无法隐藏，可以真实反映居民实际可支配收入，因此，消费可以更加真实地反映居民实际可支配收入或居民家庭的实际支付能力（包括隐藏收入在内）。Poterba（1989，1991）、Carrera（2010）、聂海峰和刘怡（2010a）均曾采用消费近似替代终生收入，分别测算了消费税、间接税和增值税的收入分配效应。因此，基于消费平滑理论及上述已有文献支撑，本节采取第二类方法，用消费支出近似替代终生收入测算现行增值税制度的收入分配效应。

（二）基尼系数及其衍生指数实证结果

从基尼系数及其衍生指数的实证结果来看，现行增值税制度下，各类家庭的收入差距均缩小，表明从终生收入视角来看，现行增值税制度缩小了各类家庭的收入差距。其中，农村家庭的收入差距缩幅最高，下降0.0104%，城镇家庭第二，下降0.0100%，全国家庭第三，下降0.0027%。此外，从MT指数和P指数来看，现行增值税制度在终生收入视角下具有累进性，改善了居民家庭的收入分配状况（见表6-16）。

表6-16　无税情况和现行增值税制度下各类家庭基尼系数

类型	无税情况下基尼系数	现行增值税制度下基尼系数	基尼系数变化率（%）	MT指数	P指数
全国家庭	0.297692471	0.297684329	-0.0027	0.000008142	0.0001221
城镇家庭	0.275935649	0.275908182	-0.0100	0.000027467	0.0004109
农村家庭	0.253062178	0.253035803	-0.0104	0.000026375	0.0003939

注：基尼系数变化率＝（现行增值税制度下基尼系数－无税情况下基尼系数）/无税情况下基尼系数×100%。MT指数＝无税情况下基尼系数－现行增值税制度下基尼系数，MT指数小于零，说明不利于改善收入分配状况。P指数小于零，意味着该税种具有累退性。具体指数计算公式、含义参见第五章。

（三）Suits指数实证结果

从Suits指数的实证结果来看，现行增值税制度下，总Suits指数均为正数，表明现行增值税制度在终生收入视角下具有累进性。其中，农村家庭总Suits指数（0.000610）大于城镇家庭总Suits指数（0.000478）大于全国家庭总Suits指数（0.000126），表明从终生视角来看，现行增值税制度累进性对农村家庭影响最大，城镇家庭次之，全国家庭第三（见表6-17）。

从八大类消费支出的Suits指数来看，对于全国家庭和城镇家庭而言，家庭设备及日用品、衣着鞋帽、文教娱乐、交通通信、其他消费的Suits指数大于零，说明该五项消费支出的增值税从终生视角来看具有累进性，食品、居住、医疗保健的Suits指数小于零，说明该三项消费支出的增值税从终生视角来看具有累退性。而对于农村家庭而言，家庭设备及日用品、衣着鞋帽、交通通信、其他消费的Suits指数大于零，说明该四项消费支出的增值税从终生视角来看具有累进性，文教娱乐、食品、居住、医疗保健的Suits指数小于零，说明该四项消费支出的增值税从终生视角来看具有累退性。此外，对于各类家庭而言，医疗保健的累退性最强。

表6-17　现行增值税制度下各类家庭Suits指数

项目	全国家庭	城镇家庭	农村家庭
家庭设备及日用品	0.136569	0.137294	0.159363
衣着鞋帽	0.053565	0.057366	0.055684
文教娱乐	0.063343	0.091483	−0.006168
食品	−0.031629	−0.055264	−0.009081
居住	−0.030101	−0.050451	−0.013074
医疗保健	−0.178331	−0.149226	−0.187075
交通通信	0.002940	0.041322	0.000091
其他消费	0.154927	0.115478	0.194499
总Suits指数	0.000126	0.000478	0.000610

（四）泰尔指数实证结果

从泰尔指数的实证结果来看，第一，全国家庭泰尔熵H指数（0.063248814）高于城镇家庭泰尔熵H指数（0.053783213）高于农村家庭泰尔熵H指数（0.045382622），意味着侧重高收入家庭视角下，全国家庭的收入差距最大，其次为城镇家庭，最后为农村家庭。第二，全国家庭泰尔熵L指数（0.064126478）高于城镇家庭泰尔熵L指数（0.055299287）

高于农村家庭泰尔熵 L 指数（0.045653280），意味着侧重低收入家庭视角下，全国家庭的收入差距最大，其次为城镇家庭，最后为农村家庭（见表6-18）。

表6-18 现行增值税制度下各类家庭泰尔指数

类型	泰尔熵 H 指数	泰尔熵 L 指数
全国家庭	0.063248814	0.064126478
城镇家庭	0.053783213	0.055299287
农村家庭	0.045382622	0.045653280

综上，从终生收入视角来看，现行增值税制度累退性有所减弱，具体表现在缩小了各类家庭的收入差距，且农村家庭收入差距缩小最为明显。此外，家庭设备及日用品、衣着鞋帽、交通通信、其他消费支出的增值税具有累进性；医疗保健累退性仍位居第一，但累退性显著降低。

第五节 研究小结

国外大多数学者对增值税收入分配效应进行的研究表明：增值税在年收入视角下具有较强的累退性，而从终生收入或终生消费视角来看，增值税的累退性减弱，呈现出比例特征或轻微累进特征。本章采用增值税实际税率测算我国现行增值税制度的收入分配效应，得出的实证结果与国外学者研究结果基本吻合。

第一，年收入视角下，我国增值税具有明显的累退性。首先，八大类居民消费项目均呈增值税累退。其次，医疗保健、食品和居住的累退性最强，分别排名第一、第二和第三。最后，从侧重高收入阶层视角来看，城乡居民家庭之间的收入差距要大于农村居民家庭内部和城镇居民家庭内部的收入差距，且农村居民家庭内部收入差距大于城镇居民家庭内部收入差距；而从侧重低收入阶层视角来看，农村居民家庭内部收入差距要大于城镇居民家庭内部收入差距和城乡居民家庭之间的收入差距，且城镇居民家庭内部收入差距大于城乡居民家庭之间的收入差距。

　　第二，终生收入视角下，我国增值税具有轻微的累进性。首先，食品、居住和医疗保健居民消费项目均呈增值税累退。其次，文教娱乐居民消费项目在农村家庭呈增值税累退。再次，无论是从侧重高收入阶层视角来看，还是从侧重低收入阶层视角来看，城乡居民家庭之间的收入差距大于城镇居民家庭内部和农村居民家庭内部收入差距，且城镇居民家庭内部收入差距大于农村居民家庭内部收入差距。最后，与年收入视角下各居民家庭收入差距相比，增值税对各类居民家庭的负向收入分配效应均有所降低。

第七章
现行增值税制度是否有利于
中国生育政策的推进？

　　由于持续的低生育率和高老龄化，我国进入了一个少子化的社会阶段，为此，2021年8月20日，全国人大常委会会议表决通过了关于修改人口与计划生育法的决定，规定一对夫妻可以生育三个子女，并从财税、育儿、就业、住房等方面给予配套支持，以促进我国生育政策有效落实。而增值税作为我国的第一大税种，是居民税收负担的重要组成部分。因此，本章从税收负担视角出发，聚焦增值税，利用CFPS数据和投入产出模型，分析了我国现行增值税制度下有孩家庭的消费特征与税收负担，发现有孩家庭偏好商品的有效税率更高，有孩家庭承担的增值税实际税负更重，不利于助推我国生育政策的落实。基于此，本书还从国际经验出发，提出降低与抚育孩子有关项目适用的增值税税率水平，降低抚育成本，助力我国生育政策的推进。该项研究对构建中国新生育模式下的政策支持体系具有重要参考价值。

第一节　中国生育政策转变背景及研究意义

一　中国生育政策转变背景

（一）总和生育率下降

从世界银行发布的总和生育率①（Total Fertility Rate，TFR）指标来看，我国总和生育率不断下滑，1960年，我国总和生育率为4.5，低于世界4.7的平均水平，1963年达到我国1960~2021年最高水平（7.5），之后我国总和生育率步入下滑趋势，1974年我国总和生育率为4.2，开始低于世界平均水平（4.3），2021年为1.2，低于2.3的世界平均水平。当总和生育率低于1.5时，即意味着在很长时间内难以回升至正常世代更替水平（Lutz和Skirbekk，2005），这将给中国社会和经济发展带来巨大挑战（蔡昉，2010）（见图7-1）。

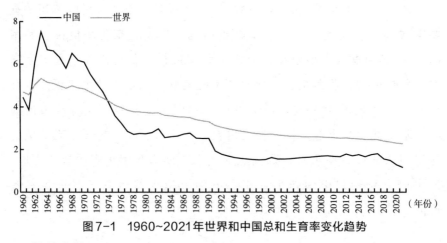

图7-1　1960~2021年世界和中国总和生育率变化趋势

资料来源：World Bank. https://data.worldbank.org/indicator/SP. DYN. TFRT. IN? locations=1W-CN.

---

① 总和生育率，又名总生育率，是衡量生育水平最常用的指标之一，具体是指该国家或地区的妇女在育龄期间，每个妇女平均的生育子女数。

（二）社会老龄化加剧

与此同时，伴随着低生育率的是我国人口老龄化加速，依据已有资料，2000年，中国60岁以上老年人约为1.3亿人，占总人口的10.2%，2019年，这一数值进一步上升至2.54亿人和18.1%。根据联合国的预测，2030年我国会迎来人口老龄化的高峰，到2050年，60岁以上老年人口占总人口的比重将上升至35%~40%（United Nations，2017）。而从世界银行发布的预期寿命来看（见图7-2），我国预期寿命不断上升，1960年我国预期寿命为33岁，低于世界51岁的平均水平，1973年我国预期寿命为59.08岁，开始高于世界平均水平（58.58岁），2021年我国预期寿命为78.21岁，高于71.33岁世界平均水平。

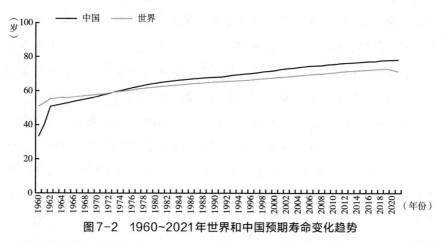

图7-2 1960~2021年世界和中国预期寿命变化趋势

资料来源：World Bank. https://data.worldbank.org/indicator/SP.DYN.LE00.IN?locations=1W-CN.

在低生育率和高老龄化并行的社会背景下，修正现有计划生育政策、调整我国人口结构势在必行。

（三）生育政策发生转变

2011年11月，我国推出了双独二孩政策，紧接着2013年12月，我国实施单独二孩政策；2015年10月，中国共产党第十八届中央委员会第五次全体会议公报指出：坚持计划生育基本国策，积极开展应对人口老龄化行动，实施全面二孩政策。2021年5月31日，中共中央政治局召开会议，审议《关于优化生育政策促进人口长期均衡发展的决定》并指出，为进一步优化生育政策，实施一对夫妻可以生育三个子女政策及配套支持措施。[①]2021 年 8 月 20 日，全国人大常委会会议表决通过了关于修改人口与计划生育法的决定，规定一对夫妻可以生育三个子女，并从财税、育儿、就业、住房等方面给予配套支持，以促进我国生育政策有效落实。

二　研究意义

"少子化、老龄化"趋势将给中国社会和经济发展带来巨大挑战（蔡昉，2010）。Atalay 等（2017）认为已有孩子的数量会显著影响家庭的再生育决策，对比我国"单独二孩"政策和"全面二孩"政策，"全面二孩"政策比"单独二孩"政策取得了更为明显的效果，但并没有扭转我国低生育率的发展趋势，相反，在"全面二孩"政策实施后，我国人口出生率不升反降，由 2016 年 13.57‰的高点下跌至 2020 年的 8.52‰[②]，究其原因可能与家庭的生育成本过高有关（刘娜等，2020；汪伟等，2020）。

美国哈佛大学教授 Leibenstein（1957）利用"孩子成本效用理论"（Children Cost—Utility Theory）分析了西方国家生育率降低的原因，指出孩子抚育边际成本超过了边际效用是生育率降低的根本原因，因此，基于家庭效用最大化，夫妻通常会选择少生育、推迟生育，甚至不生育来实现上述目标。2015 年，国家卫生和计划生育委员会一项生育意愿调查结果显示：在不愿生育第二个子女的原因中，经济负担重、太费精力和无人看护位居前三，分别占全部调查者的 74.5%、61.1% 和 60.5%，其中，经济压力是我国不愿生育二孩的首要原因。[③]Deaton 和 Muellbauer（1986）利用斯里兰卡和印度尼西亚数据进行研究，发现每多抚育一个孩子，家庭总支出水平会增加 30% ~ 40%。Deaton 等（1989）利用西班牙数据测算不同年龄段孩子的抚育成本，发现 0 ~ 4 岁孩子、5 ~ 8 岁孩子以及 9 ~ 13

① 樊丽丽.论我国生育假法律制度的完善［J］.就业与保障，2021（12）：22-23.
② 资料来源：国家统计局网站，www.stats.gov.cn.
③ 中国新闻网.养育负担太重不敢生二孩？卫计委：构建托育等配套政策［EB /OL］.（2017－01－22）［2022-04-18］.http：//www.chinanews.com/gn/2017 /01－22/8132414.shtml.

岁孩子的抚育成本分别相当于成年人生活成本的21%、22%和31%。

很多国家出台了各种各样的财税政策来刺激生育，部分国家或地区会从税收政策方面给予抚育孩子一定的增值税税收优惠。例如，英国、爱尔兰对儿童服装和鞋类实施零税率，巴哈马群岛、马尔代夫和塞舌尔对婴儿食品或用品给予零税率待遇。①而我国由于长期实行计划生育政策，现行增值税制度设计中并没有将家庭抚养孩子考虑在内。增值税是我国第一大税种，其税负嵌入居民家庭的消费支出中，且由于有孩家庭消费支出结构的不同、税率不同而承担的总体税负不同，增值税俨然已成为居民消费支出成本中的主要组成部分。因此，对于我国而言，有孩家庭的消费支出、税收负担与无孩家庭是否有差异，以及有孩家庭是否由于抚育孩子而要承担更多的税负、现行的增值税制度是否提升了孩子的抚育成本等，都是我国颁布三孩政策后值得进一步探讨的话题。

基于此，本章以2018年中国149部门投入产出表数据为基础，构建反映我国增值税抵扣机制的投入产出模型，并结合2018年CFPS数据，从税收负担视角进一步研究我国现行增值税制度是否有利于生育政策的落实。

第二节　有孩家庭消费特征及消费支出敏感性分析

本节以2018年CFPS居民收支数据分析我国有孩家庭、无孩家庭的消费特征，并进一步检验了有孩家庭消费支出的敏感性。2018年CFPS数据提供了家庭、个人和孩子三类数据，其中，孩子年龄设定为0～18岁。首先，通过家庭样本编码将孩子数据与家庭数据、个人数据进行匹配。其次，将样本分为有孩家庭和无孩家庭两类。再次，计算两类家庭平均总收入、平均总消费支出以及八大类消费项目②平均支出及支出占比，最后，检验有孩家庭的消费支出敏感性。

---

① Ernst & Young . Worldwide VAT, GST and Sales Tax Guide 2021［EB/OL］.（2021-04-01）［2022-01-18］. https://www.ey.com/en_gl/tax-guides/worldwide-vat-gst-and-sales-tax-guide.

② 八大类消费项目是指食品、家庭设备及日用品、交通通信、衣着鞋帽、文教娱乐、医疗保健、居住及其他消费。

一　有孩家庭消费特征

CFPS数据提供了八大类消费支出和部分具体消费支出两类数据。但两类数据存在八大类消费支出涵盖范围较宽而部分具体消费支出覆盖范围不完整的特点，因此，从研究互补视角出发，同时采用两类数据分析有孩家庭、无孩家庭的消费特征。

从两类家庭八大类消费支出来看（见图7-3），有孩家庭的平均消费倾向（消费支出/总收入）更高，比无孩家庭高出3.17个百分点，意味着有孩家庭会进行更多的消费。相比无孩家庭，有孩家庭的家庭设备及日用品、衣着鞋帽、文教娱乐、交通通信及其他消费支出占总收入比重更高，其中，以文教娱乐、家庭设备及日用品的消费差异最大，分别高出无孩家庭2.26个百分点和2.07个百分点，表明有孩家庭会倾向于增加居家用品及孩子教育类消费。

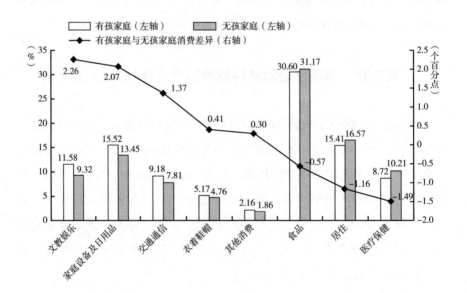

图7-3　有孩家庭和无孩家庭的八大类平均消费支出差异

注：八大类平均消费支出占比=八大类平均消费支出/家庭平均总收入。有孩家庭与无孩家庭消费差异=有孩家庭八大类平均消费支出占比-无孩家庭八大类平均消费支出占比。

从两类家庭具体项目平均消费支出来看（见图7-4），有孩家庭会压缩一些相较无关紧要的消费支出，增加与孩子抚育有关的消费支出，如教育培训支出，有孩家庭比无孩家庭高出4.61个百分点，本地交通（接送孩子）支出，有孩家庭比无孩家庭高出1.17个百分点，衣着支出，有孩家庭比无孩家庭高出0.68个百分点。

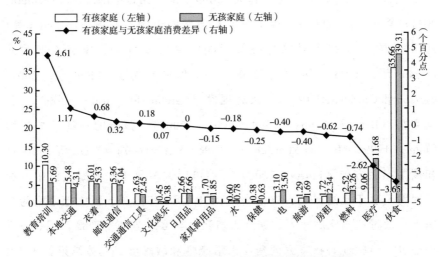

图7-4　有孩家庭与无孩家庭具体项目消费支出差异

注：各具体项目平均消费支出占比=具体项目平均消费支出/总消费性支出。有孩家庭与无孩家庭消费差异=有孩家庭八大类平均消费支出占比-无孩家庭八大类平均消费支出占比。

综上，通过对比分析有孩家庭和无孩家庭的消费支出差异，发现由于孩子的存在，有孩家庭会增加孩子的消费，压缩家长的消费，即存在"孩子消费"替代部分"家长消费"的现象，这与将孩子视为家长的"消费品"的已有研究结论吻合（Becker 和 Lewis，1973；Zhang 等，2003；汪伟等，2020）。

二　有孩家庭消费支出敏感性分析

为了进一步验证有孩家庭上述消费支出的敏感性和敏感度，还需要从统计上实施进一步检验。由于"家庭内部的购买决定并不总是个人选择的结果，而是家庭成员之间相互影响的结果"（Hamilton 和 Catterall，2006），孩子会通过讨价还价（如达成交易、诱导互惠）、说服（如固执己见、结成联盟、唠叨/坚持不懈和纠缠不休）、情绪化（如表现出积极和消极的影响）、请求（如直接要求、请求）和放任（如采取独立行动）等方式来影响家庭消费决策（Kerrane 等，2012）。因此，孩子在当代家庭决策中的影响力越来越大（Belch 等，2005；Lawlor 和 Prothero，2011；Wang 等，2007），孩子对家庭消费的影响不断增加（Boulay 等，2014）。在关于孩子对家庭决策影响的家庭变量中，家庭沟通模式（Hsieh 等，2006；Kim 等，2009）、父母社交方式（Bao 等，2007；Carlson 和 Grossbart，1988）、家庭规模（Caruana 和 Vassallo，2003）、家庭类型（Bates 和 Gentry，1994；Flurry，2007）、孩子的特征［如年龄（John，1999；Moschis 和 Mitchell，1986）、孩子性别（Wang 等，2007）和孩子出生方位（Flurry，2007）］等可以调节孩子在家庭决策中的影响程度。基于上述研究，本书利用 2018 年 CFPS 数据，以无孩家庭为参照组，通过控制家庭收入、家庭人口数、城乡、省市等变量，用 OLS 方法来进一步验证有孩家庭消费支出敏感性和敏感度，具体结果如表 7-1 所示。

　　从表 7-1 来看，在控制家庭收入、家庭人口数、城乡、省市变量后，八大类消费支出中，除食品支出外，有孩家庭对剩余七大类消费支出均具有显著敏感性，但方向与程度却有所不同，具体体现在与抚育孩子有关的支出会增大，如家庭设备及日用品、衣着鞋帽、文教娱乐、交通通信及其他消费支出会增加，而居住和医疗保健支出会有所减少。从有孩家庭对具体项目消费支出敏感性来看，也可以得到相似的结果，有孩家庭对水、电、燃料、本地交通、日用品、房租、衣着、文化娱乐、教育培训、医疗消费具有显著敏感性，但方向与程度也有所不同。从前文分析可知，有孩家庭中，会存在"孩子消费"挤压"家长消费"的现象。因此，在经济资源一定的情况下，家庭会压缩一些相较无关紧要的支出，增加抚育孩子的相关支出。从表 7-1 可知，相较无孩家庭，有孩家庭会倾向于压缩水、电、燃料、医疗支出，增加本地交通、日用品、房租、衣

表 7-1　有孩家庭消费支出结构的敏感程度

八大类消费支出	家庭设备及日用品	衣着鞋帽	文教娱乐	食品	居住	医疗保健	交通通信	其他消费
有孩家庭	0.0124*** (-4.40)	0.00601*** (-5.00)	0.0160*** (-5.55)	-0.00714* (-1.75)	-0.0103** (-3.16)	-0.0240*** (-7.19)	0.00449** (-2.64)	0.00260*** (-3.36)
具体项目支出	伙食	邮电通信	水	电	燃料	本地交通	日用品	房租
有孩家庭	-0.00714* (-1.75)	-0.00222* (-2.26)	-0.00114*** (-4.28)	-0.00257*** (-3.61)	-0.00545*** (-5.60)	0.00671*** (-5.27)	0.00206*** (-3.35)	0.00388** (-2.68)
具体项目支出	衣着	文化娱乐	旅游	交通通信工具	家具耐用品	教育培训	医疗	保健
有孩家庭	0.00601*** (-5.00)	0.00172*** (-7.61)	-0.00114 (-1.28)	0.00126 (-1.16)	-0.00232* (-2.14)	0.0154*** (-5.60)	-0.0229*** (-6.94)	-0.00115* (-2.13)

注：括号内为 t 统计量，*、**和***分别代表 10%、5% 和 1% 的显著性水平。

着、文化娯楽、教育培訓支出，其中，教育培訓支出増幅最大（1.54%），其次为本地交通（0.671%），再次是衣着（0.601%），敏感性和敏感度与有孩家庭消費特征大体保持一致。

第三节　增值税影响商品价格的模型构建

增值税会通过影响商品和服务的价格以及居民的消费结构决定其税负分配，进而对收入分配产生影响（岳希明和张玄，2021）。增值税是我国第一大税种，自2016年5月1日营改增改革在全国推开后，我国增值税的征收范围进一步扩大至各行各业。而基于增值税自身的特性，增值税的税负通常嵌入商品的消费价格并由最终消费者承担，这意味着家庭日常的衣食住行都需要缴纳增值税，而增值税则以税收的形式成为一笔家庭生活开支成本。本章以2018年149部门投入产出表为基础，构建了反映我国增值税抵扣机制的投入产出模型，测算了现行增值税制度对商品价格的影响。并结合2018年CFPS数据中有孩家庭、无孩家庭的平均消费支出数据，计算出各类家庭的增值税税负及增值税税负占比，用于研究增值税制度对子女抚养成本的影响，具体模型构建及计算流程如下。

一　实际税率和征收效率的模型构建

由于2018年的数据较为完整，因此，以2018年数据为基期，构建投入产出模型，并测算2018年的增值税实际税率及征收效率。

首先，依据2018年投入产出表的总产出等于总投入，将总投入拆分为中间投入和要素投入两部分，并再将要素投入拆分为不含增值税的要素投入和增值税两部分，具体公式构建如下：

$$P_j Q_j = \sum_{i=1}^{n} P_i Q_{ij} + V_j = \sum_{i=1}^{n} P_i Q_{ij} + V_j' + VAT_j \tag{7-1}$$

公式7-1中，下标i和下标j均代表行业，P表示价格，Q表示数量，P_i或P_j分别表示i行业或j行业的价格，Q_j表示j行业的产量，Q_{ij}表示j行

业生产所消耗 i 行业的中间产品数量；P_iQ_{ij} 表示 j 行业生产所消耗 i 行业的中间产品价值，P_jQ_j 表示 j 行业的总产出；V 表示增加值，又名要素投入，由劳动者报酬、生产税净额、营业盈余和固定资产折旧四部分构成，V_j 表示 j 行业的增加值；由于增值税包含在生产税净额里，因此，将增值税从增加值中分离出来后，可以获得不含增值税的增加值，即用 V_j' 表示 j 行业不含增值税的增加值，VAT_j 表示 j 行业的增值税。

其次，将增值税抵扣机制（增值税应纳税额 = 增值税销项税额 − 增值税进项税额）刻画到上述投入产出模型中。具体公式构建参见第六章公式 6-1 至公式 6-10，即可以得到 2018 年增值税实际税率如公式 7-2 所示：

$$T = \left(I - \beta A'L - \beta K_1 B_1 - \beta K_2 B_2\right)^{-1} M \qquad (7-2)$$

其中，A' 表示直接消耗系数矩阵的转置矩阵，T 表示实际税率矩阵，β 表示进项税额实际抵扣率矩阵，L 表示调整后的中间产品进项税额抵扣率矩阵，K_1 和 K_2 分别表示单位产出购进动产和购进不动产矩阵，B_1 和 B_2 分别表示购进动产和购进不动产来源于 i 行业比例矩阵，M 表示单位产出增值税矩阵。M 中的数据可以根据 2018 年《投入产出表》的总产出和《中国税务年鉴》（2019）分行业增值税数据推算得出。

最后，利用公式 7-2，可以计算出 2018 年增值税的实际税率，然后用 2018 年增值税实际税率除以 2018 年增值税法定税率，可以计算出 2018 年增值税的征收效率。

二　现行增值税制度影响商品价格的模型构建

增值税税率变动会影响商品价格的变动，参见第六章公式 6-11 至公式 6-17，可以得到税率变动对商品价格的计算公式，即公式 7-3：

$$P = \left[\left(I - A'\right) - \left(I - \beta A'L - \beta K_1 B_1 - \beta K_2 B_2\right)T\right]^{-1} V' \qquad (7-3)$$

首先，假定征收效率不变，利用征收效率和现行增值税法定税率，计算出现行增值税的实际税率，其次，再将增值税实际税率代入公式 7-3，计算出商品的价格。然后，借鉴聂海峰和刘怡（2010a）的附表，将商品与八大类消费支出进行对应,计算出八大类消费支出的价格,最后,利用CFPS数据中有孩家庭和无孩家庭的消费支出计算出增值税的含税量以及税负差异。

第四节　数据处理及测算流程

增值税投入产出模型仅能模拟测算出不同税制下各行业的商品价格,并不能直接测算出不同税制下的收入分配效果,仍需要借助居民收支微观数据来进一步分析不同税制对居民税负影响,从而判断出不同税制下的收入分配效应。从数据时效性出发,本部分仍以2018年CFPS居民收支数据为样本分析我国有孩家庭和无孩家庭的税收负担及税负差异,并进一步分析我国现行增值税制度下两类家庭的收入分配效应。

一　微观数据的处理

2018年CFPS数据分个人、家庭和孩子三类样本。本部分以家庭为研究单位,分析我国现行增值税制度对有孩家庭和无孩家庭的税负影响,所需数据包含在CFPS个人、家庭和孩子数据样本中,对家庭样本做了以下处理。

首先,通过家庭样本编码,用STATA软件将孩子数据与家庭数据、个人数据合并。并生成是否有孩子虚拟变量,将是否有年龄小于18岁的孩子虚拟变量设为1,其他设为0,进而将样本分为有孩家庭和无孩家庭两类。

其次,将具体项目月度消费乘以12个月,计算出年度消费。例如,年度伙食费=每月伙食费×12,年度邮电通信费=每月邮电通信费×12,其他具体消费项目还包括外出就餐费、水费、电费、燃料费、本地交通费、日用品费和房租支出。

再次,对总消费性支出为缺失值的样本,将八大类消费支出求和并对缺失值进行替换,并删除总消费性支出为零的样本,一共剔除543个无效样本。再将具体项目年度消费除以总消费性支出,计算具体项目消费支出占比，并将占比为负的样本剔除。例如：伙食费占比=年度伙食费/总消费性支出，邮电通信费占比=年度邮电通信费/总消费性支出，其他具体项目消费支出占比计算以此类推，一共删除了1193个无效样本。

最后，将家庭总收入、总消费性支出、八大类消费支出、具体项目消费支出分有孩家庭和无孩家庭求均值，并计算八大类消费支出和具体项目消费支出占总收入的比重，具体结果如图7-4所示。

二　测算流程

本章有孩家庭和无孩家庭收入分配效应测算流程与第七章现行增值税制度的收入分配效应测算相似。仍然是先通过本章构建的增值税投入产出模型模拟测算出43部门商品价格指数，然后借鉴聂海峰和刘怡（2010a）"家庭消费支出项目和投入产出部门对应"附表（见表5-6），将各部门商品价格指数换算成居民消费支出价格指数，进而去测算两类家庭承担的增值税税负，最终实现模拟测算增值税收入分配效应的目标。具体测算流程如下。

第一，为了减少各部门商品价格指数与居民消费支出价格指数换算的工作量，先将2018年149部门投入产出表合并成43部门投入产出表（与42部门投入产出表的不同之处在于将第一产业分为农林牧渔产品和农林牧渔服务两类）；然后假定2018年43部门商品价格为1，依据公式7-2，用STATA 15.0软件，测算出2018年增值税实际税率，并依据公式7-3，验证2018年43部门商品价格是否为1。

第二，用2018年增值税实际税率除以2018年增值税法定税率得到2018年的征收效率（见表7-2）。进一步假定征收效率不变，再用征收效率乘以表7-2中现行增值税法定税率，计算出现行增值税实际税率，并将现行增值税实际税率代入公式7-3，便可以计算出现行增值税制度下43部门的商品价格，同时，设定43部门实际增值税税率为0，并带入价格矩阵（公式7-3），计算出无税价格下43部门的商品价格。

表7-2 2018年和现行增值税法定税率与43行业征收效率

单位：%

部门	行业名称	2018年增值税法定税率	现行增值税法定税率	征收效率
01	农林牧渔产品	10	9	42.95
02	农林牧渔服务	10	9	46.91
03	煤炭采选产品	16	13	93.54
04	石油和天然气开采产品	16	13	60.65
05	金属矿采选产品	16	13	60.99
06	非金属矿和其他矿采选产品	16	13	66.05
07	食品和烟草	16	13	59.40
08	纺织品	16	13	65.51
09	纺织服装鞋帽皮革羽绒及其制品	16	13	74.41
10	木材加工品和家具	16	13	80.44
11	造纸印刷和文教体育用品	14.51	12.01	77.71
12	石油、炼焦产品和核燃料加工品	16	13	75.56
13	化学产品	15.66	12.77	83.59
14	非金属矿物制品	16	13	81.81
15	金属冶炼和压延加工品	16	13	67.42
16	金属制品	16	13	78.78
17	通用设备	16	13	94.02
18	专用设备	16	13	96.90
19	交通运输设备	16	13	86.66
20	电气机械和器材	16	13	82.01
21	通信设备、计算机和其他电子设备	16	13	57.23
22	仪器仪表	16	13	73.02
23	其他制造产品	16	13	177.35
24	废品废料	16	13	37.88
25	金属制品、机械和设备修理服务	16	13	87.20
26	电力、热力的生产和供应	16	13	102.74
27	燃气生产和供应	10	9	112.92
28	水的生产和供应	10	9	194.43
29	建筑	10	9	94.45
30	批发和零售	16	13	68.15

续表

部门	行业名称	2018年增值税法定税率	现行增值税法定税率	征收效率
31	交通运输、仓储和邮政	9.84	8.88	61.06
32	住宿和餐饮	6	6	18.94
33	信息传输、软件和信息技术服务	7.39	7.04	86.77
34	金融	6	6	87.51
35	房地产	10	9	94.33
36	租赁和商务服务	6.45	6.32	146.57
37	科学研究和技术服务	6	6	42.45
38	水利、环境和公共设施管理	6	6	513.20
39	居民服务、修理和其他服务	6	6	46.74
40	教育	6	6	16.62
41	卫生和社会工作	6	6	15.47
42	文化、体育和娱乐	6.72	6.54	65.94
43	公共管理、社会保障和社会组织	6	6	9.28

　　第三，借鉴聂海峰和刘怡（2010a）的附表①（见表5-6），计算出现行增值税制度和无税情况下八大类消费支出以及具体项目消费支出的综合价格指数（见表7-3），用现行增值税制度下八大类消费支出以及具体项目消费支出综合价格指数减无税情况下八大类消费支出以及具体项目消费支出综合价格指数，可以计算出现行增值税制度下消费项目的含税率（见表7-4）。再结合2018年CFPS数据中有孩家庭和无孩家庭的平均消费支出及综合价格指数计算出现行增值税制度下消费支出含税率和有孩家庭与无孩家庭的含税量，并测算出收入分配效应。

---

① 聂海峰和刘怡（2010a）的附表提供了"家庭消费支出项目和投入产出部门对应"，可以依据该附表计算出各类消费支出中投入产出部门对应行业的占比，进而用以计算消费支出的综合价格指数。例如，食品烟酒消费支出对应了投入产出表中"食品和烟草""居民服务、修理和其他服务""餐饮业"，相应的权重值分别为24、1、1，进而可以计算出占比分别为92.30%、3.85%和3.85%。本书测算出无税情况上上述行业的价格指数分别为0.9324、0.9387、0.8989，因此，可以计算出食品烟酒消费支出的综合价格指数=92.30%×0.9324+3.85%×0.9387+3.85%×0.8989≈0.9314，其他消费支出综合价格指数计算依此类推。

表7-3　无税和现行增值税下八大类及具体项目消费支出综合价格指数

八大类消费支出	无税	现行增值税制度	具体项目消费支出	无税	现行增值税制度	具体项目消费支出	无税	现行增值税制度
家庭设备及日用品	0.9320	0.9964	伙食	0.9314	0.9959	衣着	0.9413	0.9968
衣着鞋帽	0.9413	0.9968	邮电通信	0.9187	0.9970	文化娱乐	0.9450	0.9974
文教娱乐	0.9497	1.0060	水	0.9075	0.9935	旅游	0.9782	1.0004
食品	0.9314	0.9959	电	0.9721	0.9980	交通通信工具	0.9219	0.9963
居住	0.9470	1.0000	燃料	0.9574	0.9989	家具耐用品	0.9323	0.9966
医疗保健	0.9332	0.9972	本地交通	0.9212	0.9971	教育培训	0.9570	1.0140
交通通信	0.9257	0.9972	日用品	0.9307	0.9955	医疗	0.9349	0.9981
其他消费	0.9248	0.9971	房租	0.9387	1.0003	保健	0.9298	0.9955

表7-4　现行增值税制度下八大类及具体项目消费支出含税率

单位：%

八大类消费支出	含税率	具体项目消费支出	含税率	具体项目消费支出	含税率
家庭设备及日用品	6.43	伙食	6.45	衣着	5.55
衣着鞋帽	5.55	邮电通信	7.83	文化娱乐	5.24
文教娱乐	5.63	水	8.60	旅游	2.23
食品	6.45	电	2.59	交通通信工具	7.43
居住	5.30	燃料	4.15	家具耐用品	6.43
医疗保健	6.40	本地交通	7.59	教育培训	5.69
交通通信	7.15	日用品	6.48	医疗	6.32
其他消费	7.23	房租	6.16	保健	6.56

第五节　收入分配实证结果

经过测算，可以得到现行增值税制度下消费支出含税率和有孩家庭、无孩家庭消费支出的增值税税收负担，出于研究互补视角以及与前文消费支出特征的可比性，本部分仍采用八大类消费支出和部分具体项目消费支出两类数据来分析消费支出的含税率和含税量，具体结果及分析如下。

一　有孩家庭偏好商品的有效税率更高

通过计算，可得八大类消费支出平均有效税率为6.27%。如表7-5所示，八大类消费支出中，家庭设备及日用品、食品、医疗保健、交通通信、其他消费支出的有效税率要高于平均有效税率，且以其他消费支出（7.23%）有效税率最高，交通通信支出（7.15%）次之，食品支出（6.45%）第三。具体项目消费支出中，伙食、邮电通信、水、本地交通、日用品、交通通信工具、家具耐用品、医疗、保健支出的有效税率要高于平均有效税率，以水费支出（8.60%）有效税率最高，邮电通信支出（7.83%）次之，本地交通支出（7.59%）第三。

表7-5　现行增值税制度下八大类及具体项目消费支出有效税率

单位：%

八大类消费支出	有效税率	具体项目消费支出	有效税率	具体项目消费支出	有效税率
家庭设备及日用品	6.43	伙食	6.45	衣着	5.55
衣着鞋帽	5.55	邮电通信	7.83	文化娱乐	5.24
文教娱乐	5.63	水	8.60	旅游	2.23
食品	6.45	电	2.59	交通通信工具	7.43
居住	5.30	燃料	4.15	家具耐用品	6.43
医疗保健	6.40	本地交通	7.59	教育培训	5.69
交通通信	7.15	日用品	6.48	医疗	6.32
其他消费	7.23	房租	6.16	保健	6.56

从前文分析可知，有孩家庭在文教娱乐、家庭设备及日用品、交通通信支出占比方面要显著高于无孩家庭。而这其中，家庭设备及日用品、交通通信支出有效税率高于平均税率，在一定程度上会提高有孩家庭承担的税负成本，不利于推进我国生育政策的落实。

二　有孩家庭的增值税负担更重

有孩家庭消费支出平均税负[①]为6.10%，高于无孩家庭的5.89%。从有孩家庭和无孩家庭的税负差异来看，家庭设备及日用品、文教娱乐和交通通信支出税负差异最大，前者比后者分别高出0.13个百分点、0.12个百分点和0.10个百分点，这一部分税负差异是由不同商品的有效税率和有孩家庭消费支出偏好差异共同造成的，其中，有效税率对整体税负差异的贡献为44.50%，消费支出差异为55.50%。进一步分析可知，家庭设备及日用品支出中，有效税率对税负差异的贡献为41.41%，消费支出差异为58.59%；文教娱乐支出中，有效税率对税负差异的贡献为43.14%，消费支出差异为56.86%；交通通信支出中，有效税率对税负差异的贡献为38.05%，消费支出差异为61.95%（见图7-5）。

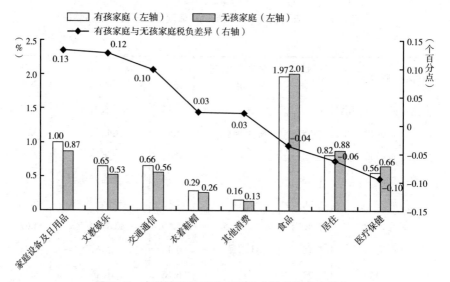

图7-5　有孩家庭与无孩家庭八大类消费支出税负

注：八大类消费支出平均税负=八大类平均消费支出增值税税负/总收入。有孩家庭与无孩家庭税负差异=有孩家庭八大类平均消费支出平均税负−无孩家庭八大类平均消费支出平均税负。

---

① 家庭消费支出平均税负=八大类消费支出总税负/家庭总收入。

　　具体项目消费支出中，从有孩家庭和无孩家庭的税负差异来看，教育培训、本地交通支出税负差异最大，前者比后者分别高出0.16个百分点和0.08个百分点，这一部分税负差异仍是由具体商品的有效税率和有孩家庭消费支出偏好差异共同造成的。进一步分析可知教育培训支出中，有效税率对税负差异的贡献为48.23%，消费支出差异为51.77%；本地交通支出中，有效税率对税负差异的贡献为36.70%，消费支出差异为63.30%（见图7-6）。

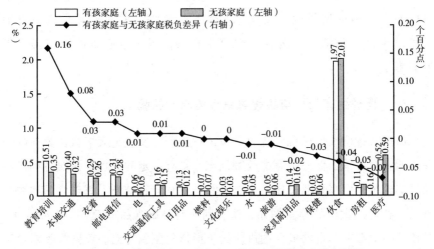

图7-6　有孩家庭与无孩家庭具体项目消费支出税负差异

　　注：具体项目消费支出平均税负=具体项目平均消费支出增值税税负/总收入。有孩家庭与无孩家庭税负差异=有孩家庭具体费支出平均税负−无孩家庭具体消费支出平均税负。

　　综上，有孩家庭与无孩家庭的消费支出承担的平均税负受消费支出有效税率和消费支出结构差异两个方面的影响，这两者共同推高了有孩家庭所承担的增值税税收负担，不利于推进我国生育政策的落实。此外，孩子的存在会使家庭将一部分经济资源从家长身上转移到孩子抚育上，而在资源转移过程中，有孩家庭会增加孩子的消费，降低家长消费，从而使有孩家庭家长效用水平低于无孩家庭，造成抚育成本高的幻觉。因此，降低有孩家庭消费支出的平均税负，在一定程度上有助于降低抚育成本，提高家庭生育意愿。

第六节　促进生育的增值税优惠政策减税方案

低生育率、高老龄化的社会发展形势并不仅仅在我国出现，世界各国也面临着相同的难题，为了解决生育率低这一问题，一些高福利国家选择直接承担孩子的抚育成本（如卢森堡），或定期给予一笔抚育津贴。但对于其他一些国家，在财政资金有限的情况下，则更倾向于实施一定的税收优惠政策以降低抚育成本来鼓励生育。因此，本节对国际上各国的增值税税收优惠政策进行梳理，并对有关促进生育的优惠政策进行归纳，以为我国促进生育增值税优惠政策的制定提供借鉴参考。

一　促进生育的增值税优惠政策的国际经验

通过对各国增值税税收优惠政策进行梳理，发现绝大多数国家在降低孩子的抚育成本、促进生育的政策优惠上具有一定的共性。按照各国优惠项目实施频率由高到低排序，依次为教育、童装和鞋类、基础食品和婴儿食品、特定儿童用品等。例如，澳大利亚对基础食品、教育、照顾儿童、学校"小卖部"和自助餐厅的供应给予增值税免税待遇。英国、爱尔兰和马恩岛对童装和鞋类给予零税率待遇。黎巴嫩和马尔代夫均对婴儿食品给予税收优惠，其中，黎巴嫩给予免税待遇，马尔代夫税收优惠力度更大，给予了零税率待遇。此外，英国、马恩岛、俄罗斯还对特定儿童用品给予了低税率待遇（见表7-6）。

表7-6　部分税收管辖区有关儿童抚育的增值税优惠政策

税收管辖区	税收优惠项目
澳大利亚	免税：基础食品、教育、照顾儿童、学校"小卖部"和自助餐厅的供应
英国	零税率：书籍、报纸和期刊，童装和鞋类 低税率：儿童汽车座椅
爱尔兰	零税率：图书（复印件）、儿童服装和鞋类

续表

税收管辖区	税收优惠项目
马恩岛	零税率：书籍、报纸、期刊，儿童服装和鞋类 免税：教育 低税率：儿童汽车座椅
黎巴嫩	免税：教育、基本食品、婴儿食品
卢森堡	免税：教育、文化体育服务 低税率：书籍、报纸和杂志（不包括电子书），14岁以下儿童的衣服和鞋子
马尔代夫	零税率：婴儿纸尿裤、婴儿食品 免税：教育
毛里求斯	免税：婴儿食品、教育
挪威	零税率：书籍和报刊（包括电子报和电子期刊） 低税率：教育服务
俄罗斯	低税率：基本食品、某些儿童用品
卢旺达	免税：教育服务
越南	免税：教育和职业培训 低税率：教学工具
赞比亚	免税：健康和教育服务
津巴布韦	免税：教育部或高等教育机构注册的机构提供的教育服务

资料来源：Ernst & Young, Worldwide VAT, GST and Sales Tax Guide 2021, https://www.ey.com/en_gl/tax-guides/worldwide-vat-gst-and-sales-tax-guide。

与我国增值税税收优惠政策比较来看，我国针对子女抚养的优惠政策不多且优惠力度有限。虽然我国非学历教育适用6%的低税率，但相比其他国家对教育和职业培训免税待遇而言，我国教育服务税收优惠力度要低于大多数国家。此外，我国的水、燃气、图书、交通运输服务、报纸、杂志、音像制品、食用盐及食用植物油等基本生活必需品则适用9%的低税率，而电适用13%的基本税率，这些基本生活必需品适用的税率水平也均高于其他国家。鉴于此，可以参照国际通行做法，考虑给予上述项目更大的税收优惠，与国际接轨。

二　促进生育的增值税优惠政策减税方案的测算结果

税收优惠政策包括零税率、免税和低税率。其中，零税率是指商品或服务不含税，即销项税额不征，进项税额还可以抵扣，对绝大多数国家而言，零税率会引发严重的税收流失，因而适用情形较为特殊，常见适用情形为货物或服务出口，对我国而言，大规模使用零税率并不合适。但若对上述商品或服务实施大规模免税（销项税额不征，但进项税额不可抵扣），则会造成增值税抵扣链条的断裂，不利于增值税中性作用的发挥。因此，调整上述项目现行适用税率水平，将与抚育孩子有关的项目所适用的增值税税率调低的方法更具可行性。本书分别对农产品（基本生活必需品），文教、体育和娱乐用品，衣着类、鞋，交通运输，造纸印刷和新闻出版，电、热、水、燃气进行了税率调整①，将其现行适用的税率调低至6%。同时还在上述调整基础上，将9%税率进行拆分，与抚育孩子有关的支出并入6%，其余并入13%，进一步测算了"13%+6%"两档税率方案下的有孩家庭税收负担，具体结果如表7-7所示。

---

① 本书使用43部门投入产出表作为模型测算基础，部分方案的调整项目并未直接出现在43部门投入产出表里，需要依据149部门投入产出表增加值数据做进一步的税率调整。方案具体项目对应如下：文教体娱用品（149部门）对应造纸印刷和文教体育用品（43部门），衣着和鞋对应纺织品（43部门）、纺织服装鞋帽皮革羽绒及其制品（43部门）中纺织服装服饰（149部门）和鞋（149部门），交通运输（149部门）对应交通运输、仓储和邮政（43部门），农药和化肥（149部门）及日用化学品（149部门）对应化学品（43部门），造纸印刷和新闻出版对应造纸印刷和文教体育用品（43部门）中造纸和纸制品（149部门）和印刷品和记录媒介复制品（149部门），文化、体育和娱乐（43部门）中新闻和出版（149部门），增值电信对应信息传输、软件和信息技术服务（43部门）中电信和其他信息传输服务（149部门）。具体调整如下：造纸印刷和文教体育用品（43部门）包括造纸和纸制品（149部门），印刷品和记录媒介复制品（149部门），工艺美术品（149部门），文教、体育和娱乐用品（149部门），依据2018年投入产出表中增加值数据，可以计算出增加值权重分别为0.43、0.25、0.12、0.20，现行增值税制度下法定税率分别为13%、9%、13%、13%，调低文教、体育和娱乐用品税率至6%时，则可以计算出新的造纸印刷和文教体育用品（43部门）的法定税率=0.43×13%+0.25×9%+0.12×13%+0.20×6%≈10.60%，其他测算方案计算依此类推。

表7-7 增值税减税方案下有孩家庭和无孩家庭消费支出增值税税负差异

单位：%

项目	有孩家庭	无孩家庭	税负差异
农产品	-0.016	-0.016	0.000
文教、体育和娱乐用品	-0.083	-0.080	3.750
衣着类、鞋	-0.192	-0.166	15.663
交通运输	-0.085	-0.073	16.438
造纸印刷和新闻出版	-0.145	-0.141	2.837
电、热、水、燃气	-0.190	-0.196	-3.061
以上所有	-0.673	-0.637	5.651
"13%+6%" 两档税率方案①	-0.741	-0.677	9.453

注：参照基期为2019年增值税制度。有孩家庭与无孩家庭增值税税负差异=（有孩家庭八大类平均消费支出税负-无孩家庭八大类平均消费支出税负）/无孩家庭八大类平均消费支出税负。

①现行增值税税收制度中，适用9%税率的项目有农林牧渔产品和服务，电力、热力的生产和供应，燃气生产和供应，水的生产和供应，房地产，无形动产租赁，造纸和纸制品，印刷品和记录媒介复制品，文教、体育和娱乐用品，农药，化肥，交通运输，邮政，新闻和出版，建筑。本书"13%+6%"两档税率方案中，将农林牧渔产品和服务，电力、热力的生产和供应，燃气生产和供应，水的生产和供应，无形动产租赁，造纸和纸制品，印刷品和记录媒介复制品，文教、体育和娱乐用品，农药，化肥，交通运输，邮政，新闻和出版税率调低至6%，将增值电信、房地产和建筑调高至13%；此外，还将纺织品、纺织服装服饰、鞋、日用化学品适用税率从13%调低至6%。

从调低税率所产生的税负差异来看，除电、热、水、燃气调低税率会使得无孩家庭受益更大以及农产品调低税率对两类家庭影响无差异外，其余项目调低增值税适用税率均更利于降低有孩家庭的税负成本。其中，以衣着类、鞋和交通运输的减负效果最好。衣着类、鞋适用6%低税率会使有孩家庭的税负成本下降0.192%，比无孩家庭多受益15.663%，而交通运输下降0.085%，比无孩家庭多受益16.438%。此外，对比所有方案来看，综合使用上述减税方案的效果要优于单独对某一类项目减税，如"以上所有"的减税方案可以使有孩家庭税负成本下降0.673%，比无孩家庭多受益5.651%，若在上述方案基础上再进一步将9%税率拆分，实施"13%+6%"两档税率方案则可以使有孩家庭获得更大的减税效果，税负成本下降0.741%，比无孩家庭多受益9.453%，从而以较小的税收收入损失有效降低生育成本，助力我国生育政策的推进。

第七节　研究结论与对策建议

本章以我国生育政策为引，利用2018年CFPS数据分析了我国有孩家庭、无孩家庭的消费特征及消费敏感性。同时，基于2018年149部门投入产出表的数据，结合我国增值税实际征缴情况构建了反映我国增值税抵扣机制的投入产出模型，最后再结合2018年CFPS数据测算了各类消费支出有效税率和有孩家庭、无孩家庭消费支出的平均税负。具体结论及对策建议如下。

我国现行增值税制度不利于助推我国生育政策的落实，具体体现在：有孩家庭偏好商品的含税率更高，有孩家庭承担的增值税税负更重。从前文的分析可知，在消费支出占收入比重方面，有孩家庭比无孩家庭的平均消费倾向更高，前者比后者高出3.17个百分点，意味着有孩家庭会进行更多的消费。在商品有效税率方面，交通通信支出（7.15%）、食品支出（6.45%）、家庭设备及日用品支出（6.43%）的有效税率更高，要高于6.27%平均有效税率。在消费支出偏好和消费支出结构方面，有孩家庭和无孩家庭的消费支出偏好和支出结构存在明显差异，相比无孩家庭，有孩家庭会优先调增教育培训、本地交通、家庭设备及日用品、衣着等与孩子抚育直接相关的支出，同时会压缩其他无关紧要的支出。其中，以文教娱乐、家庭设备及日用品的消费差异最大，分别高出无孩家庭2.26个百分点和2.07个百分点，表明有孩家庭会倾向于增加孩子教育类消费及居家用品消费。最后，在有效税率和消费支出结构差异共同作用下，有孩家庭消费支出的平均税负重于无孩家庭，前者比后者高出0.21个百分点，并以家庭设备及日用品（0.13个百分点）、文教娱乐（0.12个百分点）和交通通信（0.10个百分点）支出税负差异最大。上述研究表明我国现行增值税制度并没有降低有孩家庭的税收负担，不利于推进我国生育政策的落实。

如何从税收政策上给予有孩家庭更多的税收支持，助力我国生育政策的推进，关键在于让税收政策向有孩家庭倾斜，降低有孩家庭的税收成本，降低抚育成本，提高生育意愿。按照税负是否可以转嫁进行划分，税收可以分为直接税和间接税两类。

对于直接税而言,可以从个人所得税、财产税方面入手给予有孩家庭更多的税收支持。其中,就个人所得税而言,虽然专项附加扣除方面有对子女教育设置每月1000元的扣除标准(12000元/年;2023年,该标准提高至2000元/月,即24000元/年[①])和3岁以下婴幼儿每月每孩1000元照护费用扣除标准(12000元/年;2023年,该标准提高至2000元/月,即24000元/年[②]),但孩子3岁以后,照护费用专项附加扣除会自动失效,而且抚养孩子不仅仅有教育开支,还有其他诸如衣食住行等生活开支,每年24000元(假设只生育1个孩子)的专项附加扣除对于工薪阶层仍无异于杯水车薪。因此,建议在费用扣除标准方面按孩子数量、孩子的年龄段对有孩家庭增设一定额度的扣除标准,进而让个人所得税优惠政策向有孩家庭倾斜。就财产税而言,考虑新一代年轻人抚养孩子、赡养老人和偿还房贷压力倍增,若未来在全国推行房地产税,建议对有孩家庭给予一定的税率优惠,进而减轻有孩家庭的税负成本,降低抚养孩子和偿还房贷的经济压力,同时也有助于减缓房地产税在全国推行的阻力。

对于间接税而言,增值税是我国第一大税种,其税负的高低会直接影响到有孩家庭的生活成本。从前文的分析可知,有孩家庭的教育类支出、本地交通支出和居家日用品类支出占比要高于其他支出,其敏感性和敏感度均要高于其他支出,同时,承担的增值税税负也更高。从国际上通行做法来看,绝大多数国家在税收政策上会给予有孩家庭支持,支持力度远超我国。基于前文分析、国际经验总结和各增值税减税方案的测算结果,本书建议将与抚育孩子有关项目所适用的增值税税率调低,短期内,可以优先考虑调低儿童衣着以及鞋类、旅客交通运输适用的增值税税率至6%,长期仍要加速我国增值税税率三档并两档改革,若从促进生育、助力我国生育政策落实出发,建议降低子女抚养所需商品的增值税税率至6%,采用"13%+6%"两档税率方案。

---

① 国务院关于提高个人所得税有关专项附加扣除标准的通知 [EB/OL]. (2023-08-31) [2024-11-08] .https://www.gov.cn/zhengce/content/202308/content_6901206.htm.

② 国务院关于提高个人所得税有关专项附加扣除标准的通知 [EB/OL]. (2023-08-31) [2024-11-08] .https://www.gov.cn/zhengce/content/202308/content_6901206.htm.

第八章

增值税如何更为"有效"地改善收入分配

增值税规模较大且具有累退性是我国税制整体收入再分配效应有限的重要原因，但在我国持续减税降费、财政压力越来越大的背景下，不能单纯依靠增值税的大规模减税来助力实现共同富裕。为此，本章构建了一个能够反映我国增值税一般特征的投入产出模型，分析了不同行业增值税税率下调在改善收入分配方面的"效率"差异。发现对部分行业减税可以以较小的税收收入损失来换取较大的收入分配改善。研究结果还发现，与现阶段仅对生活必需品适用优惠税率的建议不同，对某些非生活必需品减税在改善收入分配方面同样"有效"。这对我国未来的增值税改革具有重要的参考含义。

第一节　研究背景及文献综述

习近平总书记在党的十九大报告中明确指出："中国特色社会主义进入新时代，我国社会主要矛盾已经转化为人民日益增长的美好生活需要和不平衡不充分的发展之间的矛盾。"要解决新时代中国特色社会主义主要矛盾则要从促进经济高质量发展和实现共同富裕两个方面入手。共同富裕是社会主义的本质要求，是中国式现代化的重要特征[①]。从发达国家的经

[①]　习近平.扎实推动共同富裕［J］.求是，2021（20）.

验来看,各国的税收制度在改善收入分配方面发挥了重要作用,从效果上来看,OECD各国的税收制度均在不同程度上促使收入分配得到改善,综合考虑不同类型的税收,各国税收制度减少的收入不平等占总收入不平等的8%~26%(Verbist和Figari,2014)。现有研究表明,我国税制在调节收入分配方面的作用较为有限,如与OECD成员国进行比较,我国市场收入基尼系数相差不大,但政府收入再分配政策介入后的可支配收入基尼系数明显偏高,意味着我国收入再分配政策力度不足是造成居民收入不平等的关键因素(蔡萌和岳希明,2016;岳希明和张玄,2021)。

不同税制结构在调节居民收入差距、促进社会公平的能力上会有所差异,过高的间接税比重会妨碍税收政策对收入的累进调节作用(Madden,1995;Decoster和Camp,2001;Liberati,2001;Kaplanoglou和Newbery,2004;杨森平和刘树鑫,2019)。而来源于增值税等普遍课征的间接税的累退性,及其在我国税收收入总额中占比较高的事实,是我国税收整体呈现累退性的主要原因(郭庆旺,2013;岳希明等,2014)。如卢洪友和杜亦譞(2019)指出以增值税为主的间接税是造成我国财政再分配体系呈弱累进的重要原因。如果取消个人所得税,收入基尼系数会上升0.7%,但如果不征缴流转税,基尼系数将下降0.94%。其中,增值税的逆向调节作用最强,对再分配的边际贡献为-0.84%,是劫贫性最强的税收。田志伟(2015b)的研究表明,我国个人所得税以及企业所得税可以在一定程度上改善居民之间的收入分配状况,可以使基尼系数下降1.154%,但是由于增值税等的存在,弱化了我国税制的收入再分配效应,从结果来看,虽然我国整体税制呈现出正向累进性,但仅可以使中国基尼系数下降0.893%。

由于存在边际消费倾向递减规律,增值税具有累退性特征,所以减少增值税的规模在理论上可以弱化增值税对收入分配的负向作用。近年来,我国的减税降费改革均是以增值税为主体,现有研究也证实了这一猜想,即深化增值税改革有利于改善收入分配,可以弱化增值税对收入分配的负向作用。如万莹和陈恒(2020)利用CGE模型模拟测算了2019年增值税减税改革的政策效应,发现降低税率和实施进项税额加计抵减政策不仅有利于降低企业的税负、提升效率，还有利于缩小城乡居民收入差距、增进社会公平。田志伟和王钰（2022）利用投入产出模型测算了2018年和2019年增值税税率下调的收入分配效应，发现两年增值税税率下调均改善了城镇居民的收入分配状况，其中，2018年增值税税率下调使基尼系数下降0.011%，2019年增值税税率下调使基尼系数下降0.078%，2019年增值税税率下调的收入再分配效应要高于2018年。

虽然增值税减税可以带来收入分配的改善，但是增值税作为我国的第一大税种，承担着组织税收收入的重要职能，在财政压力逐年增大的背景下，依靠增值税的持续减税来弱化其对收入分配的负向作用显然并不现实。从国家税务总局公布的减税数据来看，"十三五"时期累计减税降费就已超过7.6万亿元，2021年新增减税降费超1.1万亿元[①]，2022年预计将全面退税减税约2.5万亿元[②]，与此同时，税收收入占GDP的比重也从2016年的17.47%降到了2020年的15.19%[③]。税收是维持国家政权正常运转和社会稳定的重要且最为基本的支撑力量，减税降费将意味着财政收入下降、财政赤字扩大以及政府债务水平的上升（庞凤喜和牛力，2019）。此外，老龄化社会必然带来财政支出的增加，再考虑未来我国其他改革需要财政兜底，从为经济社会发展创造稳定环境的角度来看，未来我国财政支出压减空间有限（梁季，2020）。

那么增值税改革在改善收入分配方面可以有何作为？部分发达国家的做法是对生活必需品征收优惠税率来降低增值税的累退性。但增值税实行环环抵扣的制度，一个行业减税可以通过影响其他行业的进项税额来影响其他行业的税收负担。因此，增值税减税的受益主体具有不确定性。综合以上问题，本书认为更应该在深化增值税改革过程中，

[①] 落实税费优惠政策 税务部门用智慧和汗水鼎力助稳中国经济大盘［EB/OL］．（2022-04-12）［2022-04-19］．http://www.chinatax.gov.cn/chinatax/n810219/n810724/c5174480/content.html.

[②] 今年全年预计退税减税约二点五万亿元 减税降费力度大 市场主体活力足［EB/OL］．（2022-04-13）［2022-04-19］．http://www.chinatax.gov.cn/chinatax/n810219/n810780/c5174527/content.html.

[③] 根据统计局发布的数据计算得出。

通过更加有效率的方式改善收入分配，即以最小的税收收入损失换取收入分配的最大改善。为此，本书使用投入产出模型研究了不同行业增值税税率下调对收入分配的影响，并构建了EMF指数来衡量不同行业增值税减税在调节收入分配方面的成本收益比率，进而提出了以最小的税收收入损失来改善收入分配的增值税改革方案。

在研究方法上，现有文献对增值税改革收入再分配效应的研究主要适用投入产出法与CGE模型，这两种方法各有千秋，但从对数据的要求和研究目的来看，投入产出法要更具优势（刘怡和聂海峰，2009；刘柏惠，2015）。本书借鉴聂海峰和刘怡（2010a）、倪红福等（2016）、田志伟和王钰（2022）等的方法，使用投入产出法对这一问题进行研究。值得注意的是，我国增值税等于销项税额减去进项税额，因此，一个行业税率的变化不仅会影响本行业的增值税税额，还会通过进项税额来对其他行业的增值税税负产生影响。而现阶段鲜有文献在使用投入产出法研究增值税的收入再分配效应时考虑这一问题。为此，本书将增值税的抵扣机制引入投入产出模型，从而更好地刻画我国增值税改革的特点。

与现有研究相比，本章的创新之处主要有以下三点。第一，研究方法上，构建了一个能够体现增值税抵扣机制的投入产出模型，使测算结果更加准确。第二，研究视角上，从"效率"视角出发，研究了在增值税领域如何以较小税收收入损失获得较大的收入分配改善。第三，研究观点上，与现阶段对生活必需品适用优惠税率的建议不同，本书认为对某些传统认知的非生活必需产品减税在改善收入分配方面同样有效。

第二节　增值税投入产出模型构建及相关测算说明

正如上文所述，现有文献主要是用投入产出法研究增值税的收入再分配效应，并且投入产出法的设计中大多将增值税看作是对生产要素征收的一种税（如聂海峰和刘怡，2010a；刘柏惠，2015；万莹，2018；熊惠君和谢玲玲，2021等）。但事实上，我国的增值税应纳税额等于销项税额减去进项税额。因此，本章仍将增值税的抵扣机制引入投入产出模型之中，使修改后的投入产出模型更加适合研究中国的问题。

一　增值税投入产出模型构建

同理，依据投入产出表设定可知，总产出等于总投入，总投入又可以拆分为中间投入和要素投入（增加值），因此，在投入产出表给定的经济恒等关系下，可以构建出增值税投入产出模型，具体如公式8-1所示：

$$P_j Q_j = \sum_{i=1}^{n} P_i Q_{ij} + V_j' + VAT_j \tag{8-1}$$

公式8-1表示总产出等于中间投入加不含增值税的增加值加增值税。其中，下标 i 和下标 j 均代表行业，P 表示价格，Q 表示数量，P_i 或 P_j 分别表示 i 行业或 j 行业的价格，Q_j 表示 j 行业的产量，Q_{ij} 表示 j 行业生产所消耗 i 行业的中间产品数量；$P_i Q_{ij}$ 表示 j 行业生产所消耗 i 行业的中间产品价值，$P_j Q_j$ 表示 j 行业的总产出价值。V_j' 表示 j 行业不含增值税的增加值，VAT_j 表示 j 行业的增值税。

我国采取以票控税的方式对增值税进行征管，即销售商品或服务要开具增值税发票，同时购进商品或服务要索取增值税发票，当期增值税应纳税额等于增值税销项税额抵减增值税进项税额后的差额，即当期应缴纳的增值税税额=当期增值税销项税额-当期增值税进项税额，这一计算方法又被称为"发票扣税法"，有利于降低增值税偷逃税风险。参照第六章公式6-1至公式6-4，可以推导出反映增值税抵扣机制的增值税具体表达式，如公式8-2所示：

$$VAT_j = \frac{P_j Q_j}{1+T_j} T_j - \beta_j \left(\sum_{i=1}^{n} \frac{P_i Q_{ij}}{1+T_i} T_i Lin_i + \sum_{i=1}^{n} P_i b_i^1 K_j^1 \frac{T_i}{1+T_i} + \sum_{i=1}^{n} P_i b_i^2 K_j^2 \frac{T_i}{1+T_i} \right) \tag{8-2}$$

公式8-2表示 j 行业实际应缴纳的增值税税额等于增值税销项税额减增值税实际进项税额。

将公式8-2代入公式8-1，便可得到反映增值税抵扣机制的投入产出模型完整表达式，具体如公式8-3所示：

$$P_j Q_j = \sum_{i=1}^{n} P_i Q_{ij} + V'_j + \frac{P_j Q_j}{1+T_j} T_j - \beta_j \left(\sum_{i=1}^{n} \frac{P_i Q_{ij}}{1+T_i} T_i Lin_i \right.$$

$$\left. + \sum_{i=1}^{n} P_i b_i^1 K^1 \frac{T_i}{1+T_i} + \sum_{i=1}^{n} P_i b_i^2 K^2 \frac{T_i}{1+T_i} \right) \tag{8-3}$$

二 模拟行业减税的收入分配效应实现

本章用增值税实际税率计算商品的价格,增值税实际税率与增值税法定税率的不同在于法定税率是由法规明文规定各行业所适用的税率水平,而受制于税收征管能力、税收优惠政策以及生产结构等的影响,实际征收的增值税税率与法定税率往往存在一定的差别。现实中,增值税法定税率通过影响增值税的实际税率影响增值税税负、商品价格,进而影响收入分配。本章借鉴倪红福等(2016)的方法来测算增值税实际税率。

(一)增值税实际税率计算

将公式8-2两侧同时除以Q_j,可以将公式8-2改写为公式8-4,如下所示:

$$\frac{VAT_j}{Q_j} = \frac{P_j}{1+T_j} T_j - \beta_j \left(\sum_{i=1}^{n} a_{ij} \frac{P_i}{1+T_i} T_i Lin_i + \sum_{i=1}^{n} P_i b_i^1 \frac{K_i^1}{Q_j} \frac{T_i}{1+T_i} \right.$$

$$\left. + \sum_{i=1}^{n} P_i b_i^2 \frac{K_i^2}{Q_j} \frac{T_i}{1+T_i} \right) \tag{8-4}$$

上述公式具体展开及矩阵形式转化参见第六章公式6-5至公式6-10,此处不再赘述。2018年增值税实际税率的计算公式如公式8-5所示:

$$T = \left(P - \beta A'LP - \beta K_1 B_1 P - \beta K_2 B_2 P \right)^{-1} M \tag{8-5}$$

将基期商品含税价格设定为1,此时,价格矩阵P等价于单位矩阵I,公式8-5可以改写为公式8-6,用于计算2018年增值税实际税率,具体如下:

$$T = \left(I - \beta A'L - \beta K_1 B_1 - \beta K_2 B_2 \right)^{-1} M \tag{8-6}$$

其中,T表示n×1维增值税实际税率矩阵,A'表示直接消耗系数矩阵的转置矩阵,β表示进项税额实际抵扣率矩阵,L表示中间产品进项税额法定抵扣率矩阵，K_1 和 K_2 分别表示单位产出新增动产和单位产出新增不动产矩阵，B_1 和 B_2 分别表示新增动产和新增不动产购置于 i 行业的比例矩阵，M 表示单位产出增值税矩阵。M 中的数据可以根据 2018 年《投入产出表》的总产出和《中国税务年鉴》（2019）分行业增值税数据推算得出。因此，根据公式 8-6 可以推算出增值税的实际税率矩阵，即可以得到每个行业增值税实际税率取值。

（二）增值税税率变动对商品价格的影响测算

进一步将公式 8-1 两侧同时除以 Q_j，可以将公式 8-1 改写为公式 8-7，如下所示：

$$P_j = \sum_{i=1}^{n} P_i a_{ij} + \frac{V_j'}{Q_j} + \frac{VAT_j}{Q_j} \qquad (8-7)$$

再将公式 8-4 代入公式 8-7，可得公式 8-8：

$$P_j = \sum_{i=1}^{n} P_i a_{ij} + \frac{V_j'}{Q_j} + \frac{P_j}{1+T_j} T_j - \beta_j \left(\sum_{i=1}^{n} a_{ij} \frac{P_i}{1+T_i} T_i Lin_i + \sum_i^n b_i^1 \frac{K_j^1}{Q_j} \frac{T_i}{1+T_i} P_i \right.$$
$$\left. + \sum_{i=1}^{n} b_i^2 \frac{K_j^2}{Q_j} \frac{T_i}{1+T_i} P_i \right)$$

$$(8-8)$$

上述公式的具体展开及矩阵形式转化参见第六章公式 6-12 至公式 6-17，此处不再赘述。税率变动对商品价格影响的计算公式如公式 8-9 所示：

$$P = \left[(I - A') - (I - \beta A'L - \beta K_1 B_1 - \beta K_2 B_2) T \right]^{-1} V' \qquad (8-9)$$

其中，A' 表示直接消耗系数矩阵的转置矩阵，P 表示价格矩阵，T 表示 n×n 维实际税率矩阵，β 表示进项税额实际抵扣率矩阵，L 表示中间产品进项税额法定抵扣率矩阵，K_1 和 K_2 分别表示单位产出新增动产和单位产出新增不动产矩阵，B_1 和 B_2 分别表示新增动产和新增不动产购置于 i 行业的比例矩阵，V' 表示不含增值税的增加值矩阵，M 表示单位产出增值税矩阵。

（三）商品价格变动对居民实际收入水平的影响测算

由于增值税法定税率的变化会影响增值税实际税率，实际税率变动会引发商品价格的改变，商品价格的改变又会通过消费影响居民实际可支配收入，进而对收入分配产生影响。因此，可以通过公式8-9先测算出增值税税率的变化会如何影响商品价格。而后再测算商品价格变化对居民实际收入水平产生的影响。变化后的居民实际收入水平的表达公式如下：

$$Income_{m,\,new} = Income_{m,\,0} - \sum_{n=1}^{n} \Delta P_n C_{m,\,n} \qquad (8\text{-}10)$$

公式8-10表示增值税税率调整后居民实际收入水平等于居民当前实际收入水平减去由增值税税率变动引发的增值税税负变化。其中，下标 m 表示居民个人，下标 n 表示消费类别；ΔP 表示由增值税税率调整引发的消费类别价格变动，ΔP_n 表示第 n 类消费类别的价格变动，$C_{m,\,n}$ 表示居民 m 的第 n 类消费支出。居民当前实际收入水平（$Income_{m,\,0}$）和消费支出数据来源于2018年CFPS数据，商品价格与消费类别价格之间的换算主要参考聂海峰和刘怡（2010a）的研究。

（四）减税收入分配效果的评判

利用公式8-10测算结果可以进一步测算出增值税法定税率变化前后居民实际收入水平的基尼系数，进而使用MT指数来衡量增值税法定税率变动的收入再分配效应。

$$MT = G_X - G_Y \qquad (8\text{-}11)$$

公式8-11中，G_X 表示增值税法定税率变化前的基尼系数，G_Y 表示增值税法定税率变化后的基尼系数，当 MT 大于0时，表明正向影响收入分配，反之，则负向影响收入分配。

正如前文所述，本书的主要目的是寻找一个可以以最小的税收收入损失来达到最大收入分配改善效果的增值税改革路径。为此，本书构建了一个新的指标EMF指数来衡量增值税改革在改善收入分配方面的"效率"。具体如下：

$$EMF = MT/减税引起的税收收入减少额 \times 10^8 \qquad (8\text{-}12)$$

EMF 值越大，意味着增值税每1元减税额获得的收入分配改善程度越大，即减税较好地实现了收入分配的改善。

第三节　不同行业增值税减税在调节收入分配
方面的"效率"

经过测算，发现不同行业减税的收入分配效果和改善收入分配的"效率"（EMF指数）排序存在不一致的情况，这表明增值税税率下调时，对收入分配改善最大的行业不一定是在改善收入分配方面最有"效率"的行业。

一　不同行业减税的收入分配改善效果分析

研究结果显示，对具有强民生性特点的行业进行减税，收入分配的改善效果较为显著。从表8-1来看，食品和烟草，金融，房地产，卫生和社会工作，居民服务、修理和其他服务，建筑，批发和零售，住宿和餐饮，化学产品，租赁和商务服务行业减税对居民收入分配的改善程度位居前十位。

表8-1　各行业减税对收入分配的影响排序

序号	行业	MT指数	序号	行业	MT指数	序号	行业	MT指数
1	食品和烟草	0.00018259	6	建筑	0.00006342	11	交通运输、仓储和邮政	0.00002147
2	金融	0.00013160	7	批发和零售	0.00003924	12	文化、体育和娱乐	0.00001944
3	房地产	0.00012593	8	住宿和餐饮	0.00003603	13	纺织品	0.00001894
4	卫生和社会工作	0.00007145	9	化学产品	0.00002762	14	电力、热力的生产和供应	0.00001924
5	居民服务、修理和其他服务	0.00006783	10	租赁和商务服务	0.00002323	15	水的生产和供应	0.00001632

序号	行业	MT指数	序号	行业	MT指数	序号	行业	MT指数
16	交通运输设备	0.00001460	26	教育	0.00000721	36	木材加工品和家具	0.00000152
17	通用设备	0.00001436	27	科学研究和技术服务	0.00000548	37	其他制造产品	0.00000128
18	通信设备、计算机和其他电子设备	0.00001373	28	石油、炼焦产品和核燃料加工品	0.00000518	38	仪器仪表	0.00000091
19	煤炭采选产品	0.00001300	29	造纸印刷和文教体育用品	0.00000391	39	金属矿采选产品	0.00000028
20	非金属矿物制品	0.00001090	30	金属冶炼和压延加工品	0.00000326	40	公共管理、社会保障和社会组织	0.00000054
21	水利、环境和公共设施管理	0.00001107	31	金属制品	0.00000302	41	金属制品、机械和设备修理服务	0.00000000
22	专用设备	0.00001051	32	信息传输、软件和信息技术服务	0.00000313	42	非金属矿和其他矿采选产品	0.00000013
23	纺织服装鞋帽皮革羽绒及其制品	0.00000848	33	农林牧渔产品	0.00000161	43	农林牧渔服务	0.00000021
24	石油和天然气开采产品	0.00000822	34	电气机械和器材	0.00000183	—	—
25	燃气生产和供应	0.00000711	35	废品废料	0.00000183	—	—

这是因为对于上述行业，居民消费占居民总消费的比重较高或者对居民消费占比高的行业具有较强的支撑作用，且自身规模较大。例如，从2018年

投入产出表的数据来看，食品和烟草居民消费占居民总消费的比重位居各行业之首，为16.09%；房地产其次，为12.95%；金融第三，为6.81%，接下来依次分别为住宿和餐饮（6.08%），批发和零售（5.27%），卫生和社会工作（4.76%），居民服务、修理和其他服务（4.14%），化学产品（2.60%），租赁和商务服务（1.41%），上述九大行业居民消费占居民总消费比重合计达60.12%。而建筑业具有一定的特殊性，该行业并不与居民直接消费相关联，而是通过对房地产等强民生性行业的支持间接对收入分配产生影响。

二　行业减税的收入再分配的"效率"分析

根据MT指数的构造可知，税制改革对收入再分配的影响由减税规模以及减税对税制累退性的影响程度共同决定（Kakwani，1977）。因此，不同行业增值税减税时，其对收入分配状况的影响与减税规模成正比。如在上文中，增值税减税时对收入分配改善最大的10个行业中，有8个属于减税规模最大的10个行业。

然而如前文所述，在我国财政压力越来越大的现状下，依靠大规模的减税来改善收入分配并不现实。为此，本书构建了EMF指数来衡量不同行业增值税减税在调节收入分配方面的"效率"，结果如表8-2所示。EMF指数最大的5个行业分别为水的生产和供应、食品和烟草、纺织品、煤炭采选产品、燃气生产和供应，即对这5个行业进行增值税减税可以以较小的税收收入损失获得较大的收入分配改善。而这5个行业中，只有1个行业属于表8-1中对收入分配改善最大的10个行业（具体可参见表8-2）。

表8-2　各行业的减税"效率"（EMF指数）排序

序号	行业	EMF指数	序号	行业	EMF指数	序号	行业	EMF指数
1	水的生产和供应	101.35	3	纺织品	36.53	5	燃气生产和供应	32.51
2	食品和烟草	79.80	4	煤炭采选产品	35.74	6	居民服务、修理和其他服务	27.11

续表

序号	行业	EMF指数	序号	行业	EMF指数	序号	行业	EMF指数
7	房地产	26.89	20	非金属矿物制品	10.80	33	木材加工品和家具	3.47
8	文化、体育和娱乐	25.75	21	废品废料	10.70	34	金属冶炼和压延加工品	2.81
9	卫生和社会工作	24.73	22	金融	10.05	35	农林牧渔服务	2.46
10	专用设备	23.86	23	交通运输设备	9.62	36	金属矿采选产品	2.19
11	石油和天然气开采产品	22.76	24	交通运输、仓储和邮政	8.11	37	信息传输、软件和信息技术服务	2.12
12	通用设备	18.38	25	纺织服装鞋帽皮革羽绒及其制品	7.79	38	农林牧渔产品	1.66
13	电力、热力的生产和供应	14.72	26	租赁和商务服务	7.33	39	非金属矿和其他矿采选产品	1.63
14	仪器仪表	13.28	27	石油、炼焦产品和核燃料加工品	6.66	40	电气机械和器材	1.51
15	建筑	12.33	28	水利、环境和公共设施管理	6.35	41	科学研究和技术服务	1.42
16	化学产品	12.14	29	教育	6.02	42	公共管理、社会保障和社会组织	0.25
17	住宿和餐饮	11.63	30	造纸印刷和文教体育用品	5.53	43	金属制品、机械和设备修理服务	0.09
18	通信设备、计算机和其他电子设备	11.60	31	其他制造产品	4.88		—	—
19	批发和零售	11.29	32	金属制品	4.09		—	—

　　本书认为这主要是因为一个行业增值税税率下调时，其改善收入分配的效率不仅仅取决于这个行业的规模，还取决于这个行业的产品被用于居民消费的比例，以及居民消费中该产品的占比等因素。如水的生产和供应行业规模比较小，2018年该行业产值仅占总产值的0.16%，因此，下调行业法定税率的减税额不大，仅为16.10亿元，但行业总产出中有45.39%流向居民消费，呈现较强的民生特性，因此，其减税对收入分配改善的"效率"较大。

　　综上，减税可以通过缩减增值税规模来降低增值税对收入分配的负向作用，然而不同行业的规模不同、与上下游行业的关联度不同、行业特征不同，减税规模、收入分配改善效果以及每1元减税额实现的收入分配改善程度也会因此存在差异。总体来看，第三产业税率降低1个百分点的收入分配改善效果和减税规模较大，但第二产业减税对收入分配的改善"效率"（EMF指数）更高。

　　可以看出，本部分的研究结论与现有文献有较大不同之处，现有文献一般认为应该通过降低食品等生活必需品的税率来降低增值税的累退性，从而弱化增值税对收入分配的负向作用。而欧盟型增值税也一般遵循了这一规律，如基本上所有国家对食品均采取减税或免税的税收优惠政策（OECD，2020）。但本书的研究结论显示，还可以通过对某些传统认知的非生活必需品行业减税来弱化增值税对收入分配的负向作用，而且这种方法同样具有"效率"。

第四节　深化增值税制度改革减税"效率"评估

　　我国现阶段的增值税税率主要有三档，在2018年以及2019年的增值税改革中，我国增值税税率的调整也主要是对其中的两档税率进行调整。因此，本部分主要讨论与分析哪一档增值税税率调整在收入分配方面更加有"效率"，进而评价2018年与2019年深化增值税改革的收入分配效应。

　　研究结果显示，基本税率下调1个百分点对收入分配的改善作用更为明显。基本税率下调1个百分点可以使得居民收入差距缩小0.07%，是中间税率下调1个百分点的1.75倍。这不仅仅是因为基本税率下调的减税规模更大，还因为基本税率下调在调节收入分配方面更加有"效率"。根据表8-3可以看出，基本税率下调1个百分点，减税规模达2122.09亿元，约是中间税率下调1个百分点的1.43倍。而基本税率的EMF指数为15.68，是中间税率下调1个百分点的1.44倍。

表8-3 基本税率和中间税率分别下调的减税"效率"评估

项目	基尼系数变化率（%）	MT指数	减税额（亿元）	EMF指数
基本税率下调1个百分点	−0.07	0.00033271	2122.09	15.68
中间税率下调1个百分点	−0.04	0.00016178	1486.39	10.88

注：基尼系数变化率=（调整后基尼系数−调整前基尼系数）/调整前基尼系数，当基尼系数变化率<0时，表示收入分配状况有所改善，反之则反。MT指数=调整前基尼系数−调整后基尼系数，当MT指数>0时，表示改善了收入分配状况，反之则反。

基本税率下调减税规模更大主要是由于基本税率适用范围要大于中间税率。而基本税率下调在调节收入分配方面更加有效率则是因为减税收入分配"效率"较大的行业大多适用基本税率水平。因此，从两档税率减税的收入分配"效率"来看，相较于中间税率，基本税率减税更能以较少的税收收入损失获得较大的收入分配改善。

营改增结束后，我国进入了税收制度的深化改革时期，就增值税而言，2018年与2019年的增值税改革内容均涉及基本税率和中间税率下调，其中，中间税率下调幅度一致（均下调1个百分点），基本税率下调幅度不同（2019年比2018年多下调2个百分点，分别下调了3个百分点和1个百分点）。因此，根据上文的研究，可以大致判断2019年的深化增值税改革不仅在改善收入分配的程度方面大于2018年，而且其对收入分配的改善也更加有"效率"。

从表8-4可以看出，2019年增值税改革的减税规模远超2018年，

2019年增值税改革减税规模达8086.36亿元，约是2018年的2.25倍。2019年增值税改革使居民收入差距缩小了0.32%，约是2018年的2.91倍。值得注意的是，虽然2019年深化增值税改革的收入再分配效应大于2018年，但是从调节收入分配的"效率"角度来看，这一改革的"效率"并不高，其EMF指数只有17.92，远低于水的生产和供应（EMF指数为101.35）、食品和烟草（EMF指数为79.80）、纺织品（EMF指数为36.53）、煤炭采选产品（EMF指数为35.74）、燃气生产和供应（EMF指数为32.51）等行业。这说明，从调节收入分配的角度来讲，存在更好的改革方案可以采纳。

表8-4　我国深化增值税制度改革的减税"效率"评估

年份	基尼系数变化率（%）	MT指数	减税额（亿元）	EMF指数
2018年	−0.11	0.00049284	3600.16	13.69
2019年	−0.32	0.00144901	8086.36	17.92
加计抵减	−0.07	0.00033271	233.70	142.37

注：2018年和2019年，在保持低税率不变的情况下，下调了基本税率和中间税率。其中，2018年基本税率和中间税率分别下调1个百分点至16%和10%，2019年则在2018年税制基础上进一步下调基本税率和中间税率至13%和9%，同时对主营业务为邮政服务、电信服务、现代服务、居民生活服务的纳税人实行进项税额加计抵减政策，国内旅客运输服务也首次纳入了进项税额加计抵减范围。[1]表8-4中，2019年测算结果包含税率下调、四大行业和国内旅客运输服务进项税额加计抵减的内容；加计抵减测算结果则仅包含四大行业和国内旅客运输服务进项税额加计抵减的内容。

第五节　增值税改革方案提出及减税"效率"评估

受经济下行压力增大、大规模减税降费政策的影响，我国财政压力日益增大。在这一背景下，要分阶段促进共同富裕并于21世纪中叶基本实现全体人民共同富裕，必须提高改善收入分配的"效率"。正如上文研究

---

[1]　具体内容可参见财政部、税务总局、海关总署联合发布的《关于深化增值税改革有关政策的公告》（财政部 税务总局 海关总署公告 2019年第39号）。

所述,由于不同行业的规模不同、行业特征不同以及与上下游行业关联度不同,降低税率时减税的规模和对收入分配的改善程度有所不同,因此,不同行业在改善收入分配方面的"效率"存在差异。结合前文的研究,本章在不改变现行增值税档次的基础上,提出了三种不同的改革方案,并测算了这三种方案在改善收入分配方面的效率。①

方案一,将传统概念上适用优惠税率的水的生产和供应、食品和烟草行业的税率下调,其中,水的生产和供应税率下调到6%,食品和烟草(烟草适用税率水平保持不变)②税率下调到9%。这一方案比较符合现阶段的普遍认知,这是因为食品和水是基本生活必需品,消费需求弹性较低,该类消费占低收入群体消费比重较大,因此,下调食品和水的税率水平可以最大程度地改善收入分配,如国际上大多数欧盟型增值税国家对食品和水的生产和供应就适用了增值税低税率或免税的税收优惠政策(OECD,2020)。

方案二,在方案一的基础上,进一步将与生活直接相关的产品纳入进来,包括纺织品、煤炭采选产品、燃气生产和供应,其中,纺织品、煤炭采选产品税率下调到9%,燃气生产和供应税率下调到6%。从前文的测算可知,上述行业减税的收入分配"效率"比较大,对上述行业减税可以实现以较小的税收收入损失获得较大的收入分配改善,故进一步将上述行业纳入调整范围内。

方案三,在方案二的基础上,进一步将房地产、专用设备、石油和天然气开采产品、通用设备的税率下调,其中,房地产税率下调到6%,专用设备、石油和天然气开采产品、通用设备税率下调到9%。

为缓解增值税的累退性对收入分配的影响,欧盟型增值税一般针对生活必需品设置一档优惠税率。根据OECD(2020)的梳理,这类商品主

---

① 值得注意的是,由于投入产出表行业划分的限制,三个方案中所涉及的行业可能既包含了生活必需品,也包含了非必需品,如食品和烟草行业之中包含了烟草,但这实属数据约束之下的无奈之举。

② 吸烟有害健康,故本书仅对食品减税,烟草仍适用原税率。依据2018年投入产出表食品和烟草增加值数据,烟草占比为20.90%,食品占比为79.10%,本书以此权重比来调整该行业的税率变动。

要包括食品、农产品、水等生活必需品。本章中方案一延续了这一做法。研究结果显示，方案一在改善收入分配方面的确具有优良的效果。方案一可以使基尼系数下降0.07%，其EMF指数为56.86，是2019年深化增值税改革的3.17倍。

但值得注意的是，随着经济的发展，人民的生活水平不断提高，生活必需品的概念也在不断扩充。如纺织品、燃气等也越发具有生活必需品的特性，但鲜有国家据此做出及时的调整。方案二考虑了这些变化，将纺织品、煤炭采选产品、燃气生产和供应也纳入了生活必需品的范畴，并对其减税。研究结果显示，方案二可以使基尼系数下降0.10%，其EMF指数为47.43，约是2019年深化增值税改革的2.65倍。

方案三进一步将对生活必需品具有支持作用的行业也纳入减税范围之中。研究结果显示，方案三可以使基尼系数下降0.22%，其EMF指数为35.77，约是2019年深化增值税改革的2.00倍。

可以看出，虽然三个方案对收入分配的改善力度均不及2019年的深化增值税改革，但是明显更加有"效率"。其中，方案一最为明显，其以2019年深化增值税改革7.12%的减税规模达到了2019年深化增值税改革21.88%的收入分配改善效果。而方案二与方案三则分别以2019年深化增值税改革12.45%与34.04%的减税规模达到了2019年深化增值税改革31.25%与68.75%的收入分配改善效果（见表8-5）。

表8-5　增值税改革方案的减税"效率"评估

方案	基尼系数变化率（%）	MT指数	减税额（亿元）	EMF指数
方案一[①]	-0.07	0.00032728	575.63	56.86
方案二	-0.10	0.00047738	1006.53	47.43
方案三	-0.22	0.00098454	2752.21	35.77

注：表8-5中方案一的EMF指数小于表8-2中水的生产和供应（EMF指数为101.35）、食品和烟草（EMF指数为79.80）的EMF指数。原因在于：表8-2和表8-5的参照基期不同。其中，表8-2的参照基期为2018年税制（本书使用的数据年份），而表8-5的参照基期为2019年税制。2019年税制是2018年税制的帕累托改进，收入分配较2018年已有较大改善，因此，表8-5中方案一的EMF指数会小于表8-2中水的生产和供应、食品和烟草的EMF指数。

第六节　增值税税率简并方案设计及减税效应评估

我国现行增值税制度采取"基本税率+中间税率+低税率"三档税率模式，未来增值税税率的优化方向主要是简并税率档次，将现行增值税税率档次由三档简并为两档。关于税率简并后的增值税税率水平设置，万莹（2018）从收入分配视角建议采取"15%+6%"两档税率模式，史明霞和王宁（2016）从产业分工视角提出"工业17%+服务业6%"的增值税税率结构组合方案。田志伟等（2018）从财政收入视角提出"16%+7%"两档增值税税率方案。刘成龙和牛晓艳（2018）从国际经验视角提出"15%+6%"的税率组合。梁季（2014）从保证税收中性视角，建议基本税率设定为11%~13%，优惠税率设定为5%~6%。而在新发展格局下，2021年12月27日全国财政工作视频会议对2022年财政工作进行了部署，明确表达了2022年要实施更大力度的减税降费，以增强市场活力。[①]2022年3月11日，李克强总理在十三届全国人大五次会议答记者问上也明确表达了2022年将持续实施更大规模的减税降费，这是企业对政府宏观政策的第一个期待。[②]因此，在现行减税降费大背景下，将增值税税率水平调高的反其道而行的做法俨然已不符合我国政策走向。因此，本书以现行增值税制度为参照基期，对增值税税率简并方案进行如下设计。

一　增值税税率简并方案设计

增值税税率简并是对现行增值税制度进行优化，既要在保证抵扣机制完整的前提下，尽量减少对经济的扭曲，促进经济高质量发展，又要使得提出的优化对策符合我国国情，增进共同富裕。从前文的测算可知，基本税率下调可以实现以较少的税收收入损失获得较大收入分配改善，有利于从供需两

---

① 财政部部长刘昆：2022年将实施更大力度减税降费［EB/OL］.（2021-12-27）［2022-03-21］.http://www.gov.cn/ xinwen/2021-12/27/content_5664825.htm.

② 最全！李克强总理记者会现场实录［EB/OL］.（2022-03-11）［2022-03-21］.http://www.gov.cn/xinwen/2022-03/11/content_5678592.htm.

侧助力经济高质量发展和实现共同富裕，而中间税率下调虽然可以从需求侧助力共同富裕，却会从供给侧阻碍共同富裕。而我国现阶段的任务是要从供需两侧双向发力，既要适度扩大总需求，又要加强供给侧结构性改革。因此，在落实更大力度减税降费的政策方针背景下，本书认为可以逐步下调基本税率直至与中间税率合并，低税率仍保持不变，具体简并方案构思如下。

方案1至方案3均为在现行增值税三档税率的基础上，分别将基本税率下调1个百分点，中间税率和低税率不调整。其中，方案1至方案3的基本税率分别为12%、11%和10%。方案4则在方案3的基础上，进一步将基本税率下调1个百分点至9%，并与中间税率合并，形成"9%+6%"两档税率模式（见表8-6）。

表8-6　增值税税率简并方案设计

单位：%

	方案	基本税率	中间税率	低税率
三档税率	现行增值税税率	13	9	6
	方案1	12	9	6
	方案2	11	9	6
	方案3	10	9	6
两档税率	方案4	9		6

对于为什么不降低低税率的税率水平，则主要出于两点考虑。一是从保证一定的财政收入目的出发，降低低税率水平，政府税收收入损失较大，这是因为减税额排名前十的行业中有7个行业适用低税率，如金融业法定税率下调1个百分点，政府税收收入将减少1309.22亿元，减税额位居榜首；下调房地产税率会使政府税收收入减少468.39亿元，减税额位居第3；科学研究和技术服务385.84亿元，减税额位居第4；租赁和商务服务317.13亿元，减税额位居第6；住宿和餐饮309.81亿元，减税额位居第7；卫生和社会工作288.90亿元，减税额位居第8；居民服务、修理和其他服务250.23亿元，减税额位居第10，合计减税达3329.52亿元。而如果将税费都降到极低，接近为零，那么税收收入分配效应必将无从谈起，其他收入分配政策

的资金来源也会受到影响（岳希明和张玄，2021）。因此，从保证一定的财政收入出发，目前不建议将低税率向下调整。二是从减税的成本效益出发，低税率适用项目中仅房地产，卫生和社会工作，居民服务、修理和其他服务税率下调的成本效益位居前十，其中，房地产减税成本效益（EMF指数为26.89）排名第7，卫生和社会工作（EMF指数为24.73）排名第9，居民服务、修理和其他服务（EMF指数为27.11）排名第6。而位居减税额榜首的金融业（EMF指数为10.05）则排名第22，科学研究和技术服务（EMF指数为1.42）排名第41，租赁和商务服务（EMF指数为7.33）排名第26位，住宿和餐饮（EMF指数为11.63）排名第17位。因此，降低低税率的税率水平会付出较高的税收收入代价而获得较小的收入分配改善，成本效益较低。基于上述理由，本设计方案不建议调低低税率的现有税率水平。

二　增值税税率简并方案"减税"效益评估

通过测算，得出在现行增值税制度基础上，将基本税率逐步下调有助于缩小居民收入差距，同时减税成本效益（EMF指数）也不断提高，当将基本税率下调至9%与中间税率合并时（即"9%+6%"两档方案），减税成本效益最大，即可以较小的税收收入损失获得较大的收入分配改善。但若进一步比较分析各方案之间的细微差距，可以发现一个比较有意思的现象，对比方案1和方案2的测算结果，发现在2019年增值税制度基础上，将基本税率下调1个百分点至12%，收入分配改善效果并不理想，仅缩小0.01%的收入差距，减税额达1215.29亿元，减税成本效益为3.83，方案1的税率简并方案效果不理想。而若在方案1的基础上，再将基本税率下调1个百分点，收入分配改善效果可提升8倍，减税成本效益提升2.93倍，即方案2税率简并方案政策效果会有一个明显的改进。但如果再在方案2的基础上再进一步降低基本税率1个百分点，收入分配改善效果仅提升2倍，减税成本效益提升1.14倍，若将基本税率再进一步下调1个百分点至9%，收入分配改善效果仅提升1.44倍，减税成本效益提升1.05倍，即方案3和方案4的税率简并的收入分配改善效果和减税成本效益增幅有所放缓。这意味着在现行增值税制度基础上，将基本税率再下降2个百分点，会是一个次优的帕累托改进，可以在兼顾政府财政收入的前提下，增进共同富裕。但如果从2022年实施更大规模的减税降费、增强市场活力的工作部署出发，方案4是当前税率简并方案中的帕累托最优方案，可以在强力增强市场活力的同时，实现以较少的税收收入损失获得较大的收入分配改善（见表8-7）。

表8-7　增值税税率简并方案成本效益

方案	基尼系数变化率（%）	MT指数	减税额（亿元）	EMF指数
方案1	-0.01	0.00004654	-1215.29	3.83
方案2	-0.08	0.00038490	-3424.44	11.24
方案3	-0.16	0.00072577	-5653.27	12.84
方案4	-0.23	0.00106822	-7891.45	13.54

注：基尼系数变化率＝（对应方案基尼系数－2019年增值税制度基尼系数）/2019年增值税制度基尼系数，当基尼系数变化率<0时，表示收入分配状况有所改善，反之则反。MT指数=2019年增值税制度基尼系数－对应方案基尼系数，当MT指数>0时，表示改善了收入分配状况，反之则反。EMF指数含义同上。

三　其他国家增值税税率方案比较

依据OECD（2020）提供的资料，增值税的普及是过去半个世纪以来税收领域最重要的发展之一。20世纪60年代末，它仅局限于不到10个国家，如今已成为全球170多个国家的重要收入来源。增值税制度普及速度如此之快，以至于有学者从地缘竞争力视角对比分析了我国与周边国家增值税税率水平的竞争力，提出基本税率应与周边国家或地区基本税率相持平的建议（熊惠君，2020；万莹，2021）。然而，本书认为在比较税率水平的同时，还应参考增值税的税收规模，这是因为如果该国或该地区的增值税税收规模远小于我国，那么增值税对该国或该地区税制的影响就会明显低于我国，可比性降低。

从增值税占税收收入的比重（增值税税收规模）来看，吉尔吉斯斯坦、俄罗斯、印度尼西亚、韩国、蒙古国、缅甸增值税税收规模与我国[1]相近。其中，吉尔吉斯斯坦、印度尼西亚、韩国、蒙古国4个国家实行单一税率，税率水平在10%~12%；俄罗斯实行3档税率，基本税率为20%，高于我国的13%；缅甸实行4档税率，基本税率为5%，远低于我国。将最高税率水平和最低税率水平（俄罗斯20%和缅甸5%）剔除后，计算基本税率的平均值为10.5%。从2021年贸易伙伴关系来看，周边国家中，日本、韩国、俄罗斯、印度、印度尼西亚是我国排名前十的贸易伙伴[2]，剔除超高税率（俄罗斯20%）后，基本税率水平仍为10.5%（见表8-8）。

表8-8 2022年中国周边国家或地区的增值税税率档次及税率水平

单位：%

国家/地区	增值税/总税收	税率档次	基本税率	中间税率	低税率
哈萨克斯坦	28.95	1	12	—	—
吉尔吉斯斯坦	46.00	1	12	—	—
塔吉克斯坦	—	3	18	7	5
阿富汗	26.31	1	10	—	—
巴基斯坦	—	11	17	5、7.5、10、16、16.9、18.5、21、22、25	3
菲律宾	—	1	12	—	—
俄罗斯	35.39	3	20	16.6	10
印度尼西亚	32.75	1	10	—	—
韩国	31.99	1	10	—	—
蒙古国	33.88	1	10	—	—
马来西亚	—	3	10	6	5
日本	25.76	2	10	—	8

[1] 依据《中国统计年鉴》（2021）增值税和总税收数据计算得出我国增值税占总税收的比重为36.80%；而依据IMF府财政统计数据库增值税和总税收数据计算得出我国增值税占总税收的比重为45.29%。

[2] 2021年，日本、韩国、俄罗斯、印度、印度尼西亚分别是我国排名第二、三、七、八、九位的贸易伙伴。数据来源于海关进出口统计，http://www.customs.gov.cn/。

国家/地区	增值税/总税收	税率档次	基本税率	中间税率	低税率
印度	—	4	12、18	28	5
新加坡	16.85	1	7	—	—
泰国	23.69	1	7	—	—
越南	—	2	10	—	5
老挝	—	1	10	—	—
尼泊尔	29.94	1	13	—	—
缅甸	32.65	4	5	3、8	1
中国台湾	—	1	5	—	—

注：①塔吉克斯坦对执行建筑工程和提供公共餐饮服务有关的应税交易按7%的税率征收增值税，教育服务按5%的税率征收增值税。

②巴基斯坦基本税率为17%，税率档次设置较多。其中，17%的税率适用于零售，3%的税率适用进口货物；化工、塑料、造纸、石棉等适用21%的税率；钢铁产品适用18.5%的税率；由天然气分销公司供应给压缩天然气加气站适用25%的税率；进口和国内供应的石油产品适用22%的税率；成品织物、本地制造的纺织品和纺织制成品、皮革和人造皮革按10%的税率征税；通过数字方式支付的综合零售网点的用品按16%的税率征税；零售商需要通过每月的电费支付销售税，每月电费不超过20000卢比的，税率为5%，否则为7.5%；每月账单超过15000卢比的商业和工业电力和天然气消费者适用5%的税率；以数字方式付款的企业与企业交易（B2B）适用16.9%的税率。

③俄罗斯对外国企业对个人提供的电子商务服务按16.67%的税率征收增值税，食品、药品和童装的供应按10%的税率征收增值税。

④印度尼西亚于2022年4月1日起，将增值税税率水平提高至11%。

⑤马来西亚对服务按6%的税率征收增值税，对非必需品（包括食品和建筑材料等）按5%的税率征收增值税。

⑥日本2019年10月1日之前，税率为8%（全国消费税6.3%、地方消费税1.7%），自2019年10月1日起税率上调至10%（全国消费税7.8%、地方消费税2.2%）。食品和报纸的税率保持在8%。

⑦印度对大众消费（Mass Consumption）按5%的税率征收增值税，对奢侈品按28%的税率征收增值税。另外，还对不同类型的小规模纳税人按不同征收率征收增值税，制造商和贸易商（冰淇淋、烟草制造商除外）征收率为1%，供人食用的食品和饮料（酒精饮料除外）供应商征收率为2.5%，其他供应商征收率为0.5%。

⑧新加坡政府宣布，在2022~2025年的某个时间点，税率将提高到9%。

⑨越南对提供公共消费的基本物品，如清洁水、书籍、药品和医疗设备、糖和相关副产品、运输和机械产品适用5%的税率。

⑩缅甸对电力出口适用8%的税率，在缅甸建造并销售的建筑物适用3%的税率，黄金珠宝商的销售适用1%的税率。

以上国家均未考虑增值税税率零税率和免税情况。

资料来源：增值税/总税收依据IMF政府财政统计（Government Finance Statistics，GFS）数据库中一般销售税和总税收入计算得出.http：//data.imf.org；税率档次及税率水平来源于国际财税文献管理局（International Bureau of Finance and Tax Documentation，IBFD）.https：//www.ibfd.org/.和Ernst & Young . Worldwide VAT，GST and Sales Tax Guide 2022［EB/OL］.（2022-03-16）［2022-03-22］.https：//www.ey.com/en_gl/tax-guides/worldwide-vat-gst-and-sales-tax-guide.

增值税的税率偏高不仅会增加我国企业的税收负担（企业垫付资金占用成本以及无法实现税负转嫁时要负担增值税税负），不利于优化税收营商环境，降低对外商直接投资的吸引力。同时还由于与周边国家或地区出口产品的高度相似性，增值税退税率低于增值税征收率，出口产品仍承担部分国内增值税税负，进而降低国际竞争力（万莹，2021）。因此，在现行增值税制度基础上做出进一步优化，不仅可以从供需两侧发力畅通国内大循环、助力共同富裕，同时还有利于提升我国的国际税收竞争力，助力国内国际双循环。

第七节　研究成果及对策建议

本书以增值税"减税"为研究对象，构建了反映增值税抵扣机制的投入产出模型，从"效率"视角测算了我国行业减税的收入分配效应，研究了哪些行业税率下调可以以较小的税收收入损失获得较大的收入分配改善，并在现行增值税制度基础上提出了增值税优化的改革方案。

首先，不同行业减税在改善收入分配的"效率"方面具有明显差异。由于增值税具有累退性，因此增值税减税能够改善居民之间的收入分配状况。但由于不同行业产品的用途不同、与居民消费品之间的关系不同等原因，不同行业增值税税率下调对收入分配的改善效果具有明显差异。研究发现，水的生产和供应、食品和烟草、纺织品、煤炭采选产品、燃气生产和供应等行业税率下调，可以以较小的税收收入损失来达到较大程度改善收入分配的效果。

其次，本书的研究结论与传统做法有很大不同。欧盟型增值税也会对部分生活必需品征收优惠税率，从而降低增值税对收入分配的负向作用。但现阶段欧盟型增值税对优惠税率的适用范围比较窄，主要集中在食品、农产品、水等生活必需品方面。而本书的研究显示，对纺织品、煤炭采选产品、燃气生产和供应等产品适用优惠税率也同样可以以较小的税收收入损失来获得较大的收入分配改善。本书认为，这主要是因为在经济发展和社会制度变迁过程中，生活必需品的范围在不断扩充，传统认知的非生活必需品也开始具备生活必需品的特征，逐渐成为生活必需品，因此，对上述产品减税可以较好地改善收入分配。

基于此，本书提出以下政策建议。

首先，进一步降低生活必需品的优惠税率。我国现阶段对农林牧渔产品、水的生产和供应等生活必需品已经适用了一定的优惠税率，如农林牧渔产品、水的生产和供应适用9%的税率。但我国存在6%、9%，以及13%三档税率，食品却适用13%基本税率。可以考虑进一步降低生活必需品的税率，将食品的税率下调至9%，水的生产和供应的税率则进一步降低到6%。

其次，进一步扩大我国适用优惠税率的生活必需品范围。如将居民用的纺织品、煤炭产品、燃气等的税率进一步下调。本书认为，这主要是由于随着生活水平的提高，纺织品、煤炭、燃气具备了生活必需品的特征，因此，这些产品也逐步加入了生活必需品的范畴。建议将居民消费的纺织品、煤炭的税率下调至9%，民用燃气则进一步降低到6%。

最后，建议将对生活必需品生产有巨大支持作用的行业纳入优惠税率的范畴。如降低房地产等行业的税率。本书认为，受制于我国特殊国情，我国房地产在一定程度上具备生活必需品的特征，而随着近年来房价的高涨，住房支出已成为居民消费中占比较大的一块刚性支出，如果将房地产等行业的税率下调，再通过完善房地产税等其他方式来对拥有多套住房的群体进行调节，将更有利于促进改善收入分配、增进共同富裕。

第九章

增值税改善收入分配的一种路径：
为社保筹资

　　持续低生育率的另一端是我国高老龄化态势不断加剧，随着60岁及以上年龄人口占比达到20%以上，我国正式步入老龄化社会。我国个人缴费制度起步晚，养老金偿付能力不足等问题逐渐凸显。与此同时，国外也正面临着低生育率和高老龄化这一相同的难题，为了解决养老金不足这一难题，部分发达国家采用增收增值税的方式来为社保支出筹资，并取得了可观的效果。为此，本章构建了中国增值税为社保筹资的投入产出模型，考察了我国用增值税为社会保险缴费筹资的收入分配效应，发现在保证财政收入总量不变的情况下，用增值税为社保缴费筹资在一定程度上可以起到改善收入分配的作用，本章研究成果表明用增值税为社保支出筹资时，良好的制度设计可以起到改善收入分配的政策效果。该项研究对我国后续财税制度改革具有重要借鉴价值。

第一节　增值税为社保筹资的背景及研究意义

一　增值税为社保筹资的背景

　　维也纳世界老龄问题大会规定：60岁及以上老年人口占总人口的10%以上或者65岁及以上人口占总人口的7%以上的国家或地区，就是

"老年型国家或地区"。2005年，我国60岁及以上人口占总人口的比重已经达到10.42%，65岁及以上人口占总人口的比重达到7.21%[①]。与世界上其他国家相比，我国人口老龄化有两大特点：一是基数大，发展快；二是经济基础差，负担重[②]。此外，我国个人缴费制度始于20世纪90年代初期，过去的一代人无法再行追缴个人缴费部分，存在养老账户亏空的问题[③]，解决养老金偿付能力不足已成为我国当务之急。老龄化的问题不仅出现在我国，世界各国也面临同样的问题，有国家采取了用增值税取代社会保险缴费的方式来支持和延续养老金的偿付能力，如1987年丹麦取消雇主的所有社会保险缴费，并将增值税税率提高2个百分点，所得收入用于社会保险支出；匈牙利于2009年将雇主的社会保险缴费率降低5个百分点，同时将增值税税率提高5个百分点（汪德华和孟红，2017）。在2011年和2012年，包括德国、丹麦和法国在内的许多国家都提高了增值税，以应对社会保险缴费的减少（Neumann，2017）问题。

关于如何找寻一条合适的融资渠道为社保支出筹资，以可持续性地应对社会老龄化背景下的养老问题，已有学者开展了相应的研究。如Bardazzi（1996）采用意大利多行业动态经济模型（INTerindustry Italian MOdel，INTIMO）模拟分析了增加能源税/碳税、增加增值税、引入企业增加值税等3种替代社会保障缴款的融资办法对经济的影响，发现由增加增值税补偿减少的社会保障缴款产生的短期经济效果最好。Wetzler（1979）则从理论上探讨了增值税在社会保障融资中的作用，认为增值税比工薪税更具累进性，但用增值税取代工薪税将导致价格水平的一次性跃升，如果取代的是雇主缴纳的工薪税，其对价格水平的影响将大大降低。此外，还有研究表明，社会保障制度对收入分配的影响超过了税收

---

① 张文学.人口老龄化背景下的中国养老保险制度分析［J］.统计与决策.2005（16）：82-84.

② 张文学.人口老龄化背景下的中国养老保险制度分析［J］.统计与决策.2005（16）：82-84.

③ 刘金东，秦子洋.社会保障缴款名义负担率与实际负担率的国际比较［J］.国际税收.2019（12）：12-17.

制度对收入分配的影响，是促进社会公平的重要政策工具，因此，要充分发挥社会保障制度的收入分配调节作用。如 Jesuit 和 Mahler（2004）对比分析了瑞典、德国和美国等 13 个发达国家 1980~2000 年的财政再分配效应，发现社会保障制度对收入分配的调节作用要明显大于税收。Wang等（2012）基于 Jesuit 和 Mahler 的研究，利用卢森堡收入研究微数据库（Luxembourg Income Study's Micro-level Database），研究了 OECD 的 28 个成员国社会保障和税收的再分配影响，得出了相同的结论，并进一步研究发现社会保障对降低收入不平等的贡献为 75%，而税收对降低收入不平等的贡献仅为 25%。Bejaković 和 Mrnjavac（2016）研究了克罗地亚社会保障制度和税收制度对收入不平等的影响，发现相比税收制度，克罗地亚社会保障制度足够有效。

二　研究意义

若降低社会保险税或费，增收增值税来弥补资金缺口，对收入分配影响如何？从我国实际情况来看，增值税和社会保险筹资方式均具有累退性，因此，这取决于增值税和社会保险缴费哪一个累退性更强。本章定量分析了用增值税为社会保险缴费筹资可能对收入分配产生的影响，发现在保证财政收入总量不变的情况下，用增值税为社保支出筹资，在一定程度上可以起到改善收入分配的效果。

第二节　增值税为社保筹资影响收入分配的理论机制

国际劳工局将社会保障（Social Security）界定为"社会通过一系列的公共措施对其成员提供的保护，以防止他们由于疾病、妊娠、工伤、失业、残疾、老年及死亡而导致的收入中断或大大降低而遭受经济和社会困窘，对社会成员提供的医疗照顾以及对有儿童的家庭提供的补贴"[1]。社会保险缴费是社会保障的资金来源，社会保险包括养老保险、

---

[1]　孟醒.统筹城乡社会保障：理论·机制·实践［M］.北京：经济科学出版社，2005：6.

医疗保险、失业保险、工伤保险和生育保险。其中，工伤保险和生育保险仅由企业缴纳，剩余三类保险则分别由雇主（企业）和雇员（个人）共同负担。依据降低哪类负担主体的社保缴费分类，用增值税为社保缴费筹资存在两条传导路径，具体如下。

一　降低企业社保缴费对收入分配影响的传导机制

若降低企业缴纳的社会保险费，产生的资金缺口由增值税弥补，则会通过影响企业用工成本和商品价格两个方面对收入分配产生影响，具体如图9-1所示。

一方面，调低企业社保缴费率会降低企业生产成本，进而促使商品价格下降，商品价格下降又会通过居民消费间接影响个人实际可支配收入，进而对收入分配产生影响。另一方面，调增增值税税率会提高商品价格，商品价格上升会通过居民消费间接影响个人实际可支配收入，进而对收入分配产生影响。

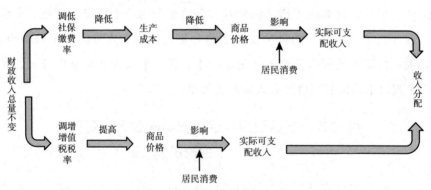

图9-1　降低企业社保缴费对收入分配影响示意

在保证财政收入总量不变的情况下，降低企业社保缴费率，调增增值税税率最终能否改善收入分配，则取决于这一调整过程中，商品价格变化方向和程度以及不同收入群体的消费支出结构。我国近年来社保费率调整大多是以下调企业缴纳部分社会保险费率为主，如2015~2016年，社保费率下调3.75个百分点左右，其中，单位缴费部分下降费率占3.25

个百分点左右（张琪等，2016）；2018~2019年，单位缴费部分的费率再下降3个百分点（从19%降至16%）。据人社部统计，截至2018年4月，社保降费率累计为企业降低成本3150亿元（李雪棠，2018）。

二　降低个人社保缴费对收入分配影响的传导机制

若降低个人缴纳的社会保险费，产生的资金缺口由增值税弥补，则会通过影响个人实际可支配收入和商品价格两个方面对收入分配产生影响，具体如图9-2所示。

一方面，调低个人社保缴费率会提高个人实际可支配收入，进而对收入分配产生影响。另一方面，调增增值税税率会提高商品价格，商品价格上升会通过居民消费间接影响个人实际可支配收入，进而对收入分配产生影响。

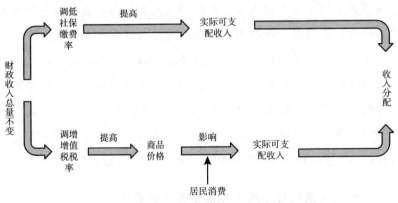

图9-2　降低个人社保缴费对收入分配影响示意

在保证财政收入总量不变的情况下，降低个人社保缴费率，调增增值税税率最终能否改善收入分配，则取决于这一调整过程中，社保费率下调和商品价格变化对个人实际可支配收入的综合影响。

综上，可以推出，无论是降低企业缴纳部分的社会保险费，还是降低个人缴纳部分的社会保险费，用增值税为社保缴费筹资对收入分配的影响结果存在不确定性。为此，依据我国实际情况，基于2020年的数据，本章进一步测算了两种传导路径下用增值税为社保缴费筹资对收入分配的影响。

第三节　增值税为社保筹资影响收入分配的
测算逻辑及模型构建

依据上文可知，财政收入总量不变的情况下，用增值税为社保缴费筹资存在两条传导路径，两条传导路径的共同之处在于均会通过影响商品价格间接影响收入分配。因此，要测算增值税为社保缴费筹资对收入分配的影响，就需要先测算出这一改革过程中商品价格的变化，然后利用居民收入和消费支出微观数据测算商品价格变化对实际可支配收入的影响，最后再结合经典收入分配指标测算其对收入分配的影响。

测算税率或费率变动对商品价格影响最常用的两种方法为投入产出法和CGE模型，两种方法各有千秋，本章采用第一种方法。当前投入产出法主要被运用于增值税收入分配效应的研究，尚未有文献利用投入产出法去研究社会保险费或增值税为社会保险筹资对收入分配的影响。此外，为了简化模型的构建，投入产出法的设计中大多将增值税看作是对生产要素所征收的一种税，这使实证结果往往难以运用于具体的政策执行。因此，借鉴聂海峰和刘怡（2010a）、倪红福等（2016）、田志伟和王钰（2022）投入产出模型构建方法，本章在构建模型过程中引入了增值税抵扣机制，进而构建了我国增值税为社保筹资的投入产出模型。

一　社会保险缴费在投入产出模型中的表达

依据投入产出表设定可知，总产出等于总投入，总投入又可以拆分为中间投入和要素投入（增加值），要素投入包括劳动者报酬、生产税净额、固定资产折旧和营业盈余。其中，劳动者报酬主要由货币工资、实物工资和社会保险构成。而社会保险以工资为计征标准，因此，要研究社会保险政策变化的影响，就需要将增加值拆分为工资、社会保险、不含工资和社会保险的增加值，具体构建如下：

$$P_j Q_j = \sum_{i=1}^{n} P_i Q_{ij} + V_j' + TSalary_j + SCT_j \qquad (9-1)$$

公式 9-1 表示总产出等于中间投入加不含工资和社会保险的增加值加工资总额加社会保险。其中，下标 i 和下标 j 均代表行业，P 表示价格，Q 表示数量，P_i 或 P_j 分别表示 i 行业或 j 行业的价格，Q_j 表示 j 行业的产量，Q_{ij} 表示 j 行业生产所消耗 i 行业的中间产品数量；$P_i Q_{ij}$ 表示 j 行业生产所消耗 i 行业的中间产品价值，$P_j Q_j$ 表示 j 行业的总产出价值；V_j' 表示 j 行业不含工资和社会保险的增加值，SCT_j 表示 j 行业的缴纳的社会保险缴费。

我国社会保险缴费是以工资为计征标准的，用工资总额乘以实际社会保险费率，就可以计算出当期的社会保险缴费额，具体构建如下：

$$SCT_j = sct_j \times TSalary_j \qquad (9-2)$$

公式 9-2 表示社会保险缴费额等于实际社会保险费率乘以工资总额。其中，sct_j 表示 j 行业实际社会保险费率，该值依据《中国统计年鉴》（2021）社会保险基金收入额和就业人员工资总额计算得出，sct_j=社会保险基金收入额/就业人员工资总额，可以计算出 2020 年实际社会保险费率为 46.01%，与世界银行《2020 年营商环境报告》公布的我国社保费率（社保费占商业利润比重）46.2% 较为接近。将公式 9-2 代入公式 9-1，同时两边再除以 Q_j，可得公式 9-3：

$$P_j = \sum_{i=1}^{n} P_i a_{ij} + \frac{V_j'}{Q_j} + \frac{TSalary_j}{Q_j} + \frac{sct_j \times TSalary_j}{Q_j} \qquad (9-3)$$

将上述公式具体展开，如下：

$$P_1 = P_1 a_{11} + P_2 a_{21} + \cdots + P_n a_{n1} + \frac{V_1''}{Q_1} + \frac{TSalary_1}{Q_1} + \frac{TSalary_1 \times sct_1}{Q_1}$$
$$(9-4)$$

$$P_2 = P_1 a_{12} + P_2 a_{22} + \cdots + P_n a_{n2} + \frac{V_2''}{Q_2} + \frac{TSalary_2}{Q_2} + \frac{TSalary_2 \times sct_2}{Q_2}$$
$$(9-5)$$

......

$$P_n = P_1 a_{1n} + P_2 a_{2n} + \cdots + P_n a_{nn} + \frac{V_n''}{Q_n} + \frac{TSalary_n}{Q_n} + \frac{TSalary_n \times sct_n}{Q_n}$$

$$(9\text{-}6)$$

将上述方程改写成矩阵形式，如下：

$$\begin{bmatrix} P_1 \\ \vdots \\ P_n \end{bmatrix} = \begin{bmatrix} a_{11} & \cdots & a_{n1} \\ \vdots & \cdots & \vdots \\ a_{1n} & \cdots & a_{nn} \end{bmatrix} \times \begin{bmatrix} P_1 \\ \vdots \\ P_n \end{bmatrix} + \begin{bmatrix} \dfrac{V_1'}{Q_1} \\ \vdots \\ \dfrac{V_n'}{Q_n} \end{bmatrix} + \begin{bmatrix} \dfrac{TSalary_1}{Q_1} \\ \vdots \\ \dfrac{TSalary_n}{Q_n} \end{bmatrix} + \begin{bmatrix} sct_1 & & \\ & \ddots & \\ & & sct_n \end{bmatrix}$$

$$\times \begin{bmatrix} \dfrac{TSalary_1}{Q_1} \\ \vdots \\ \dfrac{TSalary_n}{Q_n} \end{bmatrix}$$

假设：

$$A' = \begin{bmatrix} a_{11} & \cdots & a_{n1} \\ \vdots & \cdots & \vdots \\ a_{1n} & \cdots & a_{nn} \end{bmatrix}, \ V' = \begin{bmatrix} \dfrac{V_1'}{Q_1} \\ \vdots \\ \dfrac{V_n'}{Q_n} \end{bmatrix}, \ TS = \begin{bmatrix} \dfrac{TSalary_1}{Q_1} \\ \vdots \\ \dfrac{TSalary_n}{Q_n} \end{bmatrix}, \ sct = \begin{bmatrix} sct_1 & & \\ & \ddots & \\ & & sct_n \end{bmatrix},$$

上述矩阵可进一步改写为：

$$P = A'P + V' + TS + sct \times TS$$
$$(I - A')P = V' + TS + sct \times TS$$

$$(9\text{-}7)$$

若将公式9-7进一步改写用以计算商品价格，可以得到商品价格的计算公式，即公式9-8：

$$P = (I - A')^{-1}(V' + TS + sct \times TS)$$

$$(9\text{-}8)$$

其中，A'表示直接消耗系数矩阵的转置矩阵，P表示价格矩阵，V'表示不含工资和社会保险的增加值矩阵，TS表示工资总额矩阵，sct表示实际社会保险费率矩阵。通过公式9-8，可以模拟测算社会保险费率变动对商品价格的影响，再结合居民家庭收入与消费支出微观数据可以测算出社会保险费率变动对收入分配的影响。

二　增值税为社保筹资在投入产出模型中的表达

从前文可知，要素投入不仅包括劳动者报酬，还包括生产税净额，其中，社会保险包含在劳动者报酬内，而增值税包含在生产税净额内。因此，要研究用增值税为社保筹资对收入分配的影响，就需要将增值税和社会保险从模型中单列出来，具体构建如下：

$$P_j Q_j = \sum_{i=1}^{n} P_i Q_{ij} + V_j'' + + VAT_j + TSalary_j + SCT_j \qquad (9\text{-}9)$$

公式 9-9 表示总产出等于中间投入加不含增值税、工资和社会保险的增加值加增值税加工资总额加社会保险。其中，V_j'' 表示 j 行业不含增值税、工资和社会保险的增加值，VAT_j 表示 j 行业的增值税。

我国采用发票扣税法计征增值税，参照田志伟和王钰（2022）等做法，本章将增值税抵扣机制引入模型，具体构建如下：

$$VAT_j = VAT_{out,\,j} - VAT_{in,\,j} \qquad (9\text{-}10)$$

公式 9-10 表示的是 j 行业的增值税应纳税额等于 j 行业增值税销项税额减 j 行业增值税进项税额。式中，下标 out 表示销项，下标 in 表示进项，$VAT_{out,\,j}$ 表示 j 行业的增值税销项税额，$VAT_{in,\,j}$ 表示 j 行业的增值税进项税额。

由于投入产出表中的数据均为含税数据，在计算增值税的销项税额和进项税额时，需要先换算为不含税价值，再用不含税价值乘以增值税实际税率，进而计算出增值税的销项税额和进项税额，具体如下：

$$VAT_{out,\,j} = \frac{P_j Q_j}{1 + T_j} T_j \qquad (9\text{-}11)$$

公式 9-11 表示的是 j 行业的增值税销项税额等于 j 行业不含税的销售额乘以 j 行业增值税实际税率。其中，j 行业不含税的销售额=含税销售额/（1+增值税实际税率）。式中，P_j 表示 j 行业产品含税价格，Q_j 表示 j 行业产品销售量，T_j 表示 j 行业增值税实际税率。

增值税进项税额具体包括购置生产原材料等中间产品与服务可以抵扣的进项税额和购置固定资产可以抵扣的进项税额两部分。中间产品进项税额计算公式为：

$$VAT_{in, j}^{intermediate} = \sum_{i=1}^{n} \frac{P_i Q_{ij}}{1 + T_i} T_i Lin_i \qquad (9\text{-}12)$$

公式9-12表示 j 行业购进中间产品进项税额等于中间产品不含税价值乘以增值税实际税率乘以法定抵扣率。式中，Lin_i 表示依据增值税法规调整后的 i 行业进项税额法定抵扣率，如食堂餐饮服务不能开具增值税专用发票，则其对应的进项税额法定抵扣率为0。

固定资产分为动产和不动产两部分，《统计年鉴》中有各行业按建设性质和构成分固定资产投资（不含农户）的数据，但该数据只区分了某一行业的投资中动产与不动产的比例，无法区分动产的内部构成情况。与此同时，投入产出表中有动产和不动产的投资总额数据，以及动产和不动产内部的行业构成情况。因此，本章将两者数据相结合，据此推算出各行业的动产与不动产的投资额，以及其固定资产内部的构成情况。具体构建如下：

$$VAT_{in, j}^{fixed - asset} = \sum_{i=1}^{n} P_i b_i^1 K_j^1 \frac{T_i}{1 + T_i} + \sum_{i=1}^{n} P_i b_i^2 K_j^2 \frac{T_i}{1 + T_i} \qquad (9\text{-}13)$$

公式9-13表示 j 行业购进固定资产进项税额等于动产进项税额加不动产进项税额。式中，K_j^1 和 K_j^2 表示 j 行业当年新增动产和新增不动产，b_i^1 和 b_i^2 分别表示新增动产和新增不动产购置于 i 行业的比例，即 b_i^1 等于投入产出表中 i 行业生产的动产/投入产出表中的动产总额，b_i^2 等于投入产出表中 i 行业生产的不动产/投入产出表中的不动产总额。本章将投入产出表中建筑和房地产资本形成总额的30%[①]合并为2020年行业新增不动产总额，将除建筑和房地产资本形成总额外的资本形成总额合并为2020年行业新增动产总额。

---

① 当年形成的房地产并不会100%形成企业购置的固定资产，有一部分房地产会以住宅的形式由居民购置持有，而居民购置持有房地产的进项税额就无法进行抵扣，因此需要依据有关数据对不动产进行调整，将其调整成企业购置的固定资产总额。依据《中国统计年鉴》（2021）中房地产开发企业主要指标数据进行计算，可得2017年住宅投资额占总投资额的68.44%，2018年住宅投资额占总投资额的70.83%，2019年住宅投资额占总投资额的73.43%，2020年住宅投资额占总投资额的73.84%，故本书假定30%的不动产由企业购置。

增值税进项税额等于中间产品进项税额加新增固定资产进项税额。因此，依据公式9-12和公式9-13，可以得到完整的增值税进项税额的表达式。如下：

$$VAT_{in,j} = \sum_{i=1}^{n} \frac{P_i Q_{ij}}{1+T_i} T_i Lin_i + \sum_{i=1}^{n} P_i b_i^1 K_j^1 \frac{T_i}{1+T_i} + \sum_{i=1}^{n} P_i b_i^2 K_j^2 \frac{T_i}{1+T_i}$$

(9-14)

公式9-14表示j行业增值税进项税额等于中间产品进项税额加新增动产进项税额加新增不动产进项税额。

由于存在税收优惠、票证不符不予抵扣以及进项税额转出[1]等情形，实际可抵扣的增值税进项税额又要小于获取发票上的增值税进项税额，因此，本章引入β_j将增值税进项税额调整为增值税实际可抵扣进项税额，该值取自《中国税务年鉴》（2019）中重点税源分行业进项税额和实际抵扣额，即β_j=实际抵扣额/进项税额。公式9-15是增值税实际进项税额计算的具体形式。

$$VAT_{in,j} = \beta_j (\sum_{i=1}^{n} \frac{P_i Q_{ij}}{1+T_i} T_i Lin_i + \sum_{i=1}^{n} P_i b_i^1 K_j^1 \frac{T_i}{1+T_i} + \sum_{i=1}^{n} P_i b_i^2 K_j^2 \frac{T_i}{1+T_i})$$

(9-15)

将公式9-11和公式9-15代入公式9-10便可以得到反映增值税抵扣机制的增值税具体表达式，具体如下：

$$VAT_j = \frac{P_j Q_j}{1+T_j} T_j - \beta_j (\sum_{i=1}^{n} \frac{P_i Q_{ij}}{1+T_i} T_i Lin_i + \sum_{i=1}^{n} P_i b_i^1 K_j^1 \frac{T_i}{1+T_i} + \sum_{i=1}^{n} P_i b_i^2 K_j^2 \frac{T_i}{1+T_i})$$

(9-16)

公式9-16表示j行业实际应缴纳的增值税税额等于增值税销项税额减增值税实际进项税额。

若将公式9-16边同时除以Q_j，可得公式9-17：

$$\frac{VAT_j}{Q_j} = \frac{P_j}{1+T_j} T_j - \beta_j (\sum_{i=1}^{n} a_{ij} \frac{P_i}{1+T_i} T_i Lin_i + \sum_{i=1}^{n} P_i b_i^1 \frac{K_j^1}{Q_j} \frac{T_i}{1+T_i} + \sum_{i=1}^{n} P_i b_i^2 \frac{K_j^2}{Q_j} \frac{T_i}{1+T_i})$$

(9-17)

---

[1]　如企业购进商品用于员工福利发放等情形。

将上述公式具体展开，如下：

$$\frac{VAT_1}{Q_1} = P_1\frac{T_1}{1+T_1} - \beta_1(a_{11}P_1\frac{T_1}{1+T_1}Lin_1 + a_{21}P_2\frac{T_2}{1+T_2}Lin_2 + \cdots$$

$$+a_{n1}P_n\frac{T_n}{1+T_n}Lin_n + b_1^1\frac{K_1^1}{Q_1}\frac{T_1}{1+T_1}P_1 + b_2^1\frac{K_1^1}{Q_1}\frac{T_2}{1+T_2}P_2 + \cdots$$

$$+b_n^1\frac{K_1^1}{Q_1}\frac{T_n}{1+T_n}P_n + b_1^2\frac{K_1^2}{Q_1}\frac{T_1}{1+T_1}P_1 + b_2^2\frac{K_1^2}{Q_1}\frac{T_2}{1+T_2}P_2 + \cdots$$

$$+b_n^2\frac{K_1^2}{Q_1}\frac{T_n}{1+T_n}P_n)$$

$$(9\text{-}18)$$

$$\frac{VAT_2}{Q_2} = P_2\frac{T_2}{1+T_2} - \beta_2(a_{12}P_1\frac{T_1}{1+T_1}Lin_1 + a_{22}P_2\frac{T_2}{1+T_2}Lin_2 + \cdots$$

$$+a_{n2}P_n\frac{T_n}{1+T_n}Lin_n + b_1^1\frac{K_2^1}{Q_2}\frac{T_1}{1+T_1}P_1 + b_2^1\frac{K_2^1}{Q_2}\frac{T_2}{1+T_2}P_2 + \cdots$$

$$+b_n^1\frac{K_2^1}{Q_2}\frac{T_n}{1+T_n}P_n + b_1^2\frac{K_2^2}{Q_2}\frac{T_1}{1+T_1}P_1 + b_2^2\frac{K_2^2}{Q_2}\frac{T_2}{1+T_2}P_2 + \cdots$$

$$+b_n^2\frac{K_2^2}{Q_2}\frac{T_n}{1+T_n}P_n)$$

$$(9\text{-}19)$$

$$\cdots$$

$$\frac{VAT_n}{Q_n} = P_n\frac{T_n}{1+T_n} - \beta_n(a_{1n}P_1\frac{T_1}{1+T_1}Lin_1 + a_{2n}P_2\frac{T_2}{1+T_2}Lin_2 + \cdots$$

$$+a_{nn}P_n\frac{T_n}{1+T_n}Lin_n + b_1^1\frac{K_n^1}{Q_n}\frac{T_1}{1+T_1}P_1 + b_2^1\frac{K_n^1}{Q_n}\frac{T_2}{1+T_2}P_2 + \cdots$$

$$+b_n^1\frac{K_n^1}{Q_n}\frac{T_n}{1+T_n}P_n + b_1^2\frac{K_n^2}{Q_n}\frac{T_1}{1+T_1}P_1 + b_2^2\frac{K_n^2}{Q_n}\frac{T_2}{1+T_2}P_2 + \cdots$$

$$+b_n^2\frac{K_n^2}{Q_n}\frac{T_n}{1+T_n}P_n)$$

$$(9\text{-}20)$$

将上述方程改写成矩阵形式，如下：

$$\begin{bmatrix} \dfrac{VAT_1}{Q_1} \\ \vdots \\ \dfrac{VAT_n}{Q_n} \end{bmatrix} = \begin{bmatrix} P_1 & & \\ & \ddots & \\ & & P_n \end{bmatrix} \times \begin{bmatrix} \dfrac{T_1}{1+T_1} \\ \vdots \\ \dfrac{T_n}{1+T_n} \end{bmatrix} - \begin{bmatrix} \beta_1 & & \\ & \ddots & \\ & & \beta_n \end{bmatrix} \times \begin{bmatrix} a_{11} & \cdots & a_{n1} \\ \vdots & \cdots & \vdots \\ a_{1n} & \cdots & a_{nn} \end{bmatrix}$$

$$\times \begin{bmatrix} Lin_1 & & \\ & \ddots & \\ & & Lin_n \end{bmatrix} \times \begin{bmatrix} P_1 & & \\ & \ddots & \\ & & P_n \end{bmatrix} \times \begin{bmatrix} \dfrac{T_1}{1+T_1} \\ \vdots \\ \dfrac{T_n}{1+T_n} \end{bmatrix} - \begin{bmatrix} \beta_1 & & \\ & \ddots & \\ & & \beta_n \end{bmatrix}$$

$$\times \begin{bmatrix} \dfrac{K_1^1}{Q_1} \\ \vdots \\ \dfrac{K_n^1}{Q_n} \end{bmatrix} \times \begin{bmatrix} b_1^1 & \cdots & b_n^1 \end{bmatrix} \times \begin{bmatrix} P_1 & & \\ & \ddots & \\ & & P_n \end{bmatrix} \times \begin{bmatrix} \dfrac{T_1}{1+T_1} \\ \vdots \\ \dfrac{T_n}{1+T_n} \end{bmatrix}$$

$$- \begin{bmatrix} \beta_1 & & \\ & \ddots & \\ & & \beta_n \end{bmatrix} \times \begin{bmatrix} \dfrac{K_1^2}{Q_1} \\ \vdots \\ \dfrac{K_n^2}{Q_n} \end{bmatrix} \times \begin{bmatrix} b_1^2 & \cdots & b_n^2 \end{bmatrix} \times \begin{bmatrix} P_1 & & \\ & \ddots & \\ & & P_n \end{bmatrix}$$

$$\times \begin{bmatrix} \dfrac{T_1}{1+T_1} \\ \vdots \\ \dfrac{T_n}{1+T_n} \end{bmatrix}$$

假设：

$$A' = \begin{bmatrix} a_{11} & \cdots & a_{n1} \\ \vdots & \cdots & \vdots \\ a_{1n} & \cdots & a_{nn} \end{bmatrix}, \quad T = \begin{bmatrix} \dfrac{T_1}{1+T_1} \\ \vdots \\ \dfrac{T_n}{1+T_n} \end{bmatrix}, \quad \beta = \begin{bmatrix} \beta_1 & & \\ & \ddots & \\ & & \beta_n \end{bmatrix},$$

$$L = \begin{bmatrix} Lin_1 & & \\ & \ddots & \\ & & Lin_n \end{bmatrix},$$

$$K_1 = \begin{bmatrix} \dfrac{K_1^{\ 1}}{Q_1} \\ \vdots \\ \dfrac{K_n^{\ 1}}{Q_n} \end{bmatrix}, \quad K_2 = \begin{bmatrix} \dfrac{K_1^{\ 2}}{Q_1} \\ \vdots \\ \dfrac{K_n^{\ 2}}{Q_n} \end{bmatrix}, \quad B_1 = \begin{bmatrix} b_1^1 & \cdots & b_n^1 \end{bmatrix}, \quad B_2 = \begin{bmatrix} b_1^2 & \cdots & b_n^2 \end{bmatrix},$$

$$M = \begin{bmatrix} \dfrac{VAT_1}{Q_1} \\ \vdots \\ \dfrac{VAT_n}{Q_n} \end{bmatrix}$$

上述矩阵可进一步改写为：

$$\begin{aligned} M &= PT - \beta A'LPT - \beta K_1 B_1 PT - \beta K_2 B_2 PT \\ &= \left(P - \beta A'LP - \beta K_1 B_1 P - \beta K_2 B_2 P \right) T \end{aligned} \tag{9-21}$$

若将公式 9-21 进一步改写用以计算增值税实际税率，可以得到增值税实际税率的表达式，即公式 9-22：

$$T = \left(P - \beta A'LP - \beta K_1 B_1 P - \beta K_2 B_2 P \right)^{-1} M \tag{9-22}$$

将基期商品含税价格设定为 1，此时，价格矩阵 P 等价于单位矩阵 I，公式 9-22 可以改写为公式 9-23 用于计算 2020 年增值税实际税率，具体如下：

$$T = \left(I - \beta A'L - \beta K_1 B_1 - \beta K_2 B_2 \right)^{-1} M \tag{9-23}$$

其中，T 表示 $n \times 1$ 维增值税实际税率矩阵，A' 表示直接消耗系数矩阵的转置矩阵，β 表示进项税额实际抵扣率矩阵，L 表示中间产品进项税额法定抵扣率矩阵，K_1 和 K_2 分别表示单位产出新增动产和单位产出新增不动产矩阵，B_1 和 B_2 分别表示新增动产和新增不动产购置于 i 行业的比例矩阵，M 表示单位产出增值税矩阵。

M 中的数据可以根据 2020 年投入产出表的总产出和《中国税务年鉴》（2021）分行业增值税数据推算得出。因此，根据公式 9-23 可以推算得出增值税的实际税率矩阵，即可以得到每个行业中增值税实际税率取值。

进一步再将公式 9-16 代入公式 9-9，便可得到反映增值税抵扣机制的增值税为社保筹资的投入产出模型的完整表达式，具体如下：

$$P_j Q_j = \sum_{i=1}^{n} P_i Q_{ij} + V_j'' + \frac{P_j Q_j}{1 + T_j} T_j - \beta_j \left(\sum_{i=1}^{n} \frac{P_i Q_{ij}}{1 + T_i} T_i Lin_i \right.$$

$$\left. + \sum_{i=1}^{n} P_i b_i^1 K_j^1 \frac{T_i}{1 + T_i} + \sum_{i=1}^{n} P_i b_i^2 K_j^2 \frac{T_i}{1 + T_i} \right) + TSalary_j + SCT_j$$

$$(9-24)$$

将公式 9-24 两边同时除以 Q_j，可得公式 9-25：

$$P_j = \sum_{i=1}^{n} P_i a_{ij} + \frac{V_j''}{Q_j} + P_j t_j - \beta_j \left(\sum_{i=1}^{n} a_{ij} P_i t_i Lin_i + \sum_{i=1}^{n} b_i^1 \frac{K_j^1}{Q_j} t_i P_i + \sum_{i=1}^{n} b_i^2 \frac{K_j^2}{Q_j} t_i P_i \right)$$

$$+ \frac{TSalary_j}{Q_j} + \frac{TSalary_j \times sct_j}{Q_j}$$

$$(9-25)$$

将上述公式具体展开，如下：

$$P_1 = P_1 a_{11} + P_2 a_{21} + \cdots + P_n a_{n1} + \frac{V_1''}{Q_1} + P_1 t_1 - \beta_1 (a_{11} P_1 t_1 Lin_1 + a_{21} P_2 t_2 Lin_2$$

$$+ \cdots + a_{n1} P_n t_n Lin_n + b_1^1 \frac{K_1^1}{Q_1} t_1 P_1 + b_2^1 \frac{K_1^1}{Q_1} t_2 P_2 + \cdots + b_n^1 \frac{K_1^1}{Q_1} t_n P_n$$

$$+ b_1^2 \frac{K_1^2}{Q_1} t_1 P_1 + b_2^2 \frac{K_1^2}{Q_1} t_2 P_2 + \cdots + b_n^2 \frac{K_1^2}{Q_1} t_n P_n) + \frac{TSalary_1}{Q_1} + \frac{TSalary_1 \times sct_1}{Q_1}$$

$$(9-26)$$

$$P_2 = P_1 a_{12} + P_2 a_{22} + \cdots + P_n a_{n2} + \frac{V_2''}{Q_2} + P_2 t_2 - \beta_2 (a_{12} P_1 t_1 Lin_1 + a_{22} P_2 t_2 Lin_2$$

$$+ \cdots + a_{n2} P_n t_n Lin_n + b_1^1 \frac{K_2^1}{Q_2} t_1 P_1 + b_2^1 \frac{K_2^1}{Q_2} t_2 P_2 + \cdots + b_n^1 \frac{K_2^1}{Q_2} t_n P_n + b_1^2 \frac{K_2^2}{Q_2} t_1 P_1$$

$$+ b_2^2 \frac{K_2^2}{Q_2} t_2 P_2 + \cdots + b_n^2 \frac{K_2^2}{Q_2} t_n P_n) + \frac{TSalary_2}{Q_2} + \frac{TSalary_2 \times sct_2}{Q_2}$$

$$(9-27)$$

$$\cdots$$

$$P_n = P_1 a_{1n} + P_2 a_{2n} + \cdots + P_n a_{nn} + \frac{V_n''}{Q_n} + P_n t_n - \beta_n (a_{1n} P_1 t_1 Lin_1 + a_{2n} P_2 t_2 Lin_2$$

$$+ \cdots + a_{nn} P_n t_n Lin_n + b_1^1 \frac{K_n^1}{Q_n} t_1 P_1 + b_2^1 \frac{K_n^1}{Q_n} t_2 P_2 + \cdots + b_n^1 \frac{K_n^1}{Q_n} t_n P_n + b_1^2 \frac{K_n^2}{Q_n} t_1 P_1$$

$$+ b_2^2 \frac{K_n^2}{Q_n} t_2 P_2 + \cdots + b_n^2 \frac{K_n^2}{Q_n} t_n P_n) + \frac{TSalary_n}{Q_n} + \frac{TSalary_n \times sct_n}{Q_n}$$

$$(9-28)$$

将上述方程改写成矩阵形式，如下：

$$\begin{bmatrix} P_1 \\ \vdots \\ P_n \end{bmatrix} = \begin{bmatrix} a_{11} & \cdots & a_{n1} \\ \vdots & \cdots & \vdots \\ a_{1n} & \cdots & a_{nn} \end{bmatrix} \times \begin{bmatrix} P_1 \\ \vdots \\ P_n \end{bmatrix} + \begin{bmatrix} \dfrac{V_1'}{Q_1} \\ \vdots \\ \dfrac{V_n'}{Q_n} \end{bmatrix} + \begin{bmatrix} \dfrac{T_1}{1+T_1} & & \\ & \ddots & \\ & & \dfrac{T_n}{1+T_n} \end{bmatrix} \times \begin{bmatrix} P_1 \\ \vdots \\ P_n \end{bmatrix}$$

$$- \begin{bmatrix} \beta_1 & & \\ & \ddots & \\ & & \beta_n \end{bmatrix} \times \begin{bmatrix} a_{11} & \cdots & a_{n1} \\ \vdots & \cdots & \vdots \\ a_{1n} & \cdots & a_{nn} \end{bmatrix} \times \begin{bmatrix} Lin_1 & & \\ & \ddots & \\ & & Lin_n \end{bmatrix}$$

$$\times \begin{bmatrix} \dfrac{T_1}{1+T_1} & & \\ & \ddots & \\ & & \dfrac{T_n}{1+T_n} \end{bmatrix} \times \begin{bmatrix} P_1 \\ \vdots \\ P_n \end{bmatrix} - \begin{bmatrix} \beta_1 & & \\ & \ddots & \\ & & \beta_n \end{bmatrix} \times \begin{bmatrix} \dfrac{K_1^1}{Q_1} \\ \vdots \\ \dfrac{K_n^1}{Q_n} \end{bmatrix} \times \begin{bmatrix} b_1^1 & \cdots & b_n^1 \end{bmatrix}$$

$$\times \begin{bmatrix} \dfrac{T_1}{1+T_1} & & \\ & \ddots & \\ & & \dfrac{T_n}{1+T_n} \end{bmatrix} \times \begin{bmatrix} P_1 \\ \vdots \\ P_n \end{bmatrix} - \begin{bmatrix} \beta_1 & & \\ & \ddots & \\ & & \beta_n \end{bmatrix} \times \begin{bmatrix} \dfrac{K_1^2}{Q_1} \\ \vdots \\ \dfrac{K_n^2}{Q_n} \end{bmatrix} \times \begin{bmatrix} b_1^2 & \cdots & b_n^2 \end{bmatrix}$$

$$\times \begin{bmatrix} \dfrac{T_1}{1+T_1} & & \\ & \ddots & \\ & & \dfrac{T_n}{1+T_n} \end{bmatrix} \times \begin{bmatrix} P_1 \\ \vdots \\ P_n \end{bmatrix} + \begin{bmatrix} \dfrac{TSalary_1}{Q_1} \\ \vdots \\ \dfrac{TSalary_n}{Q_n} \end{bmatrix} + \begin{bmatrix} sct_1 & & \\ & \ddots & \\ & & sct_n \end{bmatrix}$$

$$\times \begin{bmatrix} \dfrac{TSalary_1}{Q_1} \\ \vdots \\ \dfrac{TSalary_n}{Q_n} \end{bmatrix}$$

假设：

$$A' = \begin{bmatrix} a_{11} & \cdots & a_{n1} \\ \vdots & \cdots & \vdots \\ a_{1n} & \cdots & a_{nn} \end{bmatrix}, \quad P = \begin{bmatrix} P_1 \\ \vdots \\ P_n \end{bmatrix}, \quad T = \begin{bmatrix} \dfrac{T_1}{1+T_1} & & \\ & \ddots & \\ & & \dfrac{T_n}{1+T_n} \end{bmatrix},$$

$$\beta = \begin{bmatrix} \beta_1 & & \\ & \ddots & \\ & & \beta_n \end{bmatrix}, \quad L = \begin{bmatrix} Lin_1 & & \\ & \ddots & \\ & & Lin_n \end{bmatrix}, \quad K_1 = \begin{bmatrix} \dfrac{K_1^{\,1}}{Q_1} \\ \vdots \\ \dfrac{K_n^{\,1}}{Q_n} \end{bmatrix}, \quad K_2 = \begin{bmatrix} \dfrac{K_1^{\,2}}{Q_1} \\ \vdots \\ \dfrac{K_n^{\,2}}{Q_n} \end{bmatrix},$$

$$sct = \begin{bmatrix} sct_1 & & \\ & \ddots & \\ & & sct_n \end{bmatrix}, \quad B_1 = \begin{bmatrix} b_1^1 & \cdots & b_n^1 \end{bmatrix}, \quad B_2 = \begin{bmatrix} b_1^2 & \cdots & b_n^2 \end{bmatrix},$$

$$V'' = \begin{bmatrix} \dfrac{V_1^{''}}{Q_1} \\ \vdots \\ \dfrac{V_n^{''}}{Q_n} \end{bmatrix}, \quad TS = \begin{bmatrix} \dfrac{TSalary_1}{Q_1} \\ \vdots \\ \dfrac{TSalary_n}{Q_n} \end{bmatrix}$$

上述矩阵可进一步改写为：

$$P = A'P + V' + TP - \beta A'LTP - \beta K_1 B_1 TP - \beta K_2 B_2 TP$$
$$+ TS + sct \times TS \big[(I - A') - (I - \beta A'L - \beta K_1 B_1 - \beta K_2 B_2)T \big]$$
$$P = V' + TS + sct \times TS$$

$$(9\text{-}29)$$

若将公式 9-29 转换为矩阵形式，并用以计算商品价格，可以得到商品价格的计算公式，即公式 9-30：

$$P = \big[(I - A') - (I - \beta A'L - \beta K_1 B_1 - \beta K_2 B_2)T \big]^{-1} (V'' + TS + sct \times TS)$$

$$(9\text{-}30)$$

其中，A' 表示直接消耗系数矩阵的转置矩阵，P 表示价格矩阵，V'' 表示不含增值税、工资和社会保险的增加值，T 表示 $n \times n$ 维实际税率矩阵，β 表示进项税额实际抵扣率矩阵，L 表示中间产品进项税额法定抵扣率矩阵，K_1 和 K_2 分别表示单位产出新增动产和单位产出新增不动产矩阵，B_1 和 B_2 分别表示新增动产和新增不动产购置于 i 行业的比例矩阵，TS 表示工资总额矩阵，sct 表示社会保险费率矩阵。通过公式 9-30，可以模拟测算财政收入总量不变情况下，增值税为社保筹资对商品价格的影响，再结合居民家庭收入与消费支出微观数据可以测算出增值税为社保筹资对收入分配的影响。

三　财政收入总量不变情况下，增值税为社保筹资的收入分配效应实现

然而要利用公式9-30来模拟测算财政收入总量不变情况下，增值税为社保筹资对商品价格的影响，需要在模型中附加一个约束条件，即社保调减额=增值税调增额，具体构建如下：

$$\Delta sct \times TS = \Delta\left(\sum\nolimits_{j=1}^{n} VAT_j\right) \qquad (9\text{-}31)$$

公式9-31表示了这一约束条件，为了模拟测算财政收入总量不变情况下，在平均社会保险缴费率基础上降低10%，通过调增增值税法定税率来弥补资金缺口对收入分配的影响。首先，计算出在平均社会保险缴费率基础上降低10%会使社保缴费收入产生7551.25亿元的资金缺口。其次，利用公式9-31测算弥补资金缺口，三档实际税率所需的调增比例，并换算出对应法定税率的调增比例。再次，将调减后的社会保险费率、调增后的增值税实际税率代入上述公式9-30，测算出商品价格。最后，结合居民收入和消费支出微观数据，借助经典收入分配指标测算收入分配效应。

为了测算两条路径对收入分配的影响，借鉴聂海峰和刘怡（2010a）、倪红福等（2016）、万莹和熊惠君（2020）、田志伟和王钰（2022）的测算方法，本章假定居民消费支出结构不变，利用商品价格变化来模拟增值税为社保筹资导致居民消费支出的税负率变化，进而测算居民实际收入水平变化。正如前文所述，依据降低哪类负担主体的社会保险缴费进行分类，增值税为社保筹资对收入分配的影响有两条传导路径，相比降低企业社保缴费仅通过商品价格对收入分配产生间接影响，降低个人社保缴费还会通过直接增加居民实际可支配收入对收入分配产生直接影响。因此，两条传导路径下，变化后的居民实际收入水平的表达公式可以概写如下：

$$Income_{m,\,new} = Income_{m,\,0} + \Delta Income_{m,\,sc} - \sum_{n=1}^{n} \Delta P_n C_{m,\,n} \qquad (9\text{-}32)$$

公式9-32表示增值税为社保筹资使居民实际收入水平等于居民当前

实际收入水平加降低个人社保缴费增加的可支配收入（若降低企业社保缴费，则 $\Delta Income_{m,\,sc}$ 为零）减由社保费率调减、增值税税率调增引发的商品价格变化进而引发的增值税税负变化。其中，下标 m 表示居民个人，下标 n 表示消费类别；ΔP 表示由于增值税为社保筹资引发的消费类别价格变动，ΔP_n 表示第 n 类消费类别的价格变动，$C_{m,\,n}$ 表示居民 m 的第 n 类消费支出。居民当前实际收入水平（$Income_{m,\,0}$）和消费支出数据来源于 2018 年 CFPS，商品价格与消费类别价格之间的换算主要参考聂海峰和刘怡（2010a）的研究。依据增值税弥补部分社保缴费后居民实际收入水平，结合经典收入分配指数，便可以测算出增值税为社保筹资的收入分配效应。

第四节　增值税为社保筹资影响收入分配的实证结果分析

通过测算，发现我国社保缴费具有显著的累退性，用增值税为社保筹资在一定程度上有利于改善收入分配。其中，降低个人社保缴费对收入分配的改善效果要明显好于降低企业社保缴费，这是因为降低个人社保缴费可最大程度地降低现阶段社保筹资方式所带来的累退性，进而有利于实现更大的收入分配改善效果，具体测算结果如下。

一　社保缴费和增值税均具有显著的累退性，但个人社保缴费的累退性更强

从表 9-1 的测算结果来看，个人社保缴费使得全国基尼系数提高了 5.12%，而企业社保缴费仅使得全国基尼系数提高了 1.30%，前者是后者的 3.94 倍。这是因为，部分项目在缴费基数上设有上限与下限的规定（田志伟等，2014），且个人社保缴费难以根据缴款人的收入能力来征收社保费，致使低收入群体负担了与其缴费能力相比更高的缴费义务（詹长春和郑珊珊，2018），因此，个人社保缴费对收入分配的负向影响程度要大于企业社保缴费。

表9-1　社保缴费的收入分配效应

地区	企业缴纳部分社保缴费		个人缴纳部分社保缴费	
	基尼系数变化率（%）	MT指数	基尼系数变化率（%）	MT指数
全国	1.30	−0.00585056	5.12	−0.02333992
城镇	1.17	−0.00491141	4.22	−0.01784337
农村	1.89	−0.00837915	5.54	−0.02505481

注：基尼系数变化率=（$Gini_Y$−$Gini_X$）/$Gini_X$，其中，$Gini_X$表示无企业或个人社保缴费的基尼系数，$Gini_Y$表示有企业或个人社保缴费的基尼系数。当基尼系数变化率小于0时，表明改善收入分配，反之则反。MT指数=$Gini_Y$−$Gini_X$，当MT指数大于0时，表明改善收入分配，反之则反。

　　我国增值税也具有显著的累退性，显著负向影响了我国的收入分配，但其程度介于企业社保缴费和个人社保缴费之间。从表9-2的测算结果来看，我国增值税使得全国层面基尼系数提高了1.75%，城镇层面基尼系数提高了1.14%，农村层面基尼系数提高了2.57%，影响程度略高于企业社保缴费。

表9-2　增值税的收入分配效应

地区	基尼系数变化率（%）	MT指数
全国	1.75	−0.00798952
城镇	1.14	−0.00483273
农村	2.57	−0.01161531

注：基尼系数变化率=（$Gini_Y$−$Gini_X$）/$Gini_X$，其中，$Gini_X$表示无税情况下的基尼系数。$Gini_Y$表示现行增值税制度下的基尼系数。当基尼系数变化率小于0时，表明改善收入分配，反之则反。MT指数=$Gini_Y$−$Gini_X$，当MT指数大于0时，表明改善收入分配，反之则反。

　　那么在保证财政收入总量不变的情况下，用增值税为社保筹资对收入分配影响如何？本章在财政收入总量不变情况下，进一步测算了在平均社保缴费率基础上降低10%，通过调增三档法定税率来弥补资金缺口对收入分配的影响。

测算发现，若同比例调增所有税率，则需调增12.73%，即基本税率调增1.66个百分点至14.66%、中间税率调增1.15个百分点至10.15%、低税率调增0.76个百分点至6.76%，方可实现从社保缴费向增值税的平行转移。若仅调增某一档税率，则基本税率需调增3.65个百分点至16.65%，或中间税率调增5.85个百分点至14.85%，或低税率调增2.19个百分点至8.19%，方可实现从社保缴费向增值税的平行转移。但由于三档税率适用范围不同，增值税为社保筹资的收入分配效应也有所不同。

二 降低企业社保缴费的收入分配效应分析

若降低企业社保缴费，通过同比例调增所有税率来弥补资金缺口，会轻微负向影响收入分配。如所有税率上调12.73%后，全国层面基尼系数会增加0.02%，城镇层面基尼系数会增加0.03%，农村层面基尼系数会增加0.01%，具体如表9-3所示。

表9-3 同比例调增所有税率为社保筹资的收入分配效应

地区	基尼系数变化率（%）	MT指数
全国	0.02	−0.00008075
城镇	0.03	−0.00011262
农村	0.01	−0.00005080

注：基尼系数变化率＝（Gini$_Y$−Gini$_X$）/Gini$_X$，其中，Gini$_X$表示2020年的基尼系数。Gini$_Y$表示同比例调增所有税率为社保筹资的基尼系数。当基尼系数变化率小于0时，表明改善收入分配，反之则反。MT指数＝Gini$_Y$−Gini$_X$，当MT指数大于0时，表明改善收入分配，反之则反。

若降低企业社保缴费，通过基本税率调增3.65个百分点（16.65%）来弥补资金缺口，不利于改善收入分配，如基本税率调增至16.65%后，全国层面基尼系数增加0.08%，是同比例调增所有税率的4倍，城镇层面基尼系数增加0.09%，是同比例调增所有税率的3倍，农村层面基尼系数增加 0.10%，是同比例调增所有税率的 10 倍，具体如表 9-4 所示。但通过中间税率调增 5.85 个百分点（14.85%）或通过低税率调增 2.19 个百分点（8.19%）来弥补资金缺口，却可以轻微改善收入分配。如中间税率调增至 14.85% 后，全国层面基尼系数可降低 0.03%，城镇层面基尼系数可降低 0.01%，农村层面基尼系数可降低 0.07%；低税率调增至 8.19% 后，全国层面基尼系数可降低 0.05%，城镇层面基尼系数可降低 0.04%，农村层面基尼系数可降低 0.06%。

表 9-4　分别调增三档税率为社保筹资的收入分配效应

地区	基本税率（上调3.65%）		中间税率（上调5.85%）		低税率（上调2.19%）	
	基尼系数变化率（%）	MT指数	基尼系数变化率（%）	MT指数	基尼系数变化率（%）	MT指数
全国	0.08	−0.00038609	−0.03	0.00014457	−0.05	0.00020565
城镇	0.09	−0.00039218	−0.01	0.00003002	−0.04	0.00018376
农村	0.10	−0.00044781	−0.07	0.00032176	−0.06	0.00027958

注：基尼系数变化率=（$Gini_y$−$Gini_x$）/$Gini_x$，其中，$Gini_x$ 表示 2020 年的基尼系数。$Gini_y$ 表示分别调增三档税率为社保筹资的基尼系数。当基尼系数变化率小于 0 时，表明改善收入分配，反之则反。MT 指数=$Gini_y$−$Gini_x$，当 MT 指数大于 0 时，表明改善收入分配，反之则反。

　　上述测算结果差异的原因在于三档税率适用的范围和对象存在差异。其中，基本税率适用范围最广，主要适用于工业制造业，基本覆盖了人们日常生活的大多数产品，如家庭设备、服饰、日用品等，因此，调增基本税率会大大提升居民的生活成本。而社保费率下调却是针对所有行业的普调，致使从生产成本传导的工业制造业产品价格下降会小于增值税税率上调造成的工业制造业产品价格上升，进而不利于改善收入分配。然而，对于中间税率和低税率而言，在增值税抵扣机制影响下，该两档税率上调，会使工业制造业进项税额增大，有利于降低工业制造业产品价格、降低居民生活成本，改善收入分配。

三 降低个人社保缴费的收入分配效应分析

若降低个人社保缴费，通过同比例调增所有税率来弥补资金缺口，会显著改善收入分配，如所有税率上调12.73%后，全国层面基尼系数可降低0.36%，城镇层面基尼系数可降低0.27%，农村层面基尼系数可降低0.39%，具体如表9-5所示。

表9-5 同比例调增所有税率为社保筹资的收入分配效应

地区	基尼系数变化率（%）	MT指数
全国	-0.36	0.00162437
城镇	-0.27	0.00114323
农村	-0.39	0.00175333

注：各指标含义及计算过程同表9-3。

若通过分别调增三档税率来弥补社保资金缺口，虽然都可以改善收入分配，但改善效果却略有差异。其中，中间税率和低税率调增改善收入分配效果比同比例调增所有税率的效果更显著，但基本税率调增改善收入分配效果却不如同比例调增所有税率的效果。如通过基本税率调增3.65个百分点（16.65%）来弥补资金缺口，会使得全国层面基尼系数降低0.26%，对收入分配的改善程度仅达到同比例调增所有税率的72.22%，城镇层面基尼系数降低0.16%，对收入分配的改善程度仅达到同比例调增所有税率的59.26%，农村层面基尼系数降低0.27%，对收入分配的改善程度仅达到同比例调增所有税率的69.23%，具体如表9-6所示。而中间税率调增至14.85%后，全国层面基尼系数降低0.47%，对收入分配的改善程度约为同比例调增所有税率的1.31倍，城镇层面基尼系数降低0.39%，对收入分配的改善程度约为同比例调增所有税率的1.44倍，农村层面基尼系数降低0.51%，对收入分配的改善程度约为同比例调增所有税率的1.31倍，低税率调增至8.19%后，全国层面基尼系数降低0.39%，对收入分配的改善程度约为同比例调增所有税率的 1.08 倍，城镇层面基尼系数降低 0.30%，对收入分配的改善程度约为同比例调增所有税率的 1.11 倍，农村层面基尼系数降低 0.42%，对收入分配的改善程度约为同比例调增所有税率的 1.08 倍。

表9-6　分别调增三档税率为社保筹资的收入分配效应

地区	基本税率（上调3.65%）		中间税率（上调5.85%）		低税率（上调2.19%）	
	基尼系数变化率（%）	MT指数	基尼系数变化率（%）	MT指数	基尼系数变化率（%）	MT指数
全国	-0.26	0.00116497	-0.47	0.00212732	-0.39	0.00176182
城镇	-0.16	0.00067932	-0.39	0.00165110	-0.30	0.00128202
农村	-0.27	0.00124321	-0.51	0.00231179	-0.42	0.00190595

注：各指标含义及计算过程同表9-4。

对比降低企业社保缴费的收入分配效应来看，可以发现降低个人社保缴费对收入分配的改善效果更好且更为显著。原因在于与降低企业社保缴费不同，降低个人社保缴费可直接增加个人的实际可支配收入，从缴费源头上降低社保缴费的累退性。因此，降低个人社保缴费、调增增值税税率对收入分配的改善效果要好于降低企业社保缴费、调增增值税税率。这也间接证明我国社保筹资方式等制度设计上的缺陷，如部分项目在缴费基数上设有上下限区间、在征缴社会保险费时未充分考虑缴费人的收入能力等，是影响我国收入分配的重要原因。

综上，用增值税为社保筹资在一定程度上有利于改善收入分配。而由于社保筹资方式未充分考虑缴费人的收入能力等，因此，降低个人社保缴费可最大程度地降低社保筹资来源的不公，进而有利于更好地改善收入分配。

四　2015~2019年社保费率下调的收入分配效应评估

为了刺激就业和促进经济增长，自 2015 年起，我国政府频繁下调社会保险费率。其中，2015~2016年，社保费率下调涉及养老、失业、工伤、生育四大险种，降幅最大在3.75%左右，重点下调的是单位缴费部分，即单位缴费部分下降费率占3.25%左右（张琪等，2016）。2018~2019年，单位缴费部分的费率再下降3个百分点（从19%降至16%）。虽然社保费率下调的目的并不在于改善收入分配（政策目的在于给企业减负），但共同富裕是社会主义的本质要求，是中国式现代化的重要特征[1]。因此，本章进一步测算了2015~2019年社会保险费率下调的收入分配效应。

通过测算，发现2015~2016年和2018~2019年，社保费率下调均显著地改善了收入分配，如从全国层面来看，2015~2016年社保费率下调使收入差距缩小0.14%，2018~2019年社保费率下调使收入差距缩小0.11%，2015~2019年社保费率下调共使收入差距缩小0.25%，具体如表9-7所示。这一测算结果表明，近年来我国降低社会保险缴费率既改善了效率，又增进了公平。

表9-7　2015~2019年社会保险费率下调的收入分配效应

地区	2015~2016年		2018~2019年		2015~2019年	
	基尼系数变化率（%）	MT指数	基尼系数变化率（%）	MT指数	基尼系数变化率（%）	MT指数
全国	-0.14	0.00064475	-0.11	0.00365684	-0.25	0.00115684
城镇	-0.13	0.00054030	-0.10	0.00326954	-0.23	0.00096954
农村	-0.20	0.00092678	-0.17	0.00536239	-0.37	0.00166239

注：本表以2020年为参照期，故假设$Gini_x$表示2020年的基尼系数。$Gini_y$表示2015-2016年、2018-2019年的基尼系数。基尼系数变化率=（$Gini_y$-$Gini_x$）/$Gini_x$，当基尼系数变化率小于0时，表明降低社会保险费率有利于改善收入分配，反之则反。MT指数=$Gini_y$-$Gini_x$，当MT指数大于0时，表明降低企业社会保险费率有利于改善收入分配，反之则反。

---

① 习近平.扎实推动共同富裕［J］.求是，2021（20）.

第五节　增值税为社保筹资的国际经验①

增值税为社保筹资最早可以追溯至1987年丹麦的具体实践，即丹麦取消雇主所缴纳的社会保障缴费，并将增值税税率提高2个百分点，所得收入均用于社会保障支出。从社会保障制度的历史发展来看，工薪税和政府一般性税收是社会保障资金的主要来源。增值税属于一般性税收，因此，用增值税为社保筹资实际上就是用一类特殊的一般性税收替代工薪税用于社会保障支出。本书选取德国、日本和法国三个具有代表性的国家进行介绍。

一　德国

德国是最具代表性的国家，许多国家以德国改革为蓝本，制定出适合本国情况的社会保障筹资模式。

20世纪70年代后，德国经济发展受到了冲击，劳动力就业压力增大，人口老龄化显现，给社会保障制度改革带来了较大的压力，德国社会降低社会保障缴费率的呼声很高。基于此背景，德国政府加快社会保障体系的改革。其中，社会保障筹资方面的改革主要分为两个阶段。

第一阶段，偏重于解决公共养老保险的资金需求。这一阶段，德国政府部门并没有宣布减少社会保障缴费，而是于1998年将增值税的标准税率提高了1个百分点，用于弥补日益增长的公共养老金需求，缩减预算赤字。提高后的德国增值税标准税率为16%，与欧洲其他国家相比，仍处于较低水平。

第二阶段，降低社会保障缴费率，改善就业水平。2005年德国大选之后，新政府提出了增值税为社保筹资改革。具体内容包括四项：一是提高增值税标准税率至19%；二是将社会保障缴费率调低1.6个百分点，其中，失业保险缴费率降低2个百分点，公共养老金缴费率增加0.4个百分

---

① 汪德华，孟红.社保增值税适用于中国吗？——基于国际经验的分析［J］.国际税收，2017（9）：42-46.

点；三是减少预算赤字；四是增加的增值税收入的1/3用于社会保障支出，其余收入用于减少预算赤字。该项政策于2007年1月1日生效。

二　日本

日本在沉重的政府债务和人口老龄化的双重压力下，采取提高消费税的方式为社会保障筹资。

20世纪70年代爆发的石油危机导致日本经济高速增长中断，从此转为低速增长，并面临财政赤字频增的困境。依靠经济起飞而迅速建立起来的社会保障，也由此进入了一个需要重整的阶段，其核心问题是应对人口老龄化引发的医疗保障费用增长和养老金快速增长。20世纪80年代，严重的经济衰退使得日本税收收入减少，同时，政府为应对经济危机采取扩张性财政政策，日本的政府债务在此期间增长迅猛。面对日益恶化的财政状况，2012年8月，日本国会批准了社会保障与税制一体化改革方案。该方案内容为将消费税税率从5%提高到8%，并承诺将由此新增的收入均纳入养老金预算。由于日本消费税在设计上与增值税非常接近，因此这项改革属于增值税为社保筹资的改革。这项改革从2014年4月1日开始正式生效。

三　法国

法国增值税为社保筹资的推行在国内步履维艰，是对此争论最激烈的国家之一。

二战后，法国失业率上升、非法移民增多，社会保障缴费日益下降，但社会保障支出增加；与此同时，高福利制度间接导致高失业率，助长了"懒汉行为"，并形成恶性循环；再加之连年的巨额赤字使得社会保障制度积重难返，亟待改革，但因改革关系到各阶层利益，社会保障制度改革阻力很大。

最终推动法国增值税为社保筹资改革的是一项社保缴费对企业竞争力影响的国际比较。法国企业每支付100欧元的工资，就要承担50欧元的社会保障缴费，而德国企业相应的社会保障缴费平均为39欧元。因此，在2007年德国推行增值税为社保筹资改革后，法国也出现了通过类似改革以提升企业竞争力的提议。

经过长达5年的争议，终于在2012年大选前，增值税为社保筹资改革的方案由总统萨科齐提出并获得批准。方案内容包括两项：一是降低雇主缴纳部分的社会保障缴费；二是将增值税标准税率提高1.6个百分点至21.2%。但该项改革在正式生效前被新上台的奥朗德政府取消了。新当选的奥朗德政府则提出一项新的增值税为社保筹资改革的方案，方案内容也包括两项：一是将增值税标准税率由19.6%提高至20%，中间税率由7%提高至10%，优惠税率由5.5%降至5%；二是对部分劳动力成本实行税收抵免以降低公司的劳动成本。但奥朗德政府提出的改革建议并没有获得通过。

四　经验总结

（一）增值税为社保筹资的主要内容

从各国的实践经验来看，增值税为社保筹资主要包括以下三个方面的内容。

一是降低社会保障税费费率。社会保障税费费率的降低，在一定程度上有利于降低劳动成本，进而有利于提高本国企业的竞争力，同时，还会产生劳动替代资本效应，提高雇主对劳动的需求，促进企业扩大再投资。

二是提高增值税税率。增值税税率提高产生的影响可以从政府和企业两个角度展开分析。从政府角度来看，增值税税基比较广阔，因此，通过增值税为社会保障融资，可以保证社会保障资金的充分性。从企业角度来看，增值税税率的提高可以在保证出口价格基本不受影响的情况下提高进口价格，使出口价格相对下降，增强国内产品的竞争力。

三是专税专用。如德国在推行增值税为社保筹资时，规定将增加的增值税收入的1/3用于社会保障支出，其余收入用于减少预算赤字。日本将消费税税率从5%提高到8%，并承诺将所有额外收入纳入养老金预算。

（二）增值税为社保筹资在中国适用的思考

从各国的实践经验来看，增值税为社保筹资具有以下四个方面的优势。

一是能够确保社会保障资金的充分与稳定。中国的人口老龄化速度加快，由此直接导致了养老保险供养比例逐年下降，养老保险资金支出规模不断扩大，养老保险体系的资金缺口越来越大。

二是有助于降低企业税负，刺激就业。国际比较而言，目前中国的社保缴费率偏高。就法定缴费率而言，与邻近的东南亚国家和地区相比，中国的养老保险缴费负担最重，综合养老保险缴费率是东南亚国家和地区平均水平的2.12倍[①]。过高的缴费率，增加了企业的雇佣成本，对促进就业产生了不利影响。

三是提升产业国际竞争力。在WTO的法律框架下，国际贸易中增值税作为间接税可以退税，而社会保障税费必须计入生产成本。因此，增值税为社保筹资政策的实施目的除削减高财政赤字、减少公共债务外，在国际竞争背景下还可以通过降低企业的劳动力成本，来提高经济竞争力。

四是可以调节国民收入分配格局，促进经济结构调整。增值税为社保筹资改革有利于调整我国的国民收入分配格局，以及居民收入分配局面，从而最终有利于我国经济结构的调整。

第六节　研究结论和政策建议

国际上已有国家通过增收增值税来为社保筹资，并发现从社会保险缴费向增值税的平行转移有利于改善收入分配，同时也为缓解社保资金不足提供了可行的融资渠道。为此，本章构建了中国增值税为社保筹资的投入产出模型，模拟测算了财政收入总量不变情况下，在平均社会保险缴费率基础上降低10%，通过提高增值税法定税率方式来弥补资金缺口对收入分配的影响。研究发现，在保证财政收入总量不变的情况下，用增值税为社会保险筹资，可以在一定程度上起到改善收入分配的效果，主要结论如下。

第一，我国增值税和社会保险缴费均呈现显著的累退性，但增值税对收入分配的负向影响程度介于企业社保缴费和个人社保缴费之间。从

---

① 汪德华，孟红.社保增值税适用于中国吗？——基于国际经验的分析［J］.国际税收，2017（9）：42-46.

本章的测算结果来看，增值税对收入分配的影响程度仅略高于企业社保缴费。因此，用增值税为社保筹资对收入分配的影响与降低哪一类缴费主体的社保缴费有关。如果企业社保缴费，分别调增9%的中间税率或6%的低税率，可以改善收入分配；而调增13%的标准税率或者同比例调增三档法定税率，则不利于改善收入分配。如果降低个人社保缴费，同比例调增三档法定税率或分别调增三档法定税率，均有利于改善收入分配。

第二，降低个人社保缴费比降低企业社保缴费更有利于改善收入分配。我国现行个人社保缴费制度设计上存在某些缺陷，如部分项目在缴费基数上设有上下限区间、在征缴社会保险费时未充分考虑缴费人的收入能力等，致使我国社会保障制度从缴费源头上存在严重的"逆向"调节作用。因此，降低个人社保缴费可最大程度地降低现阶段社保筹资方式所带来的累退性，更有利于实现较大的收入分配改善。

第三，调增中间税率或调增低税率为社保筹资比调增基本税率更有利于改善收入分配。增值税三档税率的适用范围和适用对象不同，致使调增不同档次税率来弥补资金缺口对收入分配影响存在差异。本章测算结果显示，相比同比例调增所有税率或调增中间税率和低税率等方式，通过调增基本税率来弥补资金缺口的筹资方式最差，原因在于基本税率的适用对象为工业制造业，基本覆盖了人们日常生活的大多数产品，因此，调增基本税率会大大提升居民的生活成本，不利于改善收入分配，而调增中间税率或低税率却可以增大工业制造业的进项税额，有利于降低居民生活成本、改善收入分配。

基于上述结论，本章提出以下政策建议。

第一，建议采用增值税弥补个人社保缴费为社保筹资，以增进收入分配公平，助力共同富裕。从我国社保缴费与增值税的累退性来看，我国个人社保缴费具有显著的累退性，对收入分配的影响程度远超增值税和企业社保缴费。因此，降低个人社保缴费率，通过增收增值税来弥补资金缺口，可以从社保缴费源头上降低个人社保缴费对收入分配的不利影响，有利于改善收入分配，增进收入分配公平。因此，若未来通过增收增值税为社保筹资，建议可以考虑适当降低个人社保缴费率，以最大程度地增进收入分配公平，助力共同富裕。

第二，建议优先通过调增中间税率和低税率为社保筹资，以降低增值税税率上调对收入分配的不利影响。基于边际消费递减规律，增值税税率上调不利于改善收入分配，然而我国有三档增值税税率，三档税率的适用范围不同，分别调增三档税率对收入分配的影响也有所不同。从测算结果来看，通过调增基本税率为社保筹资的效果不如调增中间税率和调增低税率。相比调增中间税率或低税率，调增基本税率会提升居民的基本生活成本，较大程度地负向影响收入分配。因此，建议优先通过调增中间税率和低税率为社保筹资，以降低增值税税率上调对收入分配的不利影响，助力共同富裕。具体而言，可以选择一个增值税税率为6%的服务业进行试点，调增其增值税税率的同时降低其个人社保缴费率。通过试点积累改革经验，进而推广至更多行业。

第十章

增值税与收入分配的国际经验借鉴

近年来，收入差距扩大，两极分化严重，改善收入分配、增进社会公平越发重要，随着社会发展更多地强调公平，国内外学者也开始逐渐重视起增值税对收入分配的影响。与此同时，国际上税制结构也正在发生改变，不少 OECD 国家降低了所得税的占比，并同时提高了增值税的占比，以降低所得税过高对就业和投资产生的抑制作用。鉴于上述原因，本章以 OECD 国家为例，从增值税发展趋势、增值税税收制度、增值税与收入分配研究成果方面进行梳理归纳，并提出经验借鉴。

第一节　OECD 国家增值税发展趋势

1990~2021 年，OECD 成员国一般消费税不仅税收收入绝对额上升，相对额也呈现整体上升趋势，具体可以从一般消费税占总税收收入比重、一般消费税占 GDP 比重两个指标分析得出。而增值税是一般消费税最为典型的代表，因此，还可以从增值税占总税收收入比重、增值税占 GDP 比重两个指标对 OECD 国家一般消费税发展趋势做进一步分析。

一　一般消费税发展趋势

（一）一般消费税占总税收收入比重

从 1990~2021 年 OECD 成员国一般消费税占总税收收入比重的均值变化趋势来看：1990 年 OECD 成员国一般消费税占总税收收入比重的均值

为18.50%，而后持续上升至2011年最高的占比水平21.30%，此后继续轻
微波动，直至2021年，OECD成员国一般消费税占总税收收入比重的均
值为22.00%。从2011~2021年OECD成员国一般消费税占总税收收入比重
的均值变化趋势来看，OECD成员国一般消费税占总税收收入比重的均值
基本维持在21.15%左右。而1990~2021年OECD成员国一般消费税占总
税收收入比重的均值为20.53%，相比之下，2011~2021年OECD成员国一
般消费税占总税收收入比重均值略微上升0.62个百分点（见图10-1）。

图10-1　1990~2021年OECD成员国一般消费税占总税收收入比重均值

　　从1990~2021年OECD成员国一般消费税占总税收收入的平均比重的
排序来看：OECD国家一般消费税占总税收收入的平均比重为20.53%，
美国一般消费税占总税收收入的平均比重最低，为8.06%，智利一般消费
税占总税收收入的平均比重最高，为40.1%。其中，有20个国家或地区
一般消费税占总税收收入的平均比重低于OECD平均，分别为美国、日
本、澳大利亚、瑞士、加拿大、意大利、卢森堡、比利时、西班牙、韩
国、法国、荷兰、德国、奥地利、瑞典、捷克、芬兰、英国、挪威和丹
麦；有18个国家或地区一般消费税占总税收收入的平均比重高于OECD
平均，分别为爱尔兰、斯洛伐克、波兰、哥斯达黎加、希腊、土耳其、
斯洛文尼亚、葡萄牙、墨西哥、匈牙利、拉脱维亚、爱沙尼亚、立陶宛、
新西兰、冰岛、以色列、哥伦比亚和智利（见图10-2）。

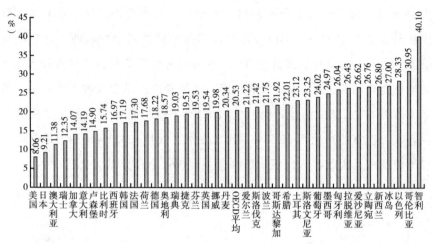

图10-2　1990~2021年OECD各国一般消费税占总税收收入的平均比重

（二）一般消费税占GDP的比重

从1990~2021年OECD成员国一般消费税占GDP比重的均值变化趋势来看：1990年OECD成员国一般消费税占GDP比重的均值为5.52%，而后持续上升，占比趋势保持平稳，直至2021年，OECD成员国一般消费税占GDP比重的均值为7.27%。从2011~2021年OECD成员国一般消费税占GDP比重的均值变化趋势来看，OECD成员国一般消费税占GDP比重的均值基本维持在6.87%左右。而1990~2021年OECD成员国一般消费税占GDP比重的均值为6.53%，相比之下，2011~2021年OECD成员国一般消费税占GDP比重均值略微上升0.34个百分点（见图10-3）。

从1990~2021年OECD成员国一般消费税占GDP的平均比重的排序来看：OECD成员国一般消费税占GDP的平均比重为6.53%，美国一般消费税占GDP的平均比重最低，为2.08%；匈牙利一般消费税占GDP的平均比重最高，为9.93%。其中，有15个国家或地区一般消费税占GDP的平均比重低于OECD平均，分别为美国、日本、瑞士、澳大利亚、墨西哥、韩国、加拿大、哥斯达黎加、土耳其、卢森堡、哥伦比亚、西班牙、意大利、爱尔兰、英国；有23个国家或地区一般消费税占GDP的平均比重高于OECD平均，分别为捷克、荷兰、德国、比利时、斯洛伐克、希腊、

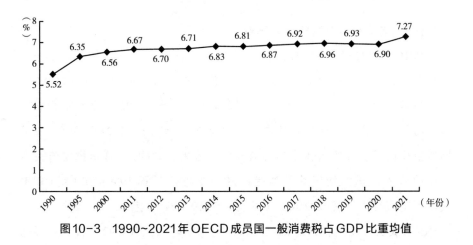

图10-3 1990~2021年OECD成员国一般消费税占GDP比重均值

波兰、法国、葡萄牙、奥地利、拉脱维亚、智利、立陶宛、挪威、芬兰、瑞典、爱沙尼亚、斯洛文尼亚、新西兰、以色列、冰岛、丹麦和匈牙利（见图10-4）。

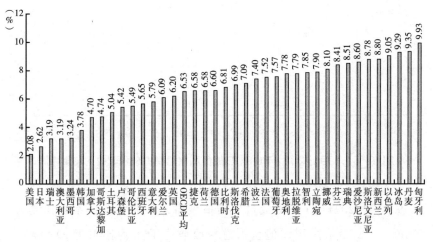

图10-4 1990~2021年OECD各国一般消费税占GDP的平均比重

二　增值税发展趋势

（一）增值税占总税收收入比重

从1990~2021年OECD成员国增值税占总税收收入比重的均值变化趋势来看：1990年OECD成员国增值税占总税收收入比重的均值为16.98%，而后持续上升并保持在20.30%左右轻微波动，直至2021年，OECD成员国增值税占总税收收入比重的均值为21.27%。从2011~2021年OECD成员国增值税占总税收收入比重的均值变化趋势来看，OECD成员国增值税占总税收收入比重的均值基本维持在20.36%左右。而1990~2021年OECD成员国增值税占总税收收入比重的均值为19.44%，相比之下，2011~2021年OECD成员国增值税占总税收收入比重均值略微上升0.92个百分点（见图10-5）。

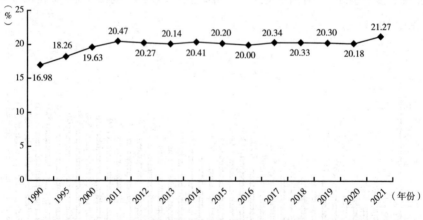

图10-5　1990~2021年OECD成员国增值税占总税收收入比重均值

从1990~2021年OECD成员国增值税占总税收收入的平均比重的排序来看：OECD成员国增值税占总税收收入的平均比重为19.44%，除美国未开征增值税外，澳大利亚增值税占总税收收入的平均比重最低，为8.47%，智利增值税占总税收收入的平均比重最高，为40.10%。其中，有15个国家或地区增值税占总税收收入的平均比重低于OECD平均，分别为澳大利亚、日本、加拿大、瑞士、意大利、卢森堡、比利时、法国、西班牙、韩国、荷兰、德国、斯洛文尼亚、奥地利、瑞典；22个国家或地区增值税占总税收收入的平均比重高于 OECD 平均，分别为捷克、芬兰、英国、挪威、波兰、丹麦、爱尔兰、希腊、斯洛伐克、匈牙利、土耳其、哥斯达黎加、以色列、葡萄牙、墨西哥、拉脱维亚、立陶宛、冰岛、爱沙尼亚、新西兰、哥伦比亚和智利（见图10-6）。

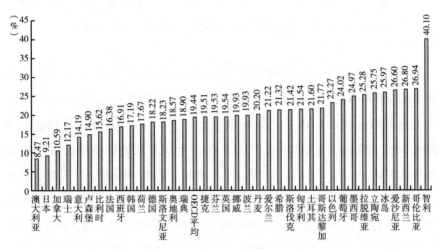

图10-6　1990~2021年OECD各国增值税占总税收收入的平均比重

（二）增值税占GDP的比重

从 1990~2021 年 OECD 成员国增值税占 GDP 比重的均值变化趋势来看：1990 年 OECD 成员国增值税占 GDP 比重的均值为 5.07%，而后总体上升，占比趋势保持平稳，直至 2021 年，OECD 成员国增值税占 GDP 比重的均值为 6.17%。从 2011~2021 年 OECD 成员国增值税占 GDP 比重的均值变化趋势来看，OECD 成员国增值税占 GDP 比重的均值基本维持在 6.55% 左右。而 1990~2021 年 OECD 成员国增值税占 GDP 比重的均值为 6.17%，相比之下，2011~2021 年 OECD 成员国增值税占 GDP 比重均值略微上升 0.38 个百分点（见图10-7）。

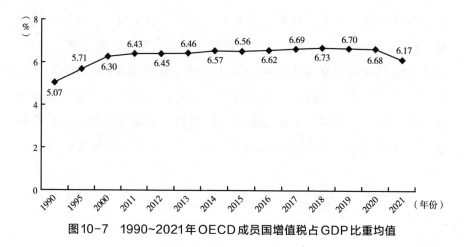

图10-7　1990~2021年OECD成员国增值税占GDP比重均值

　　从1990~2021年OECD成员国增值税占GDP的平均比重的排序来看：OECD国家增值税占GDP的平均比重为6.17%，除美国未开征增值税外，澳大利亚增值税占GDP的平均比重最低，为2.38%，丹麦增值税占GDP的平均比重最高，为9.29%。其中，有13个国家或地区增值税占GDP的平均比重低于OECD平均，分别为澳大利亚、日本、瑞士、墨西哥、加拿大、韩国、哥斯达黎加、土耳其、哥伦比亚、卢森堡、西班牙、意大利和爱尔兰；有24个国家或地区增值税占GDP的平均比重高于OECD平均，分别为英国、捷克、荷兰、德国、波兰、比利时、斯洛文尼亚、希腊、斯洛伐克、法国、以色列、拉脱维亚、葡萄牙、立陶宛、奥地利、智利、挪威、匈牙利、芬兰、瑞典、爱沙尼亚、新西兰、冰岛、丹麦（见图10-8）。

　　综上，通过对1990~2021年OECD国家一般消费税发展趋势的分析，可以总结出以下两点：第一，一般消费税占总税收收入比重和GDP比重呈现大体上升的趋势，一般消费税的重要性不断增强；第二，一般消费税占总税收收入比重和GDP比重与增值税占总税收收入比重和GDP比重相差不大，这意味着增值税是OECD国家主要的一般消费税形式，对增值税与收入分配的关系进行研究具有必要性。

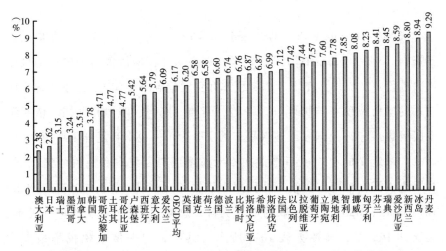

图10-8 1990~2021年OECD各国增值税占GDP的平均比重

第二节 OECD国家增值税制度介绍

在过去半个世纪，增值税的普及无疑是税收领域最重要的发展之一。对于普及程度如此之广的税种，如何发挥增值税更为积极的收入分配效应越发具有重要的研究意义。按照各国增值税税率档次设定为一档税率还是多档税率，可以将各国增值税制度分为单一税率模式和复合税率模式两类。除了税率档次外，征税范围的宽广、税率结构、税收优惠、起征点和小规模纳税人等税制要素的设计也对增值税的收入分配效应具有较为重要的影响。因此，本部分将从增值税税制要素与收入分配要素方面进一步梳理总结OECD国家的增值税制度。

（一）税率模式

国际上设置的增值税税率档次可分为单一税率和复合税率两大类。其中，复合税率以2~3档居多。

1.单一税率

依据 Worldwide VAT, GST and Sales Tax Guide（2021）[①]可获取的最新资料，对37个 OECD 国家或地区（剔除未开征增值税的美国）的税率档次进行归纳梳理，在不考虑零税率和免税情况下，OECD 国家或地区所设置的增值税税率档次可分为一档、两档、三档、四档和九档。依照税率层级数，将37个国家或地区税率档次分为单一税率和复合税率两大类。

本章定义的单一税率是指在不考虑增值税零税率和免税的情况下，对增值税征收范围均实施统一税率。依据 Worldwide VAT, GST and Sales Tax Guide（2020）[②]可获取的最新资料，总共有6个国家实施单一税率，占比达16.21%，具体如表10-1所示。其中，单一增值税税率最高为25%，实施国家为丹麦；最低为10%，实施地区为澳大利亚和韩国。首先，从表中可知，最高单一税率国家的增值税税率与最低单一税率国家的增值税税率的税率差距为15个百分点。其次，最高单一税率国家的增值税税率是最低单一税率国家增值税税率的2.5倍。最后，6个实施单一税率的 OECD 国家或地区的增值税加权平均税率为12%。

表10-1　实施增值税单一税率的OECD国家或地区

单位：%

国家或地区	税率
丹麦	25
智利	19
以色列	17
墨西哥	16
澳大利亚、韩国	10

2.复合税率

本章定义的复合税率是指在不考虑增值税零税率和免税的情况下，

[①] 资料来源：Worldwide VAT, GST and Sales Tax Guide（2020），https://www.ey.com/gl/en/services/tax/global-tax-guide-archive。

[②] 资料来源：Worldwide VAT, GST and Sales Tax Guide（2020），https://www.ey.com/gl/en/services/tax/global-tax-guide-archive。

对增值税征收范围实施税率档次超过一档的。依据 Worldwide VAT, GST and Sales Tax Guide（2020）[①]可获取的最新资料，实施增值税的 OECD 国家或地区除实施一档税率外，还存在实施两档、三档、四档和九档的情况，共有 31 个国家实施了复合税率，占比达 83.79%，具体如表 10-2 至表 10-5 所示。

从表 10-2 来看，有 10 个 OECD 国家或地区实施了两档增值税税率，占比达 27.03%。首先，从标准税率设定来看，标准税率设定最高的国家是冰岛，为 24%，设定最低的国家是日本，为 10%，高低标准税率差距为 14 个百分点，且高标准税率是低标准税率的 2.4 倍。其次，从低税率设定来看，低税率设定最高的国家是冰岛，为 11%，低税率设定最低的是哥伦比亚和英国，为 5%，高低低税率差距为 6 个百分点，且高低税率是低低税率的 2.2 倍。再次，从平均税率来看，两档增值税税率的 OECD 国家中，标准税率平均为 19%，略高于单一税率平均水平（高出 7 个百分点），低税率平均为 8.25%；标准税率与低税率平均税率差距为 10.75 个百分点，且低税率平均占标准税率的 45.50%。

表10-2　实施增值税两档税率的OECD国家

国家或地区	标准税率（%）	低税率（%）	标准税率-低税率（个百分点）	低税率/标准税率（%）
哥伦比亚	19	5	14	26.32
爱沙尼亚	20	9	11	45.00
德国	19	7	12	36.84
冰岛	24	11	13	45.83
荷兰	21	9	12	42.86
新西兰	15	9	6	60.00
日本	10	8	2	80.00
斯洛伐克	20	10	10	50.00
斯洛文尼亚	22	9.5	12.5	43.18
英国	20	5	15	25.00
平均	19.00	8.25	10.75	45.50

---

① 资料来源：Worldwide VAT, GST and Sales Tax Guide（2020），https://www.ey.com/gl/en/services/tax/global-tax-guide-archive。

从表10-3来看，有14个OECD国家或地区实施了三档增值税税率，占比达37.84%。首先，从标准税率设定来看，标准税率设定最高的国家是匈牙利，为27%，设定最低的国家是瑞士，为7.7%，高低标准税率差距为19.3个百分点，且高标准税率是低标准税率的3.5倍。其次，从低税率设定来看，OECD国家中低税率设定较低的一档中（即低税率1），低税率设定最高的国家是挪威，为12%，低税率设定最低的是土耳其，为1%，高低低税率差距为11个百分点，且高低税率是低低税率的12倍。OECD国家中低税率设定较高的一档中（即低税率2），低税率设定最高的国家是匈牙利，为18%，低税率设定最低的是瑞士，为3.7%，高低低税率差距为14.3个百分点，且高低税率是低低税率的4.86倍。最后，从平均税率来看，三档增值税税率的OECD国家中，标准税率平均为21.55%，比两档税率OECD国家标准税率平均水平高出2.11个百分点，低税率平均为6.18%（较低的一档）和11.66%（较高的一档）；标准税率与低税率平均税率差距分别为15.37个百分点（较低的一档）和9.89个百分点（较高的一档），且低税率平均占标准税率分别为28.50%（较低的一档）和53.53%（较高的一档）。

表10-3　实施增值税三档税率的OECD国家

国家或地区	标准税率（%）	低税率1（%）	低税率2（%）	标准税率-低税率1（个百分点）	标准税率-低税率2（个百分点）	低税率1/标准税率（%）	低税率2/标准税率（%）
比利时	21	6	12	15.00	9.00	28.57	57.14
捷克	21	10	15	11.00	6.00	47.62	71.43
芬兰	24	10	14	14.00	10.00	41.67	58.33
希腊	24	6	13	18.00	11.00	25.00	54.17
匈牙利	27	5	18	22.00	9.00	18.52	66.67
爱尔兰	23	9	13.5	14.00	9.50	39.13	58.70
拉脱维亚	21	5	12	16.00	9.00	23.81	57.14
立陶宛	21	5	9	16.00	12.00	23.81	42.86
挪威	25	12	15	13.00	10.00	48.00	60.00
波兰	23	5	8	18.00	15.00	21.74	34.78
西班牙	21	4	10	17.00	11.00	19.05	47.62

国家或地区	标准税率（%）	低税率1（%）	低税率2（%）	标准税率-低税率1（个百分点）	标准税率-低税率2（个百分点）	低税率1/标准税率（%）	低税率2/标准税率（%）
瑞典	25	6	12	19.00	13.00	24.00	48.00
瑞士	7.7	2.5	3.7	5.20	4.00	32.47	48.05
土耳其	18	1	8	17.00	10.00	5.56	44.44
平均	21.55	6.18	11.66	15.37	9.89	28.50	53.52

　　从表10-4来看，有6个OECD国家或地区实施了四档增值税税率，占比达16.22%。首先，从标准税率设定来看，除了加拿大标准税率设定因区而异外，奥地利标准税率有两档，分别为19%和20%，意大利标准税率设定最高，为22%，加拿大联邦层面标准税率设定最低，为5%。其次，从低税率设定来看，奥地利设定的低税率的税率水平较高，分别为10%和13%，法国设定的低税率的水平较低，分别为2.1%，5.5%和10%。此外，还有1个国家设定了九档增值税税率，占比达2.7%，葡萄牙设定了三档标准税率，分别为23%、22%和18%，设定了六档低税率，分别为4%、5%、6%、9%、12%、13%（见表10-5）。

表10-4　实施增值税四档税率的OECD国家

单位：%

国家或地区	标准税率	低税率
奥地利	19，20	10，13
加拿大	5，13，15，9.975	
哥斯达黎加	13	4，2，1
法国	20	2.1，5.5，10
意大利	22	4，5，10
卢森堡	17	3，8，14

　　注：①在奥地利扬霍尔茨和米特尔贝尔区域，标准税率为19%。在奥地利其他地方，标准税率为20%。

　　②加拿大货劳税（GST）税率：货劳税（GST）标准税率5%；合并销售税（HST）标准税率：安大略省13%，新不伦瑞克省15%，纽芬兰省和拉布拉多地区15%，新斯科舍省15%，爱德华王子岛15%，魁北克省9.975%。

表10-5 实施增值税九档税率的OECD国家

单位：%

国家或地区	标准税率	低税率
葡萄牙	23，22，18	13；6；12，5；9，4

注：葡萄牙增值税税率：①大陆：标准税率23%，中间税13%，低税率6%，其他豁免或者信用抵免（Exempt and Exempt with Credit）；②马德拉自治区：标准税率22%，中间税12%，低税率5%；③亚速尔群岛自治区：标准税率18%，中间税9%，低税率4%。

通过对OECD国家或地区的税率档次资料进行梳理，可以得出以下几点。第一，实施一档至三档税率的国家或地区累计占比为81.08%，其中实施两档和三档税率的国家累计占比为64.87%。这一数据表明增值税税率档次设置1~3档比较合适，并且"1档基本税率+1~2档低税率"模式相比统一增值税税率更受欢迎，这也和欧盟对各成员国增值税制度构建指导建议相吻合。第二，从设置多档税率的国家来看，标准税率的设定相对较高，大多数国家设定为20%左右，然后再配以几档较低税率，低税率以5%~9%居多。第三，从标准税率和低税率的重要性和适用范围来看，标准税率重要程度远远高于低税率，低税率的适用范围较小。

（二）征税范围

征税范围的宽窄是衡量增值税影响收入分配的首要因素。增值税征税范围越广，增值税的影响越大，反之，增值税的影响则越小。从国际经验来看，绝大多数国家实施了宽税基的增值税制度，OECD国家也不例外。

本章对增值税的征税范围进行了定义。其中，对征收范围覆盖全部产业、全部环节的定义为宽税基；对征收范围仅覆盖部分产业、部分环节的定义为窄税基。

1.统一征收范围——宽税基

统一征收范围（宽税基）增值税制度是指在增值税制度设计上，增值税的征税范围涵盖原材料采购、生产、批发、零售和进口等所有环节。依据 Worldwide VAT，GST and Sales Tax Guide（2021）①和 Consumption

---

① 资料来源：Worldwide VAT，GST and Sales Tax Guide（2020），https://www.ey.com/gl/en/services/tax/global-tax-guide-archive。

Tax Trends（2020）[①]的资料进行梳理，可以发现，绝大多数（90%）国家采取宽税基、统一征收的征收范围。增值税征收范围均包括以下两类：由本国纳税人员生产提供的货物和服务；进口货物，不考虑进口商的身份。

2.有选择性征收范围——窄税基

与统一征收范围（宽税基）增值税制度正好相反，有选择性征收范围（窄税基）增值税制度在增值税制度设计上，有选择地从原材料采购、生产环节、批发、零售和进口等环节中挑选部分环节征收增值税，相应地各行业也并未全部纳入增值税的征税范围。选择窄税基的国家并不多，且越来越少。Worldwide VAT, GST and Sales Tax Guide（2021）提供的资料显示，目前只有阿尔及利亚、玻利维亚等12个国家采取窄税基的增值税制度，占当年可获取资料国家总数的10%，这些国家对增值税征税范围采取正列举式的规定。其中，OECD国家或地区中，仅智利、哥伦比亚、以色列3个国家或地区采用窄税基，占比仅8.11%（未考虑美国），3个OECD国家或地区的增值税征税范围也采用了正列举式，具体如表10-6所示。

表10-6　采用有选择性征收范围——窄税基的OECD国家增值税征税范围

国家或地区	征税范围
智利	增值税适用于下列交易： •境内销售的有形货物 •境内提供或使用的服务
哥伦比亚	增值税适用于下列交易： •出售或转让与工业产权有关的无形资产的权利 •境内外提供的服务、 •可移动货物进口 •《机会游戏》的运营服务或《机会游戏》的门票销售服务（不包括彩票和专门在线运营的游戏）

[①] 资料来源：Consumption Tax Trends（2020），http://www.oecd.org/tax/consumption-tax-trends-19990979.htm。

国家或地区	征税范围
以色列	增值税适用于下列交易： •出售的资产（包括房地产） •出售无形资产或提供服务 •如果一项资产的购买或进口的进项税已被扣除，则该资产将被出售 •房地产的临时交易 •非以色列供应商向以色列客户提供"服务" •支持、福利或补贴 •进口货物

（三）税收优惠

减税、免税、零税率是常见的三种增值税税收优惠。其中，减税是指对某些产品或服务适用增值税低税率，免税是指免征某些产品或服务的销项税额，同时进项税额也不予以抵扣。零税率则是销项税率为零，同时还能抵扣进项税额，大多数情况下只适用于出口。因此，本书仅讨论减税和免税两种税收优惠。

依据 OECD 各国减免税项目的出现频率降序排列，可以得出：第一，基本上所有国家对基本生活必需品实施增值税减免税，如食品、药品、农产品；第二，大多数国家对与生活相关程度高的行业实施了增值税减免税，如热力、水、燃气燃料，农业、农业用品、农业器具，教育、医疗和社会保障，书籍、杂志、报纸，交通运输，文体类活动、服务及门票，金融保险，邮政；第三，不同国家的国情不同，相同的行业可能在 A 国适用减税政策，在 B 国适用免税政策，存在交叉适用不同税收优惠政策现象；第四，从减免税的适用范围来看，增值税低税率的适用范围普遍要大于增值税免税的适用范围，例如，个别国家对特定药品及相关产品免税，但大多数国家对广义药品实施低税率（见表10-7）。

表10-7 OECD成员国增值税减税、免税高频项目（降序排列）

序号	项目
14	服务于外交安排下的商品或服务
13	赌博和彩票
13	进出口
11	国际运输
10	境外提供动产、不动产、无形资产和/或服务
9	邮政
8	金融保险
7	文体类活动、服务及门票
6	交通运输
5	书籍、杂志、报纸
4	教育、医疗和社会保障
3	农业、农业用品、农业器具
2	热力、水、电、燃气燃料
1	食品、药品、农产品等基本生活必需品

（四）起征点和小规模纳税人

起征点和小规模纳税人设置是衡量增值税影响收入分配的第三个重要因素。起征点，又称"征税起点"，是指税法规定对课税对象开始征税的最低界限，当收入未达到起征点时不纳税，收入超过起征点时，则按全额课税。根据以上定义，年销售额低于起征点时无须纳税，此时，销售主体不具备纳税资格。因此，严格意义上来讲，小规模纳税人是指起征点以上，年销售额在规定标准以下，并且会计核算不健全，不能按规定报送有关税务资料的增值税纳税人。这表明小规模纳税人实际上是介于无纳税资格主体和一般规模纳税人之间的一类特殊主体。从国际经验来看，大多数国家设置了起征点，但有关小规模纳税人的资料则相对较少。①

通过对各国相关资料的梳理，不同国家对起征点和小规模纳税人标准的设置存在较大差异，不具有直接可比性。因此，本部分采用起征点占人均GDP的比值和小规模纳税人标准占作为测算标准的人均GDP的比值进行比较。其中，

---

① 熊惠君.增值税收入分配效应与福利效应研究［D］.江西：江西财经大学，2020：129.

人均GDP取自于OECD数据库，小规模纳税人标准取自于荷兰国际财政文献局（IBFD），起征点取自Worldwide VAT，GST and Sales Tax Guide（2021）[①]。

1. 起征点

通过对相关资料的梳理可知，国际上共有78个国家设置了起征点；37个国家明确表示不设置起征点。

从表10-8来看，可以发现：第一，大多数国家设定的起征点与人均GDP的比值在10以下，表中只有以色列设定的起征点与人均GDP的比值在10以上；第二，大多数国家不对货物和服务分设起征点，但有个别国家将销售货物和提供服务分开设置起征点，如阿根廷设定的销售货物和提供服务的起征点与人均GDP的比值为3.17和2.12，前者要高于后者；第三，表中OECD国家起征点与人均GDP的比值平均约为2.13。[②]

表10-8　2018~2019年部分OECD成员国起征点与人均GDP的情况

单位：本币

国家	人均GDP	起征点	起征点/人均GDP	国家	人均GDP	起征点	起征点/人均GDP
以色列	149827.46	2000000	13.35	新西兰	58725.17	60000	1.02
波兰	55065.79	200000	3.63	澳大利亚	77911.97	75000	0.96
斯洛伐克	16474.66	49790	3.02	奥地利	43643.92	30000	0.69
英国	32276.24	85000	2.63	加拿大	60010.47	30000	0.50
日本	4327052.51	10000000	2.31	芬兰	42487.58	10000	0.24
斯洛文尼亚	22082.43	50000	2.26	丹麦	387634.47	50000	0.13
爱沙尼亚	19737.62	40000	2.03	挪威	664444.86	50000	0.08
捷克	500974.55	1000000	2.00	瑞典	475055.53	30000	0.06
瑞士	80986.73	100000	1.23	—	—	—	—

注：人均GDP依据人口和GDP计算得出，数据均取自OECD数据库。

---

① 资料来源：Worldwide VAT，GST and Sales Tax Guide（2021），https：//www.ey.com/gl/en/services/tax/global-tax-guide-archive。

② 资料来源：Worldwide VAT，GST and Sales Tax Guide（2021），https：//www.ey.com/gl/en/services/tax/global-tax-guide-archive。

2.小规模纳税人

对小规模纳税人和起征点设置共分四种情形：第一，设置了小规模纳税人，但未设置起征点；第二，设置了起征点，但未设置小规模纳税人；第三，均未设置小规模纳税人和起征点；第四，既设置了小规模纳税人又设置了起征点。由于小规模纳税人的资料较难搜集，本书仅按可获取数据进行分析，具体见表10-9。

从表10-9来看，可以发现：第一，剔除掉极端值（瑞士），表中OECD国家小规模纳税人标准与人均GDP的比值平均约为2.77；第二，与起征点的设定相同，大多数不对货物和服务分设小规模纳税标准，但有个别国家将销售货物和提供服务分开设置小规模纳税人标准，如法国销售货物和提供服务的小规模纳税人标准分别与人均GDP的比值为2.37和0.95，前者要高于后者；第三，瑞士的小规模纳税人标准与人均GDP的比值非常高，其值为61.8。[1]

表10-9　2018~2019年部分OECD成员国小规模纳税标准与人均GDP情况

单位：本币

国家	人均GDP	小规模纳税人标准	小规模纳税人标准/人均GDP	国家	人均GDP	小规模纳税人标准	小规模纳税人标准/人均GDP
瑞士	80986.73	5005000	61.80	意大利	29212.8	30000	1.03
比利时	40239.77	750000	18.64	奥地利	43643.92	35000	0.80
加拿大	60010.47	400000	6.67	葡萄牙	19866.66	10000	0.50
法国	34977.7	销售货物：82800，提供服务：33200	销售货物：2.37，提供服务：0.95	卢森堡	98641.75	30000	0.30
韩国	36690700.87	48000000	1.31	瑞典	475055.53	114940	0.24

---

[1]　2019年瑞士税法中规定：年营业额不超过505万瑞士法郎或年增值税净负担不超过103000瑞士法郎的企业家可以选择简易计算方法。

国家	人均GDP	小规模纳税人标准	小规模纳税人标准/人均GDP	国家	人均GDP	小规模纳税人标准	小规模纳税人标准/人均GDP
荷兰	44918.7	1883	0.04	德国	40339.3	上一年度17500，第二年度50000	0.43

注：法国为欧元计价。

资料来源：IBFD和OECD数据库。

第三节　OECD国家增值税与收入分配研究成果

随着一般消费税在OECD国家税收制度中地位的提升，对于OECD国家一般消费税的收入分配效应以及对一般消费税收入分配效应的影响因素研究越发具有重要性。OECD/Korea Institute of Public Finance（2014）发布了《经济合作与发展组织国家消费税的分配效应》（《The Distributional Effects of Consumption Taxes in OECD Countries》）[1]，该著作研究了OECD国家一般消费税和特别消费税与总消费税的收入分配效应与影响收入分配效应的人口特征因素，发现当以收入的百分比衡量时，增值税制度是累退的，但当以支出的百分比衡量时，通常是比例或轻微累进的。而在分析消费税的直接分配影响时，以收入为基础的办法可能有用，但以支出为基础的办法将提供更可靠的衡量终生分配影响的办法。

一　OECD国家增值税收入分配研究理论方法

（一）年收入视角VS消费支出视角

《经济合作与发展组织国家消费税的分配效应》指出，在分析消费税

---

[1] OECD/Korea Institute of Public Finance，The Distributional Effects of Consumption Taxes in OECD Countries，OECD Tax Policy Studies，2014（22），OECD Publishing.http：//dx.doi.org/10.1787/9789264224520-en.

的直接分配影响时，尤其是在家庭消费模式不受借贷和储蓄行为强烈影响的情况下，以收入为基础的方法可能特别有用。而当考虑借贷和储蓄行为时，以消费为基础的测算方法提供了一种更可靠的衡量消费税终生分配影响的方法。这是由于具有借贷和储蓄的能力，将增值税作为收入的百分比来衡量可能会对增值税的分配效应产生误导，因此，基于支出的结果更好地反映了增值税的分配效应。正如许多作者所强调的那样（例如：IFS等，2011；Creedy，1998；Caspersen & Metcalf，1993），这些方法之间结果差异的驱动因素是储蓄行为。例如，考虑到基础广泛的单一税率的新西兰增值税：在没有储蓄的情况下，可以预计高收入和低收入家庭将支付相对相似的收入比例的税收。但当家庭借贷和储蓄时，情况就会发生变化。如图10-9所示，储蓄率倾向于随着收入的增加而增加（平均而言，低收入家庭是净借款人，而高收入家庭是净储蓄者）。因此，将借贷和储蓄的影响考虑在内的终生分析可能更可取。此外，Metcalf（1994）的研究发现以支出作为终生收入的近似替代，增值税大致是成比例的。基于上述原因，对OECD国家一般消费税的收入分配效应进行研究时，发现一般消费税按收入的百分比衡量是累退的，但按支出的百分比衡量通常是成比例或轻微累进的。

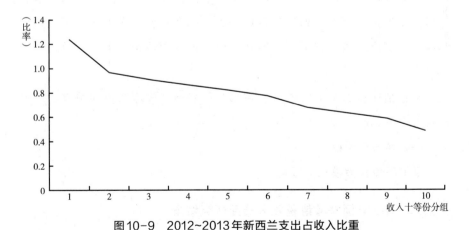

图10-9　2012~2013年新西兰支出占收入比重

资料来源：2012-2013 New Zealand Household Economic Survey。

（二）数据处理

《经济合作与发展组织国家消费税的分配效应》选取了来自家庭预算调查的支出微观数据（Expenditure Micro-data from Household Budget Surveys，HBSs），在增值税完全由最终消费者承担以及税率变化不会引起行为反应假设条件下，模拟测算了（以收入百分比衡量税收，按收入十分位数表示）、（以收入的百分比来衡量税收，以支出的十分位数来表示）、（以支出的百分比来衡量税收，以收入的十分位数来表示）以及（以支出的百分比衡量税收，以支出的十分位数表示）四种组合下收入视角和消费支出视角下增值税的收入分配效应。其所构建的模型中进行了如下数据处理。

（1）在分析中排除了以下情况的家庭

● 家庭报告负收入或零收入；和/或

● 支出与收入之比为四或以上的家庭。

（2）耐用消费品和房屋购买

● 耐用品：耐用品属于非经常购买，因此，将耐用品的成本在使用寿命内分摊。

● 房屋：排除在模型之外。

住房被排除在模型之外有两个主要原因：第一，并非所有国家都有住房支出数据；第二，如果它是可用的，那么它就构成了如此罕见且极其庞大的支出，因此它不太可能在比较小的耐用消费品十分位数群体中"平均"。

不包括住房的一个后果是，在那些住房须征收增值税的国家，增值税收入将被低估。

（3）增值税免税

增值税免税被模拟为零税率。

二　OECD国家增值税收入分配研究结果

（一）OECD国家增值税占收入比重与占支出比重分布

从图10-10来看，采取收入分组和支出分组的背景下，增值税占收入的比重呈现出相反的变化趋势，而增值税占支出的比重的变化趋势在两类分组情况下均相同。首先，按收入进行十等份分组来看，增值税占收入的比重随着收入的增加而税负下降，但增值税占支出的比重则随着收入的增加而税负略微上升。其次，按支出进行十等份分组来看，增值税占收入的比重随着收入的增加而税负上升，但增值税占支出的比重则随着收入的增加而税负略微上升。出现上述差异的原因有两点。

第一，增值税以消费支出为税基，支出越多，缴纳的增值税越多。一般情况下，高收入群体消费支出要大于低收入群体消费支出，因此，高收入群体缴纳的增值税自然要比低收入群体多。这也就是说在按收入和支出进行十等份分组背景下，增值税占支出的比重均随着收入或支出的上升而上升的原因。第二，基于边际消费递减规律，高收入群体的消费支出占其收入比重会随着收入上升而下降，而低收入群体的收入大部分用于支出（甚至可能借款消费），即其支出占收入比重会随着收入减少而上升，因此，一般情况下，低收入群体的支出占收入比重会大于高收入群体支出占收入比重。相应地，当按收入进行十等份分组时，低收入群体缴纳的增值税税负（消费占比多、增值税税负多）会高于高收入群体。

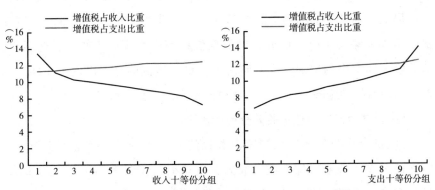

图10-10　按收入和支出分组的家庭平均增值税负担（所有国家简单平均）

（二）OECD国家增值税收入分配情况

从按收入分组下平均增值税占可支配收入的百分比来看，在OECD国家，随着收入的增加，增值税支付占可支配收入的百分比在下降。在奥地利、智利、爱沙尼亚、希腊、匈牙利、爱尔兰、新西兰和西班牙，收入最高的十分之一阶层所面临的税收负担大约是收入最低的十分之一阶层的一半（见表10-10）。从按收入分组下平均增值税占税前支出的百分比来看，在OECD国家，增值税支付作为税前支出的一部分，在几乎每个国家都是大致成比例的，或者是略微累进的——尽管在任何国家都不是从十分位数持续增长（即不是单调增长）。但爱沙尼亚和匈牙利是仅有的显示出增值税税负累退的国家（见表10-11）。

从按支出分组下平均增值税占可支配收入的百分比来看，在OECD国家，随着收入的增加，增值税支付占可支配收入的百分比也在上升，即增值税具有累进性（见表10-12）。从按支出分组下平均增值税占税前支出的百分比来看，在OECD国家，增值税支付作为税前支出的一部分，大部分国家都成比例的或略微累进，但爱沙尼亚、匈牙利、新西兰显示出增值税税负累退（见表10-13）。

这一高度累进的结果是由借贷和储蓄的误导效应驱动的，在低支出水平，家庭往往是净储蓄者，因此增值税负担占收入的百分比相对较低。与此同时，由于高支出家庭往往是净借款人，增值税占收入的比重似乎相对较高。在智利、斯洛伐克和土耳其，其结果大致是成比例的，而在爱沙尼亚、匈牙利和新西兰，增值税负担（作为支出的一部分）随着支出的增加而略有下降。此外，增值税低税率确实倾向于产生累进影响：随着收入和支出的增加，家庭倾向于将更大比例的总支出用于按标准税率征税的商品和服务，而不是增值税低税率的商品和服务。

（三）其他影响增值税收入分配的因素

《经济合作与发展组织国家消费税的分配效应》还指出某些跨人口因素的分布效应会对增值税的收入分配研究结果具有不可忽视的影响。具体包括：家庭类型、年龄（户主年龄）、人口密度、吸烟与不吸烟特质。

1.家庭类型

不同的家庭类型可能面临不同的税收负担。例如。儿童的存在可能有两种不同的影响。首先，它将导致支出增加，从而增加税收负担占收

表10-10　按收入分组下平均增值税占可支配收入的百分比

单位：%

收入分组	奥地利 2009年	比利时 2010年	智利 2012年	捷克 2010年	德国 2008年	西班牙 2010年	爱沙尼亚 2010年	英国 2010年	希腊 2010年	匈牙利 2010年	爱尔兰 2004年	意大利 2010年	韩国 2012年	卢森堡 2010年	荷兰 2004年	新西兰 2013年	波兰 2010年	斯洛文尼亚 2010年	斯洛伐克 2010年	土耳其 2010年
最穷	15.3	11.5	19.3	10.9	9.6	13.6	20.6	8.8	14.3	20.5	12.2	—	7.2	8.2	14.2	11.4	14.0	16.3	14.8	11.9
2	11.5	11.3	15.2	10.8	9.0	11.5	14.7	7.5	11.7	17.0	10.0	—	5.1	7.2	9.8	9.7	11.9	12.3	13.7	10.3
3	11.3	11.0	13.1	10.6	9.1	10.0	12.1	7.1	9.5	15.7	10.1	—	4.5	7.0	9.0	9.2	11.3	12.4	12.6	10.1
4	10.5	11.0	11.8	10.4	9.4	9.8	13.0	7.1	10.0	14.9	9.2	—	4.2	6.9	10.0	8.3	10.9	11.0	12.5	9.0
5	10.7	10.4	11.3	10.4	9.0	10.0	12.1	6.4	9.6	14.1	9.0	—	4.1	6.8	8.8	8.0	10.8	11.1	12.4	8.9
6	9.9	10.7	11.2	10.2	8.9	9.1	11.3	6.2	8.7	13.6	8.2	—	4.0	6.2	9.3	7.8	10.4	10.8	12.1	8.9
7	9.7	10.2	9.8	9.6	8.6	9.1	11.5	6.4	8.5	13.5	7.4	—	3.6	6.3	8.6	6.7	10.0	10.7	11.7	8.2
8	9.2	9.9	9.2	9.4	8.5	8.5	10.8	5.8	8.8	12.6	6.5	—	3.3	6.6	9.1	6.1	10.0	10.6	11.2	8.1
9	8.7	9.3	8.9	9.0	7.9	8.1	10.4	5.8	8.7	12.3	5.5	—	3.1	5.7	9.0	5.6	9.7	10.0	10.9	7.7
最富	8.0	6.8	7.3	8.4	6.9	7.3	10.0	5.2	7.7	10.7	4.4	—	2.8	4.5	7.8	4.7	8.6	9.8	9.8	7.0

表10-11　按收入分组下平均增值税占税前支出的百分比

单位：%

收入分组	奥地利 2009年	比利时 2010年	智利 2012年	捷克 2010年	德国 2008年	西班牙 2010年	爱沙尼亚 2010年	英国 2010年	希腊 2010年	匈牙利 2010年	爱尔兰 2004年	意大利 2010年	韩国 2012年	卢森堡 2010年	荷兰 2004年	新西兰 2013年	波兰 2010年	斯洛文尼亚 2010年	斯洛伐克 2010年	土耳其 2010年
最穷	12.2	9.2	10.7	13.9	8.3	9.7	20.8	8.7	11.5	23.0	8.2	—	5.4	5.7	9.0	10.4	13.7	9.8	14.7	9.7
2	11.9	9.7	11.1	14.1	8.8	9.8	19.8	8.8	11.6	22.4	7.7	—	5.8	6.0	8.8	11.6	13.9	9.7	15.0	10.2
3	12.3	10.0	10.8	14.6	9.4	10.0	19.3	9.0	11.5	22.1	8.6	—	6.0	6.2	8.7	11.7	14.1	10.2	14.8	10.4
4	12.2	10.1	11.2	14.5	9.8	10.1	19.4	9.5	11.6	21.9	8.9	—	6.2	6.2	9.0	11.0	14.3	10.3	15.1	10.2
5	12.7	10.3	11.2	15.0	10.0	10.3	19.0	9.5	12.1	21.8	9.2	—	6.3	6.4	9.0	11.2	14.5	10.5	15.5	10.3
6	12.4	10.6	11.4	15.3	10.2	10.4	19.1	10.0	12.3	21.9	9.6	—	6.5	6.4	9.4	11.5	14.7	10.8	15.5	10.4
7	12.8	10.8	11.3	15.3	10.4	10.3	19.3	10.5	12.8	22.2	9.7	—	6.4	6.4	9.5	11.4	14.9	10.9	15.8	10.4
8	12.7	11.1	11.1	15.4	10.4	10.6	18.9	10.5	12.7	22.3	9.8	—	6.5	6.8	9.9	11.0	15.2	11.1	15.8	10.5
9	12.8	11.4	10.9	15.4	10.3	10.4	18.7	10.7	12.9	22.3	9.8	—	6.7	6.5	10.0	10.9	15.3	11.3	15.9	10.4
最富	12.7	11.4	10.8	15.8	10.1	10.8	18.8	10.9	13.0	22.1	10.1	—	6.5	6.5	10.2	11.3	15.8	11.9	15.9	10.9

表10-12 按支出分组下平均增值税占可支配收入的百分比

单位：%

支出分组	奥地利 2009年	比利时 2010年	智利 2012年	捷克 2010年	德国 2008年	西班牙 2010年	爱沙尼亚 2010年	英国 2010年	希腊 2010年	匈牙利 2010年	爱尔兰 2004年	意大利 2010年	韩国 2012年	卢森堡 2010年	荷兰 2004年	新西兰 2013年	波兰 2010年	斯洛文尼亚 2010年	斯洛伐克 2010年	土耳其 2010年
最穷	5.2	6.7	8.6	7.9	6.6	5.5	5.7	3.5	5.6	11.4	6.0	—	3.9	3.8	6.7	6.4	7.8	8.1	10.3	7.5
2	6.7	7.3	9.4	8.7	7.2	7.3	9.1	4.6	7.4	12.3	6.8	—	3.7	4.5	8.1	7.7	8.6	9.1	10.6	8.3
3	7.4	8.1	11.3	9.2	7.5	8.3	10.9	5.2	8.4	12.8	8.0	—	4.0	5.1	7.9	7.3	9.1	9.4	11.1	8.4
4	8.1	8.4	11.9	9.6	7.9	8.5	10.7	5.2	8.4	13.3	8.1	—	3.9	5.3	8.5	8.2	9.6	9.8	11.1	8.7
5	8.8	9.0	12.7	9.9	8.2	9.2	12.1	6.3	9.2	14.2	8.7	—	4.1	5.6	8.7	8.1	10.0	10.7	11.5	8.8
6	10.3	9.6	13.2	10.0	8.6	9.7	12.6	6.5	10.5	14.0	8.3	—	4.1	6.6	9.4	7.9	10.5	10.7	11.8	9.0
7	11.4	9.7	13.4	10.3	8.9	10.3	14.1	7.3	11.2	15.3	8.6	—	4.1	7.0	9.6	7.8	10.9	11.3	12.4	9.2
8	12.9	11.4	13.2	10.4	9.3	11.0	15.8	7.4	11.2	16.1	8.5	—	4.3	7.9	10.2	7.8	11.9	13.3	12.7	9.5
9	14.6	12.5	11.8	11.0	9.7	12.1	16.4	8.6	12.0	16.9	8.7	—	4.5	9.2	11.9	7.7	12.8	14.3	13.1	9.6
最富	19.5	19.6	11.7	12.7	13.0	15.0	19.5	11.7	13.9	18.6	11.0	—	5.2	10.5	14.6	8.8	16.4	18.3	16.9	11.2

表10-13　按支出分组下平均增值税占税前支出的百分比

单位：%

支出分组	奥地利 2009年	比利时 2010年	智利 2012年	捷克 2010年	德国 2008年	西班牙 2010年	爱沙尼亚 2010年	英国 2010年	希腊 2010年	匈牙利 2010年	爱尔兰 2004年	意大利 2010年	韩国 2012年	卢森堡 2010年	荷兰 2004年	新西兰 2013年	波兰 2010年	斯洛文尼亚 2010年	斯洛伐克 2010年	土耳其 2010年
最穷	11.1	8.6	10.4	14.5	8.3	9.9	21.4	8.4	11.6	23.6	8.4	7.0	5.7	5.2	8.3	13.0	13.7	10.0	15.4	10.0
2	11.3	9.0	10.8	14.8	8.8	9.9	19.8	8.7	12.0	22.7	7.9	7.5	6.3	5.8	8.3	11.3	14.0	9.7	15.7	10.3
3	11.5	9.4	11.1	14.7	9.3	10.1	19.7	9.4	12.0	22.3	8.2	7.8	6.5	6.0	8.4	11.1	14.2	9.9	15.6	10.4
4	11.8	9.9	11.2	14.5	9.6	10.0	19.4	9.4	11.8	22.1	8.7	8.1	6.5	6.0	8.8	10.6	14.3	9.8	15.3	10.5
5	12.1	10.0	11.4	14.9	9.8	10.1	19.0	9.8	11.6	22.0	9.1	8.4	6.5	6.1	9.0	11.2	14.5	10.2	15.4	10.5
6	12.6	10.5	11.5	15.1	9.9	10.2	18.9	10.3	12.4	21.9	9.3	8.7	6.5	6.3	9.5	11.4	14.7	10.4	15.3	10.5
7	12.9	10.7	11.5	15.1	10.1	10.3	18.9	10.3	12.2	21.8	9.7	9.0	6.3	6.5	9.8	11.3	14.9	10.7	15.3	10.5
8	13.2	11.2	11.0	15.0	10.2	10.4	19.0	10.4	12.6	22.0	9.8	9.3	6.3	6.8	9.9	10.8	15.1	11.3	15.3	10.4
9	13.7	11.7	10.9	15.1	10.4	10.5	18.7	10.7	12.6	21.8	10.1	9.8	6.2	7.1	10.5	10.7	15.3	11.6	14.9	10.2
最富	14.5	13.5	10.7	15.7	11.2	10.9	18.5	10.7	13.1	21.7	10.6	11.2	5.4	7.1	11.2	10.6	15.9	12.7	15.7	10.2

入的百分比（但不一定是占支出的百分比）。其次，家庭可能会改变他们的部分消费，转向税率较低的商品，如基本食品、儿童服装和药品，从而降低税收负担占收入和支出的百分比。通常情况下，有孩子的家庭往往比没有孩子的家庭面临略高的税收负担。韩国却是个例外，有孩子的家庭面临的税收负担比没有孩子的家庭低。此外，在匈牙利，虽然有孩子的中等收入家庭比个人缴纳更多的税（按收入和支出的百分比计算），但有孩子的高收入和低收入家庭往往缴纳更少的税。在爱尔兰，虽然有孩子的较穷（低收入和/或低支出）家庭比没有孩子的较穷家庭倾向于按支出的百分比缴纳更多的税，但有孩子的较富裕家庭往往比没有孩子的较富裕家庭缴纳更少的税。

2.年龄（户主年龄）

预计中年时消费将达到峰值，年轻和年长的劳动者的消费水平都将较低。因此，预计年轻和年老工人的税收负担要高于中年工人。按户主年龄分列的总税负结果并没有证明这一点。对于较年轻和中等年龄的家庭来说，税收负担往往是相对相似的，显著的下降通常只发生在户主年龄在70岁及以上的家庭（这表明这些较年长的家庭不会减少储蓄）。最大的例外是新西兰，其税收负担随着年龄的增长而增加。以支出的百分比表示时，结果是相似的。在大多数国家，年轻家庭和中年家庭的税收负担相对相似，只有最年长的家庭的税收负担显著下降。在这些国家，较年轻和较年老的家庭正在更大比例地消费减价商品和服务。在所有十分位数中，最年长的家庭的税收负担通常是最低的。而且，通常情况下，税收负担在相同年龄范围的个人中是最高的。

3.人口密度

与生活在城市的家庭相比，生活在农村地区的家庭可能面临更高的交通成本，因此增值税和燃油消费税负担也会更高。居住在人口稀少地区的家庭比居住在人口密集地区的家庭面临更高的消费税负担，在斯洛伐克中间地区的家庭负担最高，而在希腊中间地区的家庭负担最低。只有在卢森堡和斯洛文尼亚，人口稀少地区的家庭面临的税收负担比人口密集地区的家庭要低，尽管在卢森堡，生活在中间地区的家庭负担最重。

4.吸烟与不吸烟特质

在所有国家，吸烟家庭（在烟草产品上的积极支出的家庭）面临着比非吸烟家庭高得多的税收负担。相对于贫穷的非吸烟家庭而言，贫穷的吸烟家庭往往面临特别高的税收负担，而富裕的吸烟家庭往往只比富裕的非吸烟家庭支付略多的税收。

总之，爱沙尼亚、新西兰和斯洛伐克的研究结果突出表明，在基础广泛的增值税制度下，即使很少增值税低税率或免税，当支出被用作终生收入的替代品时，仍可能产生少量的累退。而人口统计因素的结果往往是混合的，但仍然突出了一些趋势。例如，有孩子的家庭往往比没有孩子的家庭面临略高的税收负担。此外，平均税收负担在不同年龄间往往没有显著差异，除了最年长的家庭支付的税更少。居住在人口稀少地区的家庭往往比居住在人口密集地区的家庭面临更高的消费税负担。最后，吸烟家庭总是面临比不吸烟家庭高得多的税收负担，其中吸烟穷人的负担尤其高。此外，增值税低税率对增值税负担有一个小的累进效应——穷人的增值税负担比富人的累退程度更大，无论是按收入还是按支出的十分位数衡量。

第四节　与中国比较及经验借鉴

一　与中国的比较

考虑与OECD国家增值税制度经验比较的便利性，本部分从征税范围、税率结构、税收优惠、起征点与小规模纳税人四个方面税制要素进行比较归纳。

（一）征税范围

从征税范围来看，与OECD国家相似，我国增值税征税范围逐步扩大，最大程度地体现了增值税避免重复征税的优点。具体来讲，我国于1984年正式开征增值税以来，增值税的征收范围一直在不断扩大。1984年，仅对机器机械、钢材钢坯、自行车、缝纫机、电风扇及其零配件等 12 类商品征收增值税，对其他商品征收产品税。1994 年，增值税的征收范围进一步扩大，工业、商业和进口环节商品以及加工、修理修配劳务均纳入增值税征收范围。2012 年 1 月 1 日，陆续在部分城市进行营改增试点，试点行业包括交通运输业和研发、信息技术、文化创意、物流辅助、有形动产租赁、鉴证咨询等部分现代服务业。2016年 5 月 1 日，营改增在全国推开，增值税征收范围进一步扩大到建筑业、房地产业、金融业、生活服务业。至此，所有产品和所有服务均纳入增值税征收范围，我国增值税的征收范围包括生产、批发零售、进出口等所有环节。

（二）税率结构

从税率档次来看，OECD 国家实施了一档至三档税率，与我国相比，我国税率档次设定处于合理的水平。但从税率水平设定来看，大多数国家标准税率设定在 20% 左右，低税率设定在 5%~9% 范围，高低税率水平差距大于我国。此外，OECD 国家低税率适用范围较小，而我国低税率适用范围的设定则相对较为宽泛。具体来讲，我国自 2016 年 5月 1 日营改增全面推开以后，为了保持税制改革前后行业税负大体稳定，使政策平稳过渡，对原实行营业税的行业引入 16% 和 11% 两档税率，税率档次短暂设为"17%+13%+11%+6%"四档。2017 年 7 月 1 日，取消 13% 的增值税税率，将原 13% 税率下调至 11%，增值税税率由四档简并为三档。2018 年 5 月 1 日，6% 低税率不变，将 17% 和 11% 的税率分别下调 1 个百分点至 16% 和 10%。2019 年 4 月 1 日，基本税率进一步下调，16% 下调至 13%，11% 下调至 9%，低税率不变。当前，我国增值税税率结构为"13%+9%+6%"三档，与国际上大多数国家增值税税率结构相比，我国增值税税率结构符合国际发展大趋势。但从标准税率和低税率重要性和适用范围来看，我国低税率的适用范围要远大于国际标准并且超过 9% 税率适用范围。主要原因在于营改增后，为了稳定税改前后的行业税负，大多数服务业适用低税率，而适用 9% 税率的项目又过于偏窄。因此，我国低税率的适用范围存在一定的不合理性。

（三）税收优惠

与国际上减税、免税的适用范围相比，我国减税、免税适用范围较小。其中，我国免税适用范围比较有限，与生活必需品相关的免税项目主要有：①农业生产者销售的自产农产品；②承担粮食收储任务的国有粮食购销企业销售粮食；③从事蔬菜批发、零售的纳税人销售的蔬菜（不含罐头）；④供热企业向居民个人供热而取得的采暖费。[①]我国不征税适用范围更小，且与生活必需品无关。不征收增值税的项目包括：①根据国家指令无偿提供的铁路运输服务、航空运输服务；②存款利息；③被保险人获得的保险赔付；④房地产主管部门或者其指定机构、公积金管理中心、开发企业以及物业管理单位代收的住宅专项维修资金；⑤在资产重组过程中，通过合并、分立、出售、置换等方式，将全部或者部分实物资产以及与其相关联的债权、负债和劳动力一并转让给其他单位和个人，其中涉及的不动产、土地使用权转让行为；⑥保本收益、报酬、资金占用费、补偿金；[②]⑦纳税人购入基金、信托、理财产品等各类资产管理产品持有至到期。[③]这与OECD国家将食品、药品、农产品等基本生活必需品纳入减免税首选项目不同，我国对食品和医药制品的税收优惠力度极小，远远低于OECD国家。

若对我国食品和药品进行免税，收入分配效果如何？鉴于具体食品消费数据的可获得性，本部分基于《中国城市（镇）生活与价格年鉴》

---

① 其他免税项目还包括避孕药品和用具，古旧图书，其他个人销售自己使用过的物品，血站供应给医疗机构的临床用血，非营利性医疗机构自产自用的制剂，营利性医疗机构3年内自产自用的制剂，铁路系统内部单位为本系统修理货车的业务，直接用于科学研究、科学试验和教学的进口仪器、设备，外国政府、国际组织无偿援助的进口物资和设备，由残疾人组织直接进口供残疾人专用的物品。

② 财政部、国家税务总局《关于明确金融 房地产开发 教育辅助服务等增值税政策的通知》财税〔2016〕140号（2）文件第一条规定："《销售服务、无形资产、不动产注释》（财税〔2016〕36号）第一条第（五）项第1点所称'保本收益、报酬、资金占用费、补偿金'，是指合同中明确承诺到期本金可全部收回的投资收益。金融商品持有期间（含到期）取得的非保本的上述收益，不属于利息或利息性质的收入，不征收增值税。"

③ 财税〔2016〕40号文件第二条规定：纳税人购入基金、信托、理财产品等各类资产管理产品持有至到期，不属于《销售服务、无形资产、不动产注释》（财税〔2016〕36号）第一条第（五）项第4点。

（2012）按收入分等级城镇居民家庭的收支数据，以2012年实际税率（用2013年《中国税务年鉴》分行业增值税和2012年中国投入产出表增加值计算），采用投入产出法模拟测算对具体食品和药品实施免税的收入分配效应。在测算过程中，发现部分食品按增值税抵扣机制计算得出的增值税实际税率为负，表明此类食品实际已享受免税待遇。因此，这些食品无法计算免税情况下的收入分配效应，基期中直接将其税率修正为免税，仅对剩余增值税实际税率为正的食品测算免税的收入分配效应。实际享受免税待遇的食品有农产品，植物油加工品，屠宰及肉类加工品，水产加工品，蔬菜、水果、坚果和其他农副食品加工品。

　　经过测算，发现对糖及糖制品，乳制品，调味品、发酵制品，医药制品免税，可以缩小城镇居民家庭的收入差距。其中，医药制品免税的收入分配效果最好，其次为乳制品，再次为调味品、发酵制品（见表10-14）。

表10-14　部分食品和药品免税的收入分配效应

单位：%

指标	糖及糖制品	方便食品	乳制品	调味品、发酵制品	其他食品	医药制品
基尼系数变化率	−0.0001	0.0001	−0.0015	−0.0010	0.0000	−0.0099

　　注：以2012年实际税率测算的基尼系数值，2012年的基尼系数值为0.3186333。

（四）起征点与小规模纳税人

　　从OECD国家起征点和小规模纳税人设定标准来看，OECD国家起征点和小规模纳税人设定标准占GDP比重并不高，在最大程度上减少税负突变带来的税负不公。而从我国的起征点和小规模纳税人设定标准来看，该设定标准明显超过OECD各国的水平。

　　具体来讲：我国增值税起征点并未对销售货物和提供服务进行区分，但从起征点的变动情况来看，我国增值税起征点在不断提高。2008年我国增值税的起征点为月销售额5000~20000元不等。2013年我国增值税的起征点统一调整为月销售额20000元。①2014年又进一步将增值税的起征点提高至月销售额30000元。②2019年我国增值税的起征点再次提升，提升后的起征点为月销售额100000元。③2021年4月1日起至2022年底，将小微企业、个体工商户等小规模纳税人增值税起征点进一步提升至月销售额15万元。④依据《中国统计年鉴》（2019）数据，2018年我国人均GDP为64644元，2019年起征点与人均GDP的比值约为18.56，2021年起征点与人均GDP的比值约为27.84。不仅高于上述国家均值，而且高于上述所有国家起征点与人均GDP的比值，起征点设置偏高。

我国既设置了增值税起征点，又设置了小规模纳税人适用标准。2018年5月1日之前，我国对工业企业和商业企业分开设置增值税小规模纳税人标准，分别为年销售额50万元和80万元。2018年5月1日，将工业企业和商业企业小规模纳税人的认定标准由年应征增值税销售额50万元和80万元统一上调至500万元。⑤依据《中国统计年鉴》（2019）数据，2018年我国人均GDP为64644元，2019年小规模纳税人标准与人均GDP的比值约为77.35，远远超过上述国家均值，小规模纳税人的设置标准偏高。

二　经验借鉴

（一）优化税率结构

税率结构包括税率水平和税率档次。其中，税率水平分标准税率和低税率，税率档次分单一税率和复合税率。不同的税率水平和税率档次对居民收入分配的影响不同。本部分结合税率水平和税率档次两个方面

---

① 财税〔2013〕52号；总局公告2013年第49号：自2013年8月1日起，对增值税小规模纳税人中月销售额不超过2万元的企业或非企业性单位，暂免征收增值税。

② 财税〔2014〕71号、财税〔2015〕96号：为进一步加大对小微企业税收支持力度，经国务院批准，自2014年10月1日起至2017年12月31日，对月销售额2万元（含本数）至3万元的增值税小规模纳税人，免征增值税。

③ 财税〔2019〕13号：自2019年1月1日至2021年12月31日，对月销售额10万元以下（含本数）的增值税小规模纳税人，免征增值税。

④ 李克强主持召开国务院常务会议 推出深化"放管服"改革新举措等，[EB/OL]．（2021-03-31）〔2022-04-19〕．http://www.gov.cn/premier/2021-03/31/content_5597073.htm。

⑤ 财税〔2018〕33号《关于统一增值税小规模纳税人标准的通知》：自2018年5月1日起，增值税小规模纳税人标准为年应征增值税销售额500万元及以下。

探讨优化我国增值税税率结构的对策建议。

　　首先，降低生活必需品的税率水平，将其并入低税率一档。原因有以下两点。第一，我国设有一档标准税率（13%），两档低税率（9%和6%）。其中，9%税率主要适用于生活必需品或与生活必需品相关的产品，如粮食等农产品、食用盐、食用植物油、自来水、热水、暖气、冷气、图书、报纸、杂志、音像制品、电子出版物、饲料、化肥、农药、农机、农膜等。与国际上生活必需品适用的具体税率水平相比，9%税率明显偏高。如表10-15所示，大多数国家对生活必需品实施的低税率水平要低于我国。例如，西班牙和意大利对食品适用4%低税率，匈牙利、法国、英国和波兰对食品适用5%低税率，比利时和葡萄牙对食品适用6%低税率，均远远低于我国9%的税率水平。第二，从前文实证研究可知，我国食品烟酒和医疗保健消费项目的累退性非常大，降低生活必需品的适用税率有助于降低增值税的累退性。OECD（2014）的研究也表明，对食品、水供应等产品实施低税率，可以实现增值税预期的累进效果，使穷人获益程度超过富人。因此，建议将食品等生活必需品并入最低税率档次。

表10-15　部分国家增值税低税率

单位：%

国家	食品	药品
韩国	0	0
爱尔兰	0	0
瑞士	2.50	2.50
意大利	4	5
西班牙	4	4
波兰	5	8
法国	5	10
英国	5	5
匈牙利	5	—
葡萄牙	6	6
比利时	6	6
德国	7	7

国家	食品	药品
中国	9	9
芬兰	10	10
奥地利	10	10
希腊	13	6

资料来源：普华永道税务服务，taxsummaries.pwc.com/。

其次，减并税率档次，加快增值税税率向"1档基本税率+1档低税率"简并。原因有以下三点。第一，虽然增值税的第一大职能是筹集财政资金，但收入分配职能始终是增值税的辅助职能。在不违背增值税中性的前提下，应尽可能兼顾收入分配公平。因此，"1档基本税率+1档低税率"的税率模式较为合适。第二，有研究表明，"1档基本税率+1档低税率"的税率模式可以在不减少税收收入的前提下，增进社会福利。例如，Liberati（2001）评估了意大利1995年和1997年增值税调整的收入分配效应，发现依据欧洲增值税协调指令制定更简单的两级增值税结构，可以在不损失税收收入的情况下增加福利。第三，2018年3月5日，李克强总理在向十三届全国人大一次会议作《政府工作报告》时指出，2018年将改革完善增值税，按照三档并两档方向调整税率水平。2019年《政府工作报告》明确表示要继续研究增值税税率档次由三档并为两档。无论是从税率简并的大方针来看，还是从国际经验来看，减并税率档次符合增值税未来的发展趋势。因此，建议减并税率档次，加快增值税税率向"1档基本税率+1档低税率"简并。

最后，提高部分现代服务业的税率水平，除保留一些公益性质项目适用低税率外，将非生活必需品且不具有公益性质的产品或服务适用税率提高至标准税率。建议将住宿和餐饮，金融，商务服务，广播、电视、电影和影视录音制作，信息传输、软件和信息技术服务的适用税率提高到标准税率，原因有以下两点。第一，营改增后，为了使政策平稳过渡，大部分服务业并入了6%的低税率，远高于国际标准税率适用水平。其中，大部分现代服务业既不具公益性质，又不属于生活必需品，并且消费群体中高收入群体占比更大。第二，有研究表明，对上述非生活必需品且不具有公益性质的产品或服务适用低税率，会加剧增值税的累退性，并降低社会福利。OECD（2014）研究报告表明，对金融服务等非食品项目实施减免税，高收入群体受益程度更高。因此，建议将上述的适用税率调高，仅保留一些公益性质项目适用低税率。一来与国际标准接轨，二来有利于促进税负公平。

（二）优化减免税政策

减免税越多，增值税抵扣链条越不完整，对经济扭曲程度越大，效率损失越大，不利于增进社会福利。同样，对非生活必需品减免税，高收入群体的受益程度越高，越不利于收入分配公平。应尽可能减少非必要的增值税减免税，将减免税政策落实到收入分配公平实处上来。鉴于前文实证结果表明，食品烟酒和医疗保健消费项目累退性最强，对食品和医药制品实施免税，有利于促进收入分配公平。因此，本部分提出以下几项建议。

首先，在财政资金有限的情况下，可以优先考虑对医药制品实施免税。原因在于对医药制品实施免税的收入分配效应远远超过对其他食品实施免税的收入分配效应。医药制品是保障居民生命安全的刚需资源，过高的价格可能导致低收入群体"有病不敢看""有药吃不起""有病不去治"，因此，对医药制品实施免税可以最大程度地改善收入分配。

其次，在财政资金允许的情况下，可以考虑对乳制品实施免税。原因在于相比剩余其他食品，对乳制品免税的收入分配效应仅次于医药制品。乳制品富含丰富的蛋白质和钙，有利于人体发育和骨骼生长，并逐渐成为居民日常消费必需品，尤其是有孩子的低收入群体。因此，进一步降低乳制品的税负有利于降低乳制品的价格，增强低收入群体的消费能力，增强国民体质。

再次，在财政资金允许的情况下，可以进一步考虑对调味品、发酵制品，糖及糖制品实施免税。原因在于对调味品、发酵制品，糖及糖制品实施免税具有正向收入分配效应。

最后，方便食品和其他食品建议持续适用现行低税率。原因在于虽然对方便食品和其他食品免税能增进各收入阶层的福利,但高收入群体的受益程度超过低收入群体。此外,方便食品适用免税可能会在一定程度上不利于改善收入分配,其他食品免税并没有改善收入分配。因此,建议继续适用现行低税率。

第十一章

结论、建议和展望

本书的核心内容和基本思路：首先，沿用现有文献的研究方法，描述了增值税发展趋势、增值税的理论界定以及增值税与收入分配之间的关系；其次，从收入分配视角，对我国增值税改革历程进行了阐述和分析，并与OECD国家增值税制度发展及现状进行了比较；再次，对我国现行增值税制度的收入分配效应进行测算和评估；最后，围绕政策热点，从"助力生育""共同富裕""改善收入分配"三个方面，进一步定量分析了我国增值税的收入分配效应，可为我国未来增值税改革提供参考。本书研究由点到面、深度挖掘、层层递进、前后呼应，构成了研究增值税对居民收入分配的完整研究链。现将本书的主要结论、政策建议和研究展望归纳如下。

第一节　主要结论

通过本书对中国增值税居民收入分配效应的探索性研究，得出以下四点重要结论。

结论1：年收入视角下，我国现行增值税具有显著的累退性；终生收入视角下，我国现行增值税的累退性有所减弱，呈现轻微累进性。

本书在第六章中使用反映增值税抵扣机制的投入产出模型，结合2018年CFPS数据，从年收入视角和终生收入视角分别测算了我国现行增值税制度的收入分配效应。发现年收入视角下，增值税具有显著的累退性，不利于改善我国收入分配，扩大了我国居民收入差距；然而终生收入视角下，增值税具有轻微的累进性，改善了我国收入分配，缩小了我国居民收入差距，以农村居民收入分配改善最大。此外，年收入视角下，居民八大类消费支出均呈显著累退，医疗保健支出、食品支出和居住支出累退性位居前三；而终生收入视角下，居民八大类消费支出中部分支出呈累进性，但医疗保健支出、食品支出和居住支出仍呈累退性，但累退性较年收入视角下有所下降。

结论2：现行增值税制度下，有孩家庭偏好商品的有效税率更高，承担的增值税税负更重，不利于我国生育政策推进。

本书在第七章中使用反映增值税抵扣机制的投入产出模型，结合2018年CFPS数据，测算了有孩家庭和无孩家庭的消费支出差异和增值税税负差异，发现资源水平一定的情况下，有孩家庭会增加孩童抚育支出，压缩家长支出，如有孩家庭在文教娱乐、家庭设备及日用品、衣着鞋帽、交通通信方面支出要明显高于无孩家庭，而在食品、居住和医疗保健方面支出却要低于无孩家庭。与此同时，在现行增值税制度下，有孩家庭偏好商品的有效率更高，如家庭设备及日用品、交通通信的有效税率均要高于平均有效税率，这会造成有孩家庭承担的增值税税负重于无孩家庭。因此，从两类家庭税收负担的比较来看，我国现行增值税制度并不利于我国生育政策的推进。如果将9%税率进行拆分，与抚育孩子有关的支出项目并入6%税率，其余项目并入13%税率，则有利于降低有孩家庭的税负成本，助力我国生育政策的推进。

结论3：增值税减税"效率"取决于减税规模和减税对收入分配的改善效果。行业规模越大，减税规模也越大，行业民生特性越显著，减税带来的收入分配改善效果也越好。从我国情况来看，基本税率减税"效率"要大于中间税率，对部分非生活必需品减税同样具有"效率"。

本书在第八章中使用反映增值税抵扣机制的投入产出模型，结合2018年CFPS数据，从减税"效率"（每1元减税额所带来的收入分配改善程度，等于收入分配改善程度/减税规模）视角出发，测算了43个行业的减税"效率"，发现不同行业减税在改善收入分配的"效率"方面具有明显差异。具体来看，行业规模越大，减税规模越大，减税行业的民生特性越显著，减税带来的收入分配改善效果就越好。其中，基本税率下调的减税规模和减税"效率"均要大于中间税率，原因在于基本税率适用范围更广，对民生性行业支撑作用更强，因此，减税可以以较小的税收收入损失获得较大的收入分配改善。此外，随着经济水平的提高，部分非生活必需品具备了生活必需品的特性，因此，减税可以带来更大的收入分配改善，如水的生产和供应、食品和烟草、纺织品、煤炭采选产品、燃气生产和供应等行业的减税"效率"就比较大。

结论4：我国增值税和社会保险缴费均具有显著的累退性，但用增值税为社保筹资在一定程度上不仅有利于改善收入分配，还有助于缓解我国现阶段社保资金压力过大的问题。

本书在第九章中构建了反映增值税抵扣机制的增值税为社保筹资的投入产出模型，结合2018年CFPS数据，测算用增值税为社会保险筹资对收入分配的影响，发现在保证财政收入总量不变的情况下，用增值税为社会保险筹资可以在一定程度上起到改善收入分配的作用。具体来看，我国增值税和社会保险缴费均具有显著的累退性，但增值税的累退性介于个人社保缴费和企业社保缴费之间，且以个人社保缴费的累退性最强。若用增值税替代社保缴费中企业缴费部分，分别调增9%的中间税率或6%的低税率，有利于改善收入分配；而调增13%的标准税率或者同比例调增三档法定税率，则不利于改善收入分配。若用增值税替代社保缴费中个人缴费部分，同比例调增三档法定税率或分别调增三档法定税率，均有利于改善收入分配。该研究结果表明用增值税为社保筹资时，良好的制度设计可以起到改善收入分配的政策效果。

第二节 政策建议

随着经济和社会的发展，各项政策制度必然也会随之调整以适应新的经济发展形势，税收制度也不例外。当前我国正经历百年未有之大变局，各项政策调整较为频繁，税收政策亦是如此。增值税是我国第一大税种，对经济的方方面面具有重要且深远的影响，本书不仅从理论、国际实践和历史沿革等方面对增值税进行了详细阐述，还围绕我国近期政策热点，以促进收入分配公平为目标，从"助力生育""共同富裕""改善收入分配"三个方面进一步深入探讨了增值税制度优化空间，具体政策建议如下。

第一，从增值税助力生育视角出发，建议将与抚育孩子有关的项目所适用的增值税税率水平调低。短期内，可以优先考虑调低儿童衣着以及鞋类、旅客交通运输适用的增值税税率水平至6%；长期内，建议降低子女抚养所需商品的增值税税率水平至6%，并加速我国增值税税率三档并两档改革。当前，为了鼓励生育，我国对个人所得税政策进行了修改，在现有每月1000元（2023年调整为2000元/月）子女教育专项附加扣除基础上，增设了3岁以下每月每孩1000元（2023年调整为2000元/月）婴幼儿照护费用专项附加扣除，虽然扣除金额有所增加，但孩子3岁以后这项专项附加扣除会自动失效，而抚养孩子不仅仅有教育开支和3岁以前的照护支出，还有其他诸如衣食住行等生活开支，当前专项附加扣除金额对于工薪阶层仍无异于杯水车薪。因此，建议结合我国工薪阶层实际情况，从个人所得税、财产税等方面给予有孩家庭以更多的政策扶持，以切实降低有孩家庭的经济压力和生活成本，助力我国生育政策的推进。

第二，从增值税减税"效率"视角出发，建议依次调低食品、水的生产和供应、居民消费的纺织品、煤炭产品、燃气等的税率水平，以实现以较小的税收收入损失获得较大的收入分配改善，进而最大程度地增进共同富裕。近年来，我国实施了大规模减税降费，减税力度空前绝后，进一步实施更大规模的减税降费势必会给财政带来巨大压力，考虑到未来的一些改革仍需要财政兜底，因此，如何更为有效地减税就具有重要的战略意义。从促进收入分配公平视角来看，建议将食品、居民消费的纺织品、煤炭的税率下调至9%，水的生产和供应、民用燃气的税率则进一步降低到6%。此外，若政府财力许可，建议进一步降低房地产等行业的税率水平，并通过完善房地产税等其他方式来对拥有多套住房的群体进行调节，以促进改善收入分配，助力共同富裕。

第三，从利用增值税改善收入分配视角出发，建议采用增值税替代个人社保缴费为社保筹资，并建议优先通过调增中间税率和低税率实现，以增进收入分配公平，助力共同富裕。从我国社保缴费与增值税的累退性来看，我国个人社保缴费具有显著的累退性，对收入分配的负向影响远超增值税和企业社保缴费，因此，降低个人社保缴费率，通过增收增值税来弥补资金缺口，可以从社保缴费源头上降低个人社保缴费对收入分配的不利影响，有利于改善收入分配，增进收入分配公平。

第三节　研究展望

现有研究往往使用增值税完全向前转嫁给消费者的假设，本书仍沿用这一假设，并围绕"助力生育""共同富裕""改善收入分配"三个政策热点，深入探讨了增值税的收入分配效应，本书的研究成果是对现有增值税收入分配领域研究的进一步突破，但是该研究存在的局限仍有待后续研究进行改进。

首先，增值税不仅会对居民消费产生影响，还会通过居民消费改变影响企业生产，进而再影响劳动需求和供给，最终影响要素供给者的收入水平，即增值税会从消费端和收入端同时对居民产生影响。目前增值税对收入端影响没有准确的定量研究，本书也基本仅从消费端考虑了增值税的收入分配效应，并没有将收入端的影响也考虑在内，测算结果的准确性仍有待提高。

其次，本书研究仍然没有考虑税收遵从成本的问题。由于税收遵从成本不仅仅会影响企业利润水平，而且还会改变企业的成本构成。如复杂的税收制度会要求企业雇用更多的会计人员、购买税控设备等。而且，纳税大户可能会付出更多努力来避税甚至逃税等。这些都会给增值税对居民收入分配效应测算结果的准确性和科学性带来影响。

以上提出的两个方面问题既是本书在增值税收入分配效研究中的不

足之处，也是今后有待进一步深化研究的突破方向。同时，如何在理论研究突破基础上，将新的理论和思想应用于实践，为改革实践提供理论和政策依据更是任重道远。

　　本书还提到使用增值税为社会保险筹资有利于促进收入分配改善，但这只是一种初步的探讨。事实上，使用增值税代替部分社会保险筹资会引起制度方面的一系列重大变革，需要更加详细与严谨的讨论，这也是进一步研究需要深入探讨的地方。

参考文献

安忠志，王旭东.增加劳动报酬刺激居民消费的财税政策研究［J］.山东社会科学，2010（6）：127-130.

保罗·萨缪尔森，威廉·诺德豪斯.经济学［M］.北京：中国发展出版社，1992.

蔡昉.人口转变、人口红利与刘易斯转折点［J］.经济研究，2010（4）：4-13.

蔡萌，岳希明.我国居民收入不平等的主要原因：市场还是政府政策？［J］.财经研究，2016，42（4）：4-14.

曹杰.行为经济学视角下酒类消费税的政策优化［J］.税收经济研究，2020，25（6）：24-32.

曹斯蔚，张博闻.中国社会保障的基本特征与制度裂变：一种劳工社会学视角的分析［J］.浙江金融，2022（3）：25-37.

陈建东，孙克雅，马骁，冯瑛，成树磊.直接税和间接税对城乡居民收入差距的影响分析［J］.税务研究，2015（7）：43-53.

陈琍，王婷婷.2018年世界增值税改革发展评述［J］.税务研究，2019（4）：49-53.

陈伟达，金立军.生产者服务业区域发展及其与其他行业互动发展研究——基于投入产出表分析［J］.软科学，2009，23（10）：17-22.

陈伟达，张宇.生产者服务业对制造业竞争力提升的影响研究——基于我国投入产出表的实证分析［J］.东南大学学报（哲学社会科学版），2009，11（3）：67-71+127.

陈烨，张欣，寇恩惠等.增值税转型对就业负面影响的CGE模拟分析[J].经济研究，2010（9）：29-42.

程大中.中国生产性服务业的水平、结构及影响——基于投入—产出法的国际比较研究［J］.经济研究，2008（1）：76-88.

程大中.中国生产者服务业的增长、结构变化及其影响——基于投入—产出法的分析［J］.财贸经济，2006（10）：45-52+96-97.

程瑶，陆新葵.增值税转型对经济结构影响的实证分析［J］.中央财经大学学报，2006（9）：11-14+19.

程子建.增值税扩围改革的价格影响与福利效应［J］.财经研究，2011（10）：4-14.

崔婕.关于统筹我国城乡养老保险的研究［D］.上海：华东师范大学，2011.

戴海先，江时益.中部地区增值税转型问题研究［J］.税务研究，2007（8）：46-51.

丁佳佳，姜梅花.从中日对比角度看老龄化问题［J］.黑龙江人力资源和社会保障，2022（4）：32-35.

杜莉，徐晔.中国税制（第六版）［M］.上海：复旦大学出版社，2018.

杜莉，徐晔.中国税制（第四版）［M］.上海：复旦大学出版社，2011.

段志刚，李善同，王其文.中国投入产出表中投入系数变化的分析［J］.中国软科学，2006（8）：58-64.

樊丽丽.论我国生育假法律制度的完善［J］.就业与保障，2021（12）：22-23.

樊勇，韩文杰.1979年以来的中国增值税［J］.财经智库，2018，3（6）：64-78+142-143.

樊勇，王蔚.增值税与城乡居民收入分配的关联度：1995~2010年［J］.改革，2012（11）：68-74.

冯光涛.青州市新型农村社会养老保险制度研究［D］.山东：中国海

洋大学，2012.

冯毓文.工资极化现象的出现、测度和影响［J］.当代经济，2020
（12）：105-107.

弗里德里希·奥古斯特·冯·哈耶克.自由宪章［M］.北京：中国社会科
学出版社，1999.

傅传锐.增值税转型对企业智力资本价值创造效率的影响——基于我
国上市公司2007—2012年的面板双重差分估计［J］.经济管理，2015，
37（1）：98-108.

傅殷才.凯恩斯主义经济学［M］.北京：中国经济出版社，1995.

高传胜.中国生产者服务对制造业升级的支撑作用——基于中国投入
产出数据的实证研究［J］.山西财经大学学报，2008（1）：44-50.

高鸿业.西方经济学（第三版）［M］.北京：中国人民大学出版社，
2004.

高玉莲."营改增"对广东省现代服务业的影响［J］.现代营销（下
旬刊），2018（2）：116-117.

葛玉御，田志伟，胡怡建."营改增"的收入分配效应研究——基于
收入和消费的双重视角［J］.当代财经，2015（4）：23-33.

顾乃华，夏杰长.高新技术产业与现代服务业的耦合——理论分析和
基于英国投入产出表的实证检验［J］.国际经贸探索，2007（2）：9-
13+55.

顾萍，田贵良.基于投入产出模型的文化产业对区域经济增长贡献测
度［J］.学海，2016（6）：136-141.

郭庆旺.构建社会公平的税收制度［J］.经济研究，2013（3）：
16-18.

郭晓合，叶修群.从中国入世到上海自贸区扩区的产业连锁效应
［J］.经济与管理研究，2016，37（8）：43-51.

哈维·S.罗森，特德·盖亚.财政学（第八版）［M］.北京：中国人民大
学出版社，2008.

何辉.增值税的收入分配与福利效应实证分析［J］.税务研究，2015

（1）：62-66.

贺清龙.中国农村社会保障制度的现状与再思考［J］.社会主义研究，2008（1）：108-112.

胡天瑞，管泽峰，杜壬禾.流转税收入分配调节功能初探［J］.西部财会，2009（5）：25-28.

胡晓鹏，李庆科.生产性服务业与制造业共生关系研究——对苏、浙、沪投入产出表的动态比较［J］.数量经济技术经济研究，2009，26（2）：33-46.

胡怡建，田志伟，宫映华.增值税理论前沿与管理实践［M］.北京：中国税务出版社，2014.

胡怡建，田志伟."营改增"财政经济效应研究［M］.北京：中国税务出版社，2014.

胡怡建，田志伟.营改增宏观经济效应的实证研究［J］.税务研究，2016（11）：7-12.

胡怡建.税收学（第三版）［M］.上海：上海财经大学出版社，2018.

胡志含.城镇化进程中失地农民社会保障问题研究——以回龙镇为例［D］.广东：华南农业大学，2016.

黄桂兰.个人所得税的再分配效应与改革升级研究［D］.北京：中央财经大学，2016.

黄莉芳.中国生产性服务业嵌入制造业关系研究——基于投入产出表的实证分析［J］.中国经济问题，2011（1）：28-37.

H·钱纳里，S·鲁宾逊，M·赛尔奎因.工业化与经济增长的比较研究［M］.上海：上海三联书店，1989.

贾莎.宏观税负、税负结构和社会阶层分化的理论和实证分析［J］.湖北经济学院学报，2011，9（5）：56-62.

姜鑫，罗佳.我国城乡社会保障均等化的评价与对策研究［J］.当代经济管理，2012，34（4）：47-51.

蒋成飞，刘鹤飞.个人所得税对基尼系数的影响分析［J］.黑龙江科技信息，2015（25）：293.

凯恩斯.就业、利息和货币通论［M］.北京：商务印书馆，1981.

匡小平.财政学（第2版）［M］.北京：清华大学出版社/北京交通大学出版社，2012.

李昂.改革开放初期中国利改税的历史研究［D］.天津：河北工业大学，2017.

李斌.基于投入产出表对技术进步的测算方法研究［J］.数量经济技术经济研究，2003（2）：86-89.

李嘉明，董来公.增值税转型对企业的影响——基于企业生命周期理论的分析［J］.税务研究，2005（3）：41-44.

李凯.我国最终需求结构变动对产业结构及经济发展的影响——基于CGE模型分析［D］.安徽：安徽大学，2013.

李青，方建潮.增值税全面"扩围"的税率设定探讨［J］.经济理论与经济管理，2014（4）：68-75.

李升.税制结构优化研究：基于税负归宿的视角［J］.税务研究，2015（1）：58-62.

李实，罗楚亮.中国城乡居民收入差距的重新估计［J］.北京大学学报（哲学社会科学版），2007（2）：111-120.

李实.当前中国的收入分配状况［J］.学术界，2018（3）：5-19+274.

李薇.我国农村社会养老保险政策研究——以河北省X市为例［D］.陕西：陕西师范大学，2015.

李雪棠.第五次社保费率调整来了［J］.宁波经济（财经视点），2018（12）：42-43.

李卓.新中国60年税制建设回眸［J］.税务研究，2009（10）：8-12.

梁季.我国增值税税率简并：与市场资源配置机制的对接、改革设想与路径分析［J］.财政研究，2014（9）：8-14.

梁季.以减税降费助力"双循环"畅通［J］.人民论坛，2020（30）：66-69.

刘柏惠.增值税改革物价效应的度量和预测——基于投入产出表的分

析［J］.财贸经济，2015（10）：59-72.

刘成龙，牛晓艳.增值税税率简并的价格效应与收入分配效应［J］.税务研究，2018（8）：36-42.

刘红光，刘卫东，刘志高.区域间产业转移定量测度研究——基于区域间投入产出表分析［J］.中国工业经济，2011（6）：79-88.

刘继同.中国化现代家庭福利目标、政策法规体系与家庭福利服务制度化建设［J］.中华女子学院学报，2022，34（1）：12-21.

刘佳，朱桂龙.基于投入产出表的我国产业关联与产业结构演化分析［J］.统计与决策，2012（2）：136-139.

刘金东，秦子洋.社会保障缴款名义负担率与实际负担率的国际比较［J］.国际税收，2019（12）：12-17.

刘丽婷.CGE模型对中国劳动就业政策模拟分析［D］.广东：华南理工大学，2012.

刘娜，谭艳平，李小瑛.孩童抚育对我国城乡家庭消费的影响——基于CLDS数据的实证研究［J］.湘潭大学学报（哲学社会科学版），2020，44（4）：104-110.

刘普照.宏观税负与经济增长相关性研究［D］.上海：复旦大学，2003.

刘起运.正确认识和使用投入产出乘数［J］.中国人民大学学报，2003（6）：89-95.

刘晓光，刘克勇.东北地区增值税转型试点政策的效应分析与改进建议［J］.财政研究，2006（8）：63-65.

刘新争.基于产业关联的区域产业转移及其效率优化：投入产出的视角［J］.经济学家，2016（6）：43-50.

刘扬."营改增"对大连万达影城税负影响研究［D］.辽宁：辽宁大学，2017.

刘怡，聂海峰.间接税负担对收入分配的影响分析［J］.经济研究，2004（5）：22-30.

刘怡，聂海峰.增值税和营业税对收入分配的不同影响研究［J］.财贸经济，2009（6）：63-68.

刘志彪，吴福象.全球化经济中的生产非一体化——基于江苏投入产出表的实证研究［J］.中国工业经济，2005（7）：12-19.

刘佐.60年来全国人民代表大会税收立法的简要回顾与展望——为纪念新中国全国人民代表大会制度建立60周年而作［J］.经济研究参考，2014（51）：39-59.

刘佐.城市房地产税始末［J］.地方财政研究，2009（7）：52-57.

刘佐.社会主义市场经济中的中国税制改革——1992年以来中国税制改革的回顾与展望［J］.经济研究参考，2004（2）：29-40.

刘佐.新中国60年税制建设的简要回顾与展望［J］.经济研究参考，2009（55）：39-51.

刘佐.新中国车船税制度的发展［J］.地方财政研究，2007（6）：43-47.

刘佐.新中国税制60年［M］.北京：中国财政经济出版社，2009.

刘佐.中国城乡税制格局的演变［J］.财贸经济，2006（9）：16-21+96.

刘佐.中国改革开放以后地方税制度的改革［J］.山东经济，2008（4）：5-11.

刘佐.中国税制概览（第23版）［M］.北京：经济科学出版社，2019.

刘佐.中国增值税制度的建立与发展［J］.经济研究参考，2004（51）：2-14.

卢洪友，杜亦譞.中国财政再分配与减贫效应的数量测度［J］.经济研究，2019（2）：4-20.

鲁元平，王军鹏，李文健.基本养老保险与居民再分配偏好［J］.中南财经政法大学学报，2019（5）：105-114+156+160.

伦德堡.商业循环与经济政策［M］.北京：商务印书馆，1957.

骆阳，肖侠.增值税转型对江苏省沪市上市公司税负影响的实证分析［J］.税务研究，2010（5）：79-80.

吕红平.适度生育水平：人口长期均衡发展的重要基础［J］.晋阳学

刊，2022（1）：43-51.

吕旺实等.支持新型农村合作经济组织的财税政策研究［J］.经济研究参考，2008（7）：36-56.

马海涛，任强.迈入新阶段的中国税制改革：回顾、借鉴及展望［J］.会计之友，2015（7）：93-99.

马海涛，王威.实施结构性减税政策的考量［J］.铜陵学院学报，2013，12（1）：3-7.

孟醒.统筹城乡社会保障：理论·机制·实践［M］.北京：经济科学出版社，2005：6.

孟彦菊.投入产出模型扩展研究［D］.四川：西南财经大学，2009.

米尔顿·弗里德曼.资本主义与自由［M］.北京：商务印书馆，2006.

倪红福，龚六堂，王茜萌."营改增"的价格效应和收入分配效应［J］.中国工业经济，2016（12）：23-38.

倪晶晶.公共财政视角下对我国住房保障建设的研究［D］.贵州：贵州财经大学，2011.

倪婷婷，王跃堂.投资者认可增值税改革吗——基于全面增值税转型和"营改增"的经验证据［J］.上海财经大学学报，2016，18（6）：42-53+65（a）.

倪婷婷，王跃堂.增值税转型、集团控制与企业投资［J］.金融研究，2016（1）：160-175（b）.

倪婷婷.增值税转型的经济后果——基于产权视角的分析［D］.江苏：南京大学，2014.

聂海峰，刘怡.城镇居民的间接税负担：基于投入产出表的估算［J］.经济研究，2010，45（7）：31-42（a）.

聂海峰，刘怡.城镇居民间接税负担的演变［J］.经济学（季刊），2010（7）：1385-1402（b）.

聂海峰，刘怡.增值税的负担分布和累进性演变研究［J］.经济科学，2010（3）：17-26（c）.

聂海峰，刘怡.增值税转型对收入分配的影响［J］.税务研究，2009

（8）：44-47.

聂海峰，岳希明.间接税归宿对城乡居民收入分配影响研究［J］.经济学（季刊），2013，12（1）：287-312.

庞凤喜，牛力.论新一轮减税降费的直接目标及实现路径［J］.税务研究，2019（2）：5-11.

庞凤喜.中韩小型企业纳税人税制安排及效应比较分析［J］.税收经济研究，2013（5）：1-6.

平新乔，梁爽，郝朝艳等.增值税与营业税的福利效应研究［J］.经济研究，2009，44（9）：66-80.

蒲晓磊.为三孩生育政策及配套支持措施提供法治保障 解读新修改的人口与计划生育法［J］.公民与法（综合版），2021（8）：11-12.

申广军，陈斌开，杨汝岱.减税能否提振中国经济？——基于中国增值税改革的实证研究［J］.经济研究，2016，S1（11）：70-82.

神方立.改革开放三十年我国流转税改革历程及评价［J］.湖南社会科学，2008（4）：104-107.

沈利生，吴振宇.出口对中国GDP增长的贡献——基于投入产出表的实证分析［J］.经济研究，2003（11）：33-41+70-92.

沈利生.最终需求结构变动怎样影响产业结构变动——基于投入产出模型的分析［J］.数量经济技术经济研究，2011，28（12）：82-95+114.

石敏俊，王妍，朱杏珍.能源价格波动与粮食价格波动对城乡经济关系的影响——基于城乡投入产出模型［J］.中国农村经济，2009（5）：4-13.

史明霞，王宁.增值税税率简并对产业发展的影响——以北京市为例［J］.地方财政研究，2016（9）：47-52+60.

史明霞.后"营改增"时代增值税税率简并方案的选择［J］.中央财经大学学报，2017（4）：21-29.

宋雯雯.海峡两岸银行税负比较［D］.江苏：南京财经大学，2010.

宋县婷.基于基尼系数理论探讨构建和谐社会［J］.改革与开放，2009（5）：105.

孙策.京津冀地区产业结构演化研究——基于2002、2007、2012年京津冀投入产出表 [D].天津：天津财经大学，2016.

孙春莲.泰国社会保障制度研究 [D].云南：云南大学，2013.

孙建卫，陈志刚，赵荣钦，黄贤金，赖力.基于投入产出分析的中国碳排放足迹研究 [J].中国人口·资源与环境，2010，20（5）：28-34.

孙玉栋，马勋.关于我国全面推开增值税转型改革的思考 [J].中国人民大学学报，2008（3）：61-67.

孙玉阳.新农保个人账户替代率水平分析 [D].辽宁：辽宁大学，2014.

唐婧妮.关于间接税调节收入分配的研究 [J].涉外税务，2010（10）：20-24.

唐丽娟，吴冠阳，袁正.公共教育投入、学业成绩和生育意愿 [J].财经科学，2022（1）：71-86.

唐志鹏，刘卫东，公丕萍.出口对中国区域碳排放影响的空间效应测度——基于1997-2007年区域间投入产出表的实证分析 [J].地理学报，2014，69（10）：1403-1413.

特邀评论员.为实施三孩生育政策及配套支持措施提供有力法治保障 [J].人口与健康，2021（9）：1.

田家林，黄涛珍.生产性服务业与其他产业的互动关系——基于历次投入产出表的分析 [J].中国科技论坛，2010（8）：53-59.

田志伟，胡怡建，宫映华.免征额与个人所得税的收入再分配效应 [J].经济研究，2017，52（10）：113-127.

田志伟，胡怡建，朱王林.个人所得税、企业所得税、个人社保支出与收入分配 [J].财经论丛，2014（11）：18-24.

田志伟，胡怡建."营改增"对各行业税负影响的动态分析——基于CGE模型的分析 [J].财经论丛，2013（4）：29-34.

田志伟，胡怡建."营改增"对财政经济的动态影响：基于CGE模型的分析 [J].财经研究，2014（2）：4-18（a）.

田志伟，胡怡建.增值税扩围对上海与全国财政经济影响的差异研究

[J].上海财经大学学报，2014，16（2）：75-82（b）.

田志伟，胡怡建.中国增值税与营业税对城镇居民收入分配影响演变的分析［A］.中国财政学会2015年年会暨第二十次全国财政理论讨论会交流材料汇编之二［C］：2015.

田志伟，孔庆凯，王再堂.简并优化增值税税率结构对增值税收入影响的测算［J］.税务研究，2018（8）：26-30.

田志伟，王钰.增值税税率下调的收入再分配效应［J］.税务研究，2022（1）：42-48.

田志伟，王再堂.增值税改革的财政经济效应研究［J］.税务研究，2020（7）：26-31.

田志伟."营改增"财政经济影响研究——基于CGE模型的分析［D］.吉林：吉林财经大学，2013.

田志伟.新常态下增值税与营业税的收入再分配效应［N］.第一财经日报，2015-04-30（a）.

田志伟.中国五大税种的收入再分配效应研究［J］.现代财经（天津财经大学学报），2015，35（8）：33-43（b）.

万莹，陈恒.2019年我国增值税减税改革的政策效应——基于CGE模型的分析［J］.当代财经，2020（4）：27-37.

万莹，熊惠君.我国增值税税率简并方案设计与政策效应预测——基于可计算一般均衡模型［J］.税务研究，2020（10）：41-48.

万莹."营改增"后我国增值税税率简并与优化［M］.北京：经济科学出版社，2021.

万莹.税收经济学［M］.上海：复旦大学出版社，2016：98-99.

万莹.营改增后增值税税率简并方案设计——基于收入分配的视角［J］.税务研究，2018（3）：37-43.

汪冲.增值税"扩围"、单一税率改进与效率得益［J］.税务与经济，2011（3）：81-87.

汪德华，孟红.社保增值税适用于中国吗？——基于国际经验的分析［J］国际税收，2017（9）：42-46.

汪昊."营改增"减税的收入分配效应 [J].财政研究，2016（10）：85-100.

汪伟，杨嘉豪，吴坤，徐乐.二孩政策对家庭二孩生育与消费的影响研究——基于 CFPS 数据的考察 [J].财经研究，2020，46（12）：79-93.

汪伟.人口老龄化、生育政策调整与中国经济增长 [J].经济学（季刊），2017，16（1）：67-96.

王德利，方创琳.中国跨区域产业分工与联动特征 [J].地理研究，2010，29（8）：1392-1406.

王剑锋.流转税影响个人收入分配调节的分析研究——以我国城镇居民支出结构为考察基础 [J].财经研究，2004（7）：14-25.

王珮，张先美，田冬.增值税转型对制造业固定资产投资的影响 [J].税务研究，2013（4）：28-32.

王其文，李善同.社会核算矩阵：原理、方法和应用 [M].北京：清华大学出版社，2008.

工茜.论我国老年人社会保障的国家义务——以宪法第45条为视角 [D].湖北：华中科技大学，2016.

王顺.徐州经济技术开发区制造业增值税征收管理研究 [D].江苏：中国矿业大学，2020.

王小鲁.灰色收入与发展陷阱 [M].北京：中信出版社，2012.

王洋.全面三孩政策下育龄人群生育意愿影响因素探究——以石家庄市为例 [D].河北：河北经贸大学，2022.

王钰.增值税税率下调对居民收入分配的影响——基于投入产出法 [D].吉林：吉林财经大学，2021.

王岳平，葛岳静.我国产业结构的投入产出关联特征分析 [J].管理世界，2007（2）：61-68.

王岳平.我国产业结构的投入产出关联分析 [J].管理世界，2000（4）：59-65.

王跃堂，倪婷婷.增值税转型、产权特征与企业劳动力需求 [J].管理科学学报，2015，18（4）：18-37+48.

魏克赛尔.讲演集(第1卷)[M].北京:商务印书馆,1934.

魏作磊,邝彬.制造业对服务业的产业依赖及其对促进我国就业增长的启示——一项基于投入产出表的比较分析[J].经济学家,2009(11):47-51.

沃尔特·尼科尔森.微观经济理论:基本原理与扩展(第9版)[M].北京:北京大学出版社,2010.

邬沧萍,王琳,苗瑞凤.从全球人口百年(1950~2050)审视我国人口国策的抉择[J].人口研究,2003(4):6-12.

吴国平.我国赡养协议制度的适用与立法完善[J].政法学刊,2022,39(2):102-111.

吴金光,欧阳玲,段中元."营改增"的影响效应研究——以上海市的改革试点为例[J].财经问题研究,2014(2):81-86.

吴世赞,纪宏奎.增值税免税、不征税与零税率的差异[J].税收征纳,2019(9):27-28.

吴新博,梁红岩.科学发展观与初次分配和再分配[J].科技情报开发与经济,2009,19(6):121-122.

吴优.增值税税率简并对农业企业税负和财务绩效的影响[D].四川:西南财经大学,2020.

习近平.扎实推动共同富裕[J].求是,2021(20).

向蓉美.互联网产业对国民经济影响的投入产出分析[J].统计与决策,2008(11):75-77.

肖皓,赵玉龙,祝树金.金融业"营改增"福利效应的动态一般均衡分析[J].系统工程理论与实践,2014,31(S1):75-82.

谢凤曦.分割支付机制对我国增值税控税应用性研究[D].湖北:中南财经政法大学,2020.

行伟波,李善同.引力模型、边界效应与中国区域间贸易:基于投入产出数据的实证分析[J].国际贸易问题,2010(10):32-41.

熊惠君,谢玲玲.增值税免税的收入分配效应和福利效应研究——基于投入产出模型[J].税务研究,2021(10):110-115.

熊惠君.增值税收入分配效应与福利效应研究［D］.江西：江西财经大学，2020.

徐建炜，马光荣，李实.个人所得税改善中国收入分配了吗——基于对1997—2011年微观数据的动态评估［J］.中国社会科学，2013（6）：53-71+205.

徐静.我国个人所得税的再分配效应研究［M］.北京：中国税务出版社，2014：16-28.

徐利.中国税收可计算一般均衡模型研究：兼评增值税转型改革对中国经济的影响［M］.北京：中国财政经济出版社，2010.

徐毅，张二震.FDI、外包与技术创新：基于投入产出表数据的经验研究［J］.世界经济，2008（9）：41-48.

许晖，岳树民."营改增"的经济效应与增值税制度完善：一个文献综述［J］.财经论丛，2018（6）：24-33.

许伟，陈斌开.税收激励和企业投资——基于2004~2009年增值税转型的自然实验［J］.管理世界，2016（5）：9-17.

闫永涛，冯长春，宋增文.房地产业对国民经济带动作用新释——基于投入产出模型的分析［J］.建筑经济，2007（6）：37-39.

杨斌，龙新民，李成等.东北地区部分行业增值税转型的效应分析［J］.涉外税务，2005（6）：9-15.

杨抚生，蔡军.不可忽视增值税转型对地方经济的负面影响［J］.税务研究，2006（2）：35-38.

杨森平，刘树鑫.间接税对我国城乡居民收入的调节："正向"还是"逆向"?［J］.财政研究，2019（1）：116-129.

杨莎莉，张平竺.企业微观视角下增值税转型的政策效应分析——基于双重差分DID模型的研究［J］.中国经济问题，2014（4）：3-12.

杨体军，马辉.东北地区增值税转型现况及推广建议——以吉林省为例［J］.经济纵横，2007（7）：47-50.

杨小艳.未婚生育的女职工应当享受生育保险待遇［J］.辽宁：辽宁

行政学院学报，2014，16（5）：50-51.

杨玉萍，郭小东.营改增如何影响居民间接税负担和收入再分配 [J].财贸经济，2017，38（8）：5-19+97.

杨震，刘丽敏.增值税转型对上市公司影响的实证研究 [J].税务研究，2006（5）：43-47.

杨志安.东北增值税转型试点的初期效应及分析 [J].税务研究，2005（4）：50-52.

杨志安.增值税转型改革与辽宁老工业基地振兴 [J].税务研究，2006（10）：36-39.

杨志坚.优化生育保险待遇 助力三孩政策落地 [J].中国卫生，2022（4）：94-95.

于谦，蒋屏.增值税转型对企业自主创新与生产效率影响的实证研究 [J].税务研究，2014（5）：22-26.

余典范，干春晖，郑若谷.中国产业结构的关联特征分析——基于投入产出结构分解技术的实证研究 [J].中国工业经济，2011（11）：5-15.

俞杰.税制累进设计与收入分配调节 [J].税务与经济，2019（2）：70-76.

袁志刚，邵挺.人民币升值对我国各行业利润率变动的影响——基于2007年投入产出表的研究 [J].金融研究，2011（4）：1-15.

岳树民，王怡璞.对商品税促进收入公平分配作用的探讨 [J].涉外税务，2013（2）：23-27.

岳希明，张斌，徐静.中国税制的收入分配效应测度 [J].中国社会科学，2014（6）：96-117，208.

岳希明，张玄.优化税收收入分配效应的思考 [J].税务研究，2021（4）：11-18.

云龙.农村社会养老保险问题对策研究——以呼和浩特市赛罕区为例 [D].北京：中央民族大学，2012.

曾金华.深化税收制度改革 健全地方税体系 [N].经济日报，2017-

12-18（005）.

　　詹长春，郑珊珊.农村居民医疗保障"逆向"收入再分配效应形成机制及克服——以江苏省为例 [J].农业经济问题，2018（10）：85-93.

　　张贵.关于我国税制结构中流转税地位的理论分析 [J].内蒙古财经学院学报，2005（3）：35-38.

　　张贵.税收对公平收入分配的作用 [J].中国乡镇企业会计，2007（11）：46-47.

　　张贵.税收与公平收入分配 [J].内蒙古财经学院学报，2007（1）：92-95.

　　张琪，李飞翔，范硕.下调社保费率恰逢其时 [J].中国经济报告，2016（8）：45-48.

　　张文学.人口老龄化背景下的中国养老保险制度分析 [J].统计与决策，2005（16）：82-84.

　　张欣.可计算一般均衡模型的基本原理与编程 [M].上海：格致出版社，2018.

　　张学博，任卓.税收立法"试点模式"研究——以"营改增"试点模式为例 [J].广西经济管理干部学院学报，2018，30（1）：33-39.

　　张亦然，苑德宇.增值税转型投资效应再评估——来自上市公司财务报表附注的证据 [J].中南财经政法大学学报，2018（6）：89-96+160.

　　张友国.中国三大地域间供需双向溢出-反馈效应研究 [J].数量经济技术经济研究，2017，34（5）：3-19.

　　赵恒.增值税转型试点的政策效应及改革效应 [J].税务研究，2005（8）：11-14.

　　赵进文，温宇静.中国经济结构变动的投入产出分析 [J].财经问题研究，2004（4）：3-12.

　　赵路路.我国财政性社会保障支出调节居民收入分配的实证研究

［D］.辽宁：辽宁大学，2021.

郑善乐.社会保障支出对居民消费影响的实证研究——以广东省为例［D］.广东：暨南大学，2014.

郑舒文，杜兴端，陈成.社会保障对农村居民收入分配的调节效应研究——以四川省为例［J］.农村经济，2015（7）：80-84.

"中国2007年投入产出表分析应用"课题组，许宪春，彭志龙，刘起运，佟仁城，张亚雄，张鹏，赵坤.基于2007年投入产出表的我国投资乘数测算和变动分析［J］.统计研究，2011，28（3）：3-7.

中国投入产出学会课题组，许宪春，齐舒畅，杨翠红，赵同录.我国目前产业关联度分析——2002年投入产出表系列分析报告之一［J］.统计研究，2006（11）：3-8.

中央财经大学中国财政史研究所.财政史研究.第七辑［M］.中国财政经济出版社，2014.

中央财经大学中国财政史研究所.财政史研究.第四辑［M］.中国财政经济出版社，2011.

中央财经大学中国财政史研究所.财政史研究.第五辑［M］.中国财政经济出版社，2012.

钟秉枢.论我国运动员的社会保障［J］.军事体育学报，2013，32（4）：8-14.

朱为群，陆施予.我国增值税税率简并改革的目标与路径选择［J］.地方财政研究，2016（9）：9-14.

Aaron, Henry J. VAT Experiences of Some European Countries［Z］. Deventer, The Netherlands：Kluwer,1982.

Albert O. Hirschman. The Paternity of an Index［J］. The American Economic Review.1964,54（5）：761-762.

André Decoster, Jason Loughrey, Cathal O'Donoghue, Dirk Verwerft. How Regressive Are Indirect Taxes? A Microsimulation Analysis for Five European Countries［J］.Journal of Policy Analysis and Management, 2010, 29

（2）:326-350.

Andrew B.Lyon, Robert M. Schwab. Consumption Taxes in A Life-Cycle Framework: Are Sin Taxes Regressive?［R］. NBER. working paper No.3932, 1991.

Andrews, Edmund L. (2005-03-04). Fed's Chief Gives Consumption Tax Cautious Backing.The New York Times.Retrieved 2008-02-05.

Aroenson J. R., Johnson P., Lambert P. J.. Redistributeive Effect and Unequal Income Tax Treatment［J］. Economic Journal.1994,(104):262-270.

Atalay K, Li A, Whelan S. Housing Wealth and Fertility: Australian Evidence. Working Papers 2017-08, University of Sydney, School of Economics,2017.

Auerbach, Alan J. (2005-08-25). A Consumption Tax. The Wall Street Journal.Retrieved 2008-02-05.

Bao, Y, Fern, E.F., Sheng, S. Parental Style and Adolescent Influence in Family Consumption Decisions: An Integrative Approach ［J］. Journal of Business Research,2007,60:672-680.

Bates, M J, Gentry, J W. Keeping the Family Together: How We Survived the Divorce［J］. Advances in Consumer Research,1994,21:30-34.

Becker G S, Lewis H G. On the Interaction between the Quantity and Quality of Children［J］. Journal of Political Economy,1973,81(2):279-288.

Bejaković, Predrag; Mrnjavac, Željko. The Role of the Tax System and Social Security Transfers in Reducing Income Inequality: The Case of the Republic of Croatia［J］.Ekonomski Pregled, 67 (5) 399-417 (2016).

Belch, M A, Krentler, K A, Willis-Flurry, L.A. . Teen Internet Mavens: Influence in Family Decision Making［J］. Journal of Business Research,2005, 58:569-575.

Ben Kerrane, Margaret K. Hogg, Shona M. Bettany . Children's Influence Strategies in Practice: Exploring the Co-constructed Nature of the Child Influence Process in Family Consumption ［J］. Journal of Marketing

Management,2012,28:7-8, 809-835.

Bernard Salanie'.The Economics of Taxation[M].The MIT Press,2002.

Besley, T, Rosen H. Sales Taxes and Prices: An Empirical Analysis[J]. National Tax Journal, 1999(52):157-77.

Boulay,J,de Faultrier,B,Freenstra,F,Muzellec.When Children Express Their Preferences Regarding Sales Channels[J]. International Journal of Retail & Distribution Management,2014,42 (11):1018-1031.

Bye B, Strom B, Avitsland T.Welfare Effects of VAT Reforms: A General Equilibrium Analysis. Discussion Papers [R]. Statistics Norway, Research Department, 2003.

Carbonnier C. Is Tax Shifting Asymmetric? Evidence from French VAT Reforms 1995-2000 [R]. Paris-Jourdan, Sciences Economiques, Working Paper No. 2005-34.

Carbonnier C. Who Pays Sales Taxes? Evidence from French VAT Reforms 1987-1999[J].Journal of Public Economics, 2007,91(5-6): 1219-1229.

Carlson, L, Grossbart, S. Parental Style and Consumer Socialization of Children[J].Journal of Consumer Research,1988,15:77-94.

Caruana, A, Vassallo, R. Children's Perception of Their Influence over Purchases: The Role of Parental Communication Patterns [J]. Journal of Consumer Marketing,2003,20(1):55-66.

Charles Ballard, John Karl Scholz, John B. Shoven. "The Value-Added Tax: A General Equilibrium Look at Its Efficiency and Incidence" in Martin Feldstein, ed., The Effects of Taxation on Capital Accumulation[R], National Bureau of Economic Research, 1987: 445-480.

Chen Wang, Koen Caminada, Kees Goudswaard.The redistributive effect of social transfer programmes and taxes: A decomposition across countries[J]. International Social Security Review, 2012, 65(3).

Congressional Budget Office. Federal taxation of tobacco, alcoholic beverages, and motor fuels.Washington D.C.: U.S.Government Printing Office,

1990.

Crawford I, Keen, M and Smith, S. Value Added Taxes and Excises, in: Mirrlees, J. A. et al. (eds.), The Mirrlees Review. Dimensions of Tax Design, ch. 4[M], Oxford University Press, Oxford, 275-422 , 2010.

Daniel R. Feenberg, Andrew W. Mitrusi, James M. Poterba.Distributional Effects of Adopting a National Retail Sales Tax[J].Tax Policy and the Economy, 1997 (11): 49-89.

Deaton A S, Muellbauer J. On Measuring Child Costs: With Applications to Poor Countries[J]. Journal of Political Economy, Vol.94, No.4, 1986.

Deaton A S, Ruiz—Castillo J, & Thomas D. The Influence of House- hold Composition on Household Expenditure Patterns: Theory and Spanish Evidence [J]. Journal of Political Economy, Vol.97, No.1, 1989.

Decoster, A, Camp, G V. Redistributive Effects of the Shift from Personal Income Taxes to Indirect Taxes: Belgium 1988-93 [J]. Fiscal Studies, 2001, 22 (1): 79-106.

Delipalla S, O. O'Donnell.Estimating tax incidence, market power and market conduct: the European cigarette industry [J]. International Journal of Industrial Organization, 2001(19): 885-908.

Emini, C A.Long Run versus Short Run Effects of A Value Aadded Tax: A Computable General Equilibrium Assessment for Cameroon, 2004.http://wwww.crefa.ecn.ulaval.ca /cahier /liste00.html. Retrived 20 March 2017.

Erero, J L.Effects of Increases in Value-added Tax: A Dynamic CGE Approach [R].ERSA Working Paper 558, 2015.

Erik Caspersen, Gilbert Metcalf.Is A Value Added Tax Progressive Annual versus Lifetime Incidence Measures[R].NBER, 1993.

EY.Worldwide VAT, GST and Sales Tax Guide[M].EYGM Limited, 2005-2019.

Flurry, L.A. Children's influence in family decision-making: Examining the impact of the changing American family[J]. Journal of Business Research,

2007,60:322-330.

Francis Jones. The Effects of Taxes and Benefits on Household Income, 2006/07[J]. Economic & Labour Market Review,2008,2(7):37-A27.

Frank A. Hanna, Joseph A. Pechman, Sidney N. Lerner. Analysis of Wisconsin Income, New York: National Bureau of Economic Research, 1948.

Frank, Robert H. Progressive Consumption Tax [J]. Democracy Journal. Retrieved 2017-12-18.

Fullerton Don, Chi L. Ta. Public Fiance in a Nutshell: a Cobb Douglas Teching Tool for General Equilibrium Tax Incidence and Equilibrium Tax Incidence and Excess Burden[R].NBER,2017.

Fullerton Don, Diane Lim Rogers. Who Bears the Lifetime Tax Burden? [Z].Washington DC: The Brookings Institution,1993.

Fullerton Don, Diane Lim Rogers.Distributional Effects on a Lifetime Basis [R].NBER,1994.

Fullerton Don, Diane Lim Rogers.Lifetime Versus Annual Perspectives on Tax Incidence[J]. National Tax Journal ,1991(44):277-287(a).

Fullerton Don, Diane Lim Rogers. Lifetime VS. Annual Perspectives on Tax Incidence[R]. NBER,1991(b).

Fullerton Don, Diane Lim Rogers. Neglected Effects on the Uses Side: Even a Uniform Tax Would Change Relative Goods Prices[R].NBER,1997.

Go DS,Kearney M,Robinson S,Thierfelder K.An analysis of South Africa's Value-added tax, WPS3671, World Bank Policy Research Working Paper 3671,2005.

Hamilton, K, Catterall, M. Consuming love in poor families: Children's influence on consumption decisions [J]. Journal of Marketing Management, 2006,22:1031-1052.

Harry Huizinga, Stijn Claessens, Fiona Scott Morton.A European VAT on Financial Services?[J].Economic Policy,2002,17 (35): 497-534.

He L, Sato H. 2011. Income Redistribution in Urban China by Social Security System—An Empirical Analysis Based on Annual and Lifetime Income [J]. Contemporary Economics Policy, 30(2): 314—331.

Hoeller, P. et al. Less Income Inequality and More Growth - Are They Compatible? Part 1. Mapping Income Inequality Across the OECD[J]. OECD Economics Department Working Papers, 2012 (924)http://dx.doi.org/10.1787/5k9h297wxbnr-en.

Hsieh, Y, Chiu, H, Lin, C. Family communication and parental influence on children's brand attitudes[J]. Journal of Business Research, 2006, 59: 1079-1086.

IFS et al. A Retrospective Evaluation of Elements of the EU VAT system, Final Report TAXUD/2010/DE/328, 2011.

Ine Lejeune. The EU VAT Experience: What Are the Lessons? [J]. Tax Analysis, 2011:257-282.

Ingvil Gaarder. Incidence and Distributional Effects of Value Added Taxes [J]. The Economic Journal, 2019(2): 853-876.

James Davies, France St-Hilaire, John Whalley. Some Calculations of Lifetime Tax Incidence[J]. The American Economic, 1984, 74 (4): 633-649 .

James V. Stout. Direct Comparison of General Equilibrium and Partial Equilibrium Models in Agriculture, Technical Bulletin No.1799, Department of Agriculture U.S., 1991.

James W. Wetzler. The Role of a Value Added Tax in Financing Social security[J]. National Tax Journal, 1979, 32(3): 334-346.

Javier Garcı'a-Enrı'quez. Cruz A. Echevarrı'a. Demand for culture in Spain and the 2012 VAT rise[J]. Journal of Cultural Economics, 2018(42): 469-506.

Jesuit D, Mahler V. State Redistribution in Comparative Perspective: A Cross-National Analysis of the Developed Countries [J]. Luxembourg Income Study Working Paper, 2004: 392.

Jim Nunns, Joseph Rosenberg. A Federal Consumption Tax as Replacement for the Employer Payroll Tax[R].Tax Policy Center,2016(6).

John Creedy, Catherine Sleeman. Indirect Taxation and Progressivity: Revenue and Welfare Changes [J]. FinanzArchiv Public Finance Analysis, 2006,62(1): 50–67.

John Creedy. Are Consumption Taxes Regressive? [J]. The Australian Economic Review, 1998,31(2):107–116.

John Whalley. A General Equilibrium Assessment of the 1973 United Kingdom Tax Reform[J].Economica, 1975,42 (166): 139–161.

John, D R. Consumer Socialization of Children: A Retrospective Look at Twenty-five Years of Research[J]. Journal of Consumer Research, 1999, 26: 183–213.

Kaisa Alavuotunki, Mika Haapanen, Jukka Pirttilä. The Effects of the Value-Added Tax on Revenue and Inequality[J].The Journal of Development Studies, 2018(2): 1–19.

Kakwani Nanak C. On the Measurement of Tax Progressivity and Redistribution Effect of Taxes with Applications to Horizontal and Vertical Equity [J]. Advances in Econometrics, 1984: 149–168.

Kakwani. Measurement of Tax Progressivity An International Comparison [J]. Economic Journal, 1977(87): 71–80.

Kaplanoglou, G, & Newbery, D M, Redistributive Impact of Indirect Tax Reforms: Greece, 1988–2002. Fiscal Studies, 2004, 25(2): 225–247.

Kearney M, van Heerden JH. A Static, Stylised CGE Model Applied to Evaluate the Incidence of Value-added Tax in South Africa,2003.www.up.ac.za/ UserFiles/. Retrieved 25 June 2018.

Khetan, C P, Poddar, S N. Measurement of Income Tax Progression in a Growing Economy: The Canadian Experience [J]. Canadian Journal of Economics,1976, 9 (4): 613–29.

Kim, C, Lee, H, Tomiuk, M A. Adolescents' Perceptions of Family

Communication Patterns and Some Aspects of Their Consumer Socialization[J]. Psychology and Marketing,2009,26(10):888-907.

Klaus-Dietrich Bedau. Increase in VAT Would Affect Households in Different Income Categories Roughly Equally[Z]. 1996: 27-32.

Lawlor, M A, Prothero, A. Pester Power - A Battle of Wills Between Children and Their Parents[J]. Journal of Marketing Management,2011,27(5/6):561-581.

Leibenstein, H. Book Reviews: Economic Backwardness and Economic Growth. Studies in the Theory of Economic Development[J]. Population, 1957 126(1).

Leonard E, Burman. A Blueprint for Tax Reform and Health Reform[J]. Virginia Tax Review,2009(28): 287-323.

Levin, J., Sayeed Y. Welfare Impact of Broadening VAT—the Case of Bangladesh[R]. Working Paper, ISSN 1403-0586, Orebro University School of Business, 2014.

Leyaro, V, Morrissey, O, Owens, T. Food Prices, Tax Reforms and Consumer Welfare in Tanzania 1991-2007. International Tax and Public Finance,2010(17): 430-450.

Liberati, P. The Distributional Effects of Indirect Tax Changes in Italy. International Tax and Public Finance, 2001(8): 27-51.

Lillard, Lee A. Inequality: Earnings vs. Human Wealth [J]. American Economic Review,1977(67): 42-53.

Lutz, W, Skirbekk, V. Policies Addressing the Tempo Effect in Low-fertility countries. Population and Development Review, 2005, 31 (4): 699-720.

M. Neumann. Earnings Responses to Social Security Contributions [J]. Labour Economics, 2017(49):55-73.

Madden, D, An Analysis of Indirect Tax Reform in Ireland in the 1980s [J]. Fiscal Studies, 1995, 16 (1): 18-37.

Malcolm Gillis.Worldwide Experience in Sales Taxation:Lessons for North America[J].Policy Sciences,1986(19):125-142.

Messere K, Norregard J..Consumption Taxes in OECD Countries over the Last Two Decades Bulletin[J].International Bureau of Fiscal Documentation , 1989,43(6): 255-268.

Metcalf G.Life Cycle versus Annual Perspectives on the Incidence of a Value Added Tax[J].Tax Policy and the Economy, 1994 (8):45-64.

Metcalf G. The Lifetime Incidence of State and Local Taxes: Measuring Changes during the 1980s[M].In Tax Progressivity in the 1980s. J. Slemrod, ed. New York: Cambridge University Press, 1993.

Metcalf G. Value-Added Taxation: A Tax Whose Time Has Come?[J]. The Journal of Economic Perspectives, 1995,9(1): 121-140.

Michael Smart, Richard M. Bird.The Economic Incidence of Replacing a Retail Sales Tax with a Value-Added Tax: Evidence from Canadian Experience [J]. Canadian Public Policy,2009, 35(1):85-97.

Moschis, G P, Mitchell, L G. Television advertising and interpersonal influences on teenager's participation in family consumer decisions [J]. Advances in Consumer Research,1986,13:181-186.

Musgrave, R A, Thin, T. Income Tax Progression[J].Journal of Political Economy, 1948(56):498-514.

Musgrave,R A,Musgrave. P B. Public Finance in Theory and Practice, 2nd. Edition, New York, NY, McGraw-Hill,1973.

Nakamba-Kabaso. Reforming the Value-added Tax in Zambia [Z]. Dissertation, University of the Witwatersrand, South Africa, 2010.

OECD. Consumption Tax Trends[M]. OECD Publishing, 2018.

OECD. Consumption Tax Trends 2020: VAT/GST and Excise Rates, Trends and Policy Issues[R].Paris: OECD Publishing,2020.

OECD.The Distributional Effects of Consumption Taxes in OECD Countries [M].OECD Publishing,2014.

Pechman J A. Who Bears the Tax Burden? [Z]. Brookings Institution, Washington D.C.,1985.

Pechman J A. Federal Tax Policy [Z]. Washington D. C.: Brookings Institution, 1987.

Pigou, A C. A Study in Public Finance [M]. London: Macmillan&Co., Ltd.,1928:50.

Poterba J M. Is the Gasoline Tax Regressive? [J]. Tax Policy and the Economy,1991(5):145-164.

Poterba J M. Lifetime Incidence and the Distributional Burden of Excise Taxes[J].American Economic Review ,1989,79(2):325-30.

Poulomi Roy, Ajitava Raychaudhur, Sudip Kumar Sinha. Is Value Added Tax (VAT) Reform in India Poverty Improving? An Analysis Of Data From Five Major States[J].Indian Economic Review, 2010,45(1): 131-158.

Ricardo Batista Politi, Enlinson Mattos. Ad-valorem Tax Incidence and After-tax Price Adjustments: Evidence from Brazilian Basic Basket Food[J]. The Canadian Journal of Economics , 2011,44(4): 1438-1470.

Roger, A. McCain. Welfare Economics: An Interpretive History [M]. Routledge, 2019:6-27.

Rossella Bardazzi. A Reduction in Social Security Contributions: Which Alternatives for Financing Coverage?[J].Economic Systems Research.1996, 8 (3): 247-270.

Ruggeri, G C, Bluck K.On the Incidence of the Manufacturers' Sales Tax and the Goods and Services Tax [J] .Canadian Public Policy, 1990,16(4): 359- 373.

Saadia Refaqat, Mohsin H. M..Redistributive Impact of GST Tax Reform: Pakistan, 1990-2001 [with Comments] [C]. The Pakistan Development Review, Vol. 44, No. 4, Papers and Proceedings PART II Twenty-first Annual General Meeting and Conference of the Pakistan Society of Development Economists Islamabad, 2005 (Winter):841-862.

Sabine Jokisch, Laurence J. Kotlikoff. Simulating the Dynamic Macroeconomic and Microeconomic Effects of the Fairtax [R].NBER, 2005.

Sijbren Cnossen. Dutch Experience with the Value-Added Tax[J].Public Finance Analysis, 1981,39(2): 223-254.

Sijbren Cnossen. Fundamental Tax Reform in the United States [M]. De Economist, 1999(147): 229-237.

Sijbren Cnossen. Global Trends and Issues in Value Added Taxation[J]. International Tax and Public Finance, 1998(5): 399-428.

Sonia Carrera. An Expenditure-based Analysis of the Redistribution of Household Income [J]. Economic & Labour Market Review, 2010, 4 (3) : 18-27.

United Nations, Department of Economic and Social Affairs, Population Division. World Population Prospects:The Revision [J] . 2017:185-188.

Verbist, G, Figari, F, The Redistributive Effect and Progressivity of Taxes Revisited: An International Comparison across the European Union [J] . FinanzArchiv / Public Finance Analysis, 2014, 70 (3): 405-429.

Pfahler W. Redistributive Effect of Income Taxation: Decomposing Tax Base and Tax Rate Effects[J]. Bulletin of Economic Research, 1990 (42) : 121-129.

Wagstaff, A, Van Doorslaer, E, Van der Burg, H, et al. Redistributive Effect, Progressivity and Differential Tax Treatment: Personal Income Taxes in Twelve OECD Countries [J] .Journal of Public Economics, 1999, 72 (1) : 73-98.

Wang,S,Holloway,B B,Beatty,S E,et al. Adolescent Influence in Family Purchase Decisions: An Update and Cross-national Extension[J]. Journal of Business Research,2007,60(11):1117-1124.

Warren, N. A Review of Studies on the Distributional Impact of Consumption Taxes in OECD Countries[J]. OECD Social, Employment and Migration Working Papers, 2008(64):1.

William G. Gale. Building a Better Tax System: Can a Consumption Tax Deliver the Goods?[J].The Brookings Review,1995,13(4):18-23.

Zhang J, Zhang J S, Lee R. Rising Longevity, Education, Savings, and Growth[J]. Journal of Development Economics,2003,70(1):83-101.

致　　谢

本书以"增值税的收入分配效应研究"为主题，从增值税的一般理论，增值税的国际实践，中国增值税制度的变迁，增值税常用测算方法，测算指标、测算数据及测算流程等，对增值税现状及发展趋势、增值税的收入分配效应测算进行了全面系统的归纳和梳理。此外，结合近期的政策热点，围绕"助力生育""共同富裕""改善收入分配"三大主题，进一步论证了增值税在收入分配领域的调节功效，让读者能更深层次地理解并掌握增值税的收入分配效应。

感谢各位领导和同事长期以来对我的支持和鼓励，我将继续努力为院、校的学科建设贡献微薄之力。

感谢书稿写作过程中给我提供理论支持和思想火花的所有认识或不认识的参考文献作者们，正是有了他们的指导和启发，我才能顺利完成书稿的写作。

感谢上海财经大学一流学科特区"财政投资团队"在本书研究过程中给予的资助；感谢上海财经大学公共政策与治理研究院给予的资助。感谢上海财经大学胡怡建老师、范子英老师、陈正良老师、郭长林老师、郭峰老师对本书出版给予的支持。